量价真经

从入门到精通【实战详解】

私募基金职业操盘手 **康成福** 著

立信会计出版社
LIXIN ACCOUNTING PUBLISHING HOUSE

图书在版编目（CIP）数据

量价真经/康成福著.--上海：立信会计出版社，2015.8

（擒住大牛/荣千主编）

ISBN 978-7-5429-4658-4

Ⅰ.①量… Ⅱ.①康… Ⅲ.①股票投资—基本知识

Ⅳ.①F830.91

中国版本图书馆CIP数据核字(2015)第107186号

策划编辑　蔡伟莉
责任编辑　蔡伟莉　何颖颖
封面设计　久品轩

量价真经

出版发行	立信会计出版社		
地　　址	上海市中山西路2230号	邮政编码	200235
电　　话	（021）64411389	传　　真	（021）64411325
网　　址	www.lixinaph.com	电子邮箱	lxaph@sh163.net
网上书店	www.shlx.net	电　　话	（021）64411071
经　　销	各地新华书店		

印　　刷	廊坊市华北石油华星印务有限公司		
开　　本	787毫米×1092毫米	1/16	
印　　张	15.5	插　页	1
字　　数	245千字		
版　　次	2015年8月第1版		
印　　次	2015年8月第1次		
书　　号	ISBN 978-7-5429-4658-4/F		
定　　价	42.00元		

前言

preface

在股市的芸芸众生中很多人真诚地想要投身股市生涯，获得他们人生的第一桶金。因此准备在进入股市之前深入研究其规律，对他们来说，这一课程是全新的。还有一大批读者或多或少拥有股市交易的经验，他们或根据自己的"预感"，或按照别人的建议进行交易，他们已经意识到，股市可以赚大钱，但不是靠撞大运的办法，亦不能盲目跟从他人的引导。

本书就是为了满足这些读者的需要而编著的。在编者看来，虽然每个庄家的运作手法有极大差别，但在资金运作的过程中，不可避免地留下种种迹象，只要对价量关系进行细致的观察分析，庄家的一举一动就会暴露在我们眼前。如何对庄家的运作迹象——也就是本书探讨的核心内容价量关系进行技术分析，从而准确地了解庄家的真实意图。

读者完全可以从本书中看出一定的规律。能认真钻研本书的读者不必心存疑虑。我们相信，每一次努力钻研都会有所收获，都会使你清楚地了解一种现象、领悟一种操作方法，你会发现它们在实际操作中切实可行。那些复杂并被过度夸张的理论已经被废弃了，因为实践表明，它们所带来的实际结果与实际付出完全不吻合。取而代之的是探索和教授任何人在业余时间都可应用的基本原则和基本方法，并且还不需要因索取统计资料和咨询服务而向他人不断付费。

简而言之，本书的对象是那些每天只能匀出一小时左右的时间学习阅读股市交易知识的普通人，同时也为那些全职的专业交易者服务。

我们力求达到的另一目的，就是使读者能够独立思考。毫无疑问，无论何时，只有具备独立判断、独立操作的品质才能赚取和保持股市利润。本书的目的就是使你能够学会自己发现机会，自己确定"买什么"和"何时买"，然后充满信心地进行运作。

智力平平的普通人，只要能够静下心来进行市场分析并将其付诸实施，就能够在股市中获取可靠的利润，年复一年，熊市牛市均能为你所用。做到了这一点，他就不会遭受千百万人蒙受的、令人难以置信的巨大损失。祝愿我们的读者能成为这类成功的投资者。

目录

contents

价量分析基本功

　　价量观察必须对成交量和价格搭配的各种形态含义了如指掌，下面我们从成交量的基本概念开始介绍基本功16招，这些价量关系基本形态是展开后续深入分析的必要基础。

　建仓吸货价量观察　

主力在建仓阶段有多种手法，这些手法虽然隐秘，但从价量观察上来看，应验了那句谚语"没有不透风的墙"。

主力资金试盘阶段的量价分析

主力往往需要试盘来测试拉升前的压力，以便确定拉升的时间和空间。散户通过观察主力试盘的动作也可以确认是否是拉升前的短期底、中期底或长期底。这个重要阶段从价量观察上来看，是一道独特的风景线。

整理阶段价量观察

　　股价绝大多数时间处于整理之中，整理阶段的时间比上涨和下跌都长，实在让人心烦，但是这又是一个必经的阶段，因为股价是在涨涨跌跌中运行，而不可能一气呵成。所以我们对这个阶段要多一点耐心，以伯乐相马的心态去看它，掌握必要的相马招数，以免放过黑马甚至撞上狗熊。

初升阶段价量观察

　　庄家经过建仓、试盘、整理阶段之后，将转入突破初升阶段，也叫离底阶段。这个阶段既是前几个阶段的必然延续，也是进入主升阶段的前奏曲，具有承前启后的作用，观察好这个阶段股票的价量特征对捕住长牛股非常有帮助。

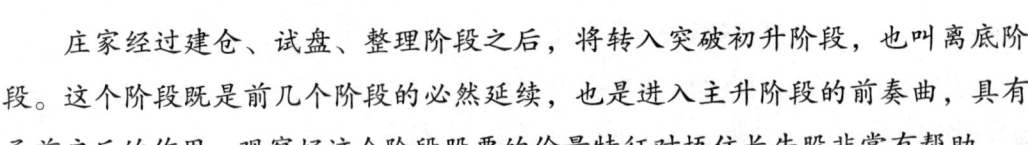

洗盘阶段价量观察

　　洗盘在坐庄流程中，多属主要阶段，中、长线庄家必须经过洗盘阶段才能完成拉升出货，经过充分地洗盘才能产生大"黑马"、大"牛股"。正所谓"不经历风雨怎么见彩虹"，能熬过洗盘阶段的人将迎来春天。

主升阶段价量观察

经过建仓、试盘、整理、初升、洗盘等阶段后，主力必须把股价拉到预定的价位后才能获利派发出货。这个主升阶段股价一改底部盘整状态，勇往直前冲破一切阻力上升，是令散户心潮澎湃的阶段。但一切高收益对应的是高风险，如不适可而止必有坐电梯般上上下下的感受。可见，对主升阶段进行分析研究十分必要。

出货阶段价量观察

建仓、试盘、整理、初升、洗盘、主升都是手段，赚钱派发筹码才是最终目的。出货阶段是主力的关键阶段，任何一个主力，只有把筹码派发出去，才能把纸面富贵变成真金白银。因此，股谚云"会买的是徒弟，会卖的是师傅"。学好卖出的 招非常重要。

量价分析实战口诀

在技术分析中，量与价的关系是投资者要研究的重中之重。量是价的先行指标，大而言之，可以通过量价关系以推断多空战争的规模大小和指数股价涨跌之幅度；小而言之，可以根据量价变化发现主力资金的动向，寻找赚钱机会。因此，每一位投资者都应该努力掌握一些量价实战技巧。

价量分析基本功

价量观察必须对成交量和价格搭配的各种形态含义了如指掌，下面我们从成交量的基本概念开始介绍基本功16招，这些价量关系基本形态是展开后续深入分析的必要基础。

第1招　解析成交量的形式

成交量分为成交股数和成交金额两种形式，前者是买卖股票的数量，后者是买卖股票的金额，它们是同步发生的，跟数量都有关系，因而可以泛指成交量。

1. 成交股数

成交股数是指在某一特定时间内，在证券交易所交易的某只股票（或大盘）的成交股数。它以股为基本计算单位，在行情分析软件上则以手为统计单位，1手等于100股。由于行情分析软件上的成交量区域的高度是固定的，而不同股票的成交量大小不一，于是为了方便察看，在右下角会有"×10"或"×100"倍数的显示，其右边的数值刻度"10 000"或者"20 000"需要与这个倍数相乘，方能正确显示当前的成交量大小（单位是手）。成交量柱状图表示的是大致的成交数量，具体的成交股数见右边"交易信息"栏里的"内盘和外盘之和"，或者见"成交总量"指标，或者将"十字光标"对应某一根K线图也会有成交量的信息显示。需要注意的是，为了一目了然地显示买卖盘的申报情况和即时成交情况，这两个地方的股票数量的单位也是手。

成交股数是最基本的成交指标，也是行情分析软件上最常用的个股成交量数据。它如实地反映了当前成交股票的数量，有利于统计个股换手率和股东持股状况等。但成交股数的不足之处也是很明显的。比如，某股一日成交了100万股，对于一个流通盘为1亿股的股票来说，这个1%的换手率显然是很低的；但是这个成交量若发生在一个流通盘为1 000万股的股票上，其10%的换手率则透露了该股当日成交活跃的信息。显然，对于个股来说，换手率要比成交量更有意义，它可以横向对比所有股票的成交活跃程度，进而对比哪只股票更具有投机的价值。

2. 成交金额

成交金额是指在某个特定时间内，在证券交易所交易的某只股票（或大盘）的成交金额，它由即时成交的股数乘以随同它成交的价格加总而成。它的基本计算单位是元，但在行情分析软件上则常以万元为统计单位。

成交金额也是比较常见的成交指标，常用于对大盘或对超级大盘股的分析。成交金额是比成交股数更有意义的指标，它显示了市场上主流资金的流向，以及投入市场的总体资金状况，它以资金的形式直接体现了市场参与的冷热状况。比如说，大盘当日成交量是1亿股，可能交易者没有什么概念，但是如果说当日大盘成交金额是100亿元，交易者就能直观地知道进入市场的资金规模和大致人气；同时，通过察看行情分析软件上的"今日总资金排名"，观察成交金额最大的几只个股，交易者就可以直观地感受到今日主流资金的流向。

下图是600591的K线图，图中柱状线就是成交股数，通过十字光标，我们可以看到它的当日成交金额。

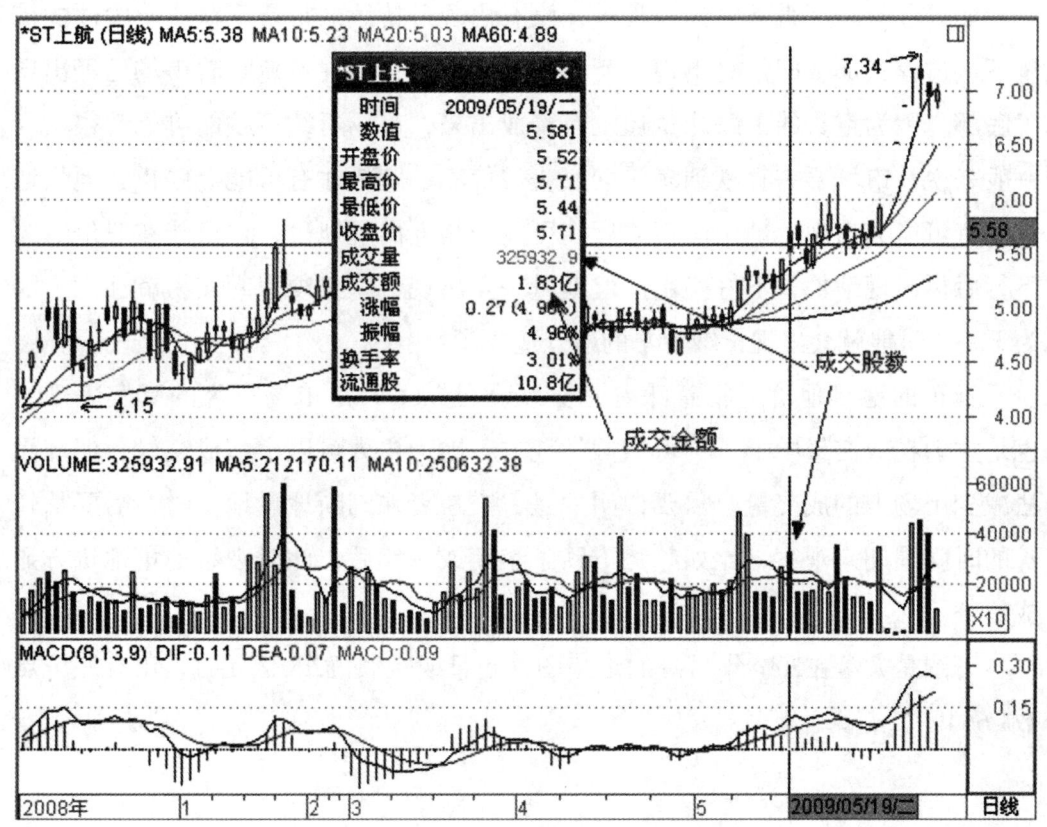

第2招　解析地量地价

地量地价是指个股（或大盘）在成交量非常少的情况下，其股价（或大盘指数）也创出了阶段性的新低现象。它常出现在长期下跌的末期，是一种股市里的特殊现象。所谓"地量"，是指股票（或大盘）创下了一直下跌以来的最少成交量；所谓"地价"，是指股票（或大盘）创造了一直下跌以来的最低价位。

如果股价在一直下跌的过程中，没有出现过持续的带量下跌或阶段性的带量下跌过程，那么即使是出现了所谓的地量地价，也并不意味着市场已经出现了底部。因为空头的下跌能量还没有释放出来，市场后续下跌的可能性很大。一般来说，市场要一直跌到多头彻底丧失信心，跌势才有可能会停止，地量地价才有可能会出现。地量出现之后，可能会马上出现地价，也可能在股价继续下行后再出现地价，不好确定。但地量一旦出现，就必须引起交易者注意，因为下一步可能就会出现量增价平的建仓迹象了。

真正的地量地价通常意味着趋势跌无可跌了，是市场行为的真实表现，也是主力在成交量中唯一不可做假的地方，因为主力可以虚增成交量，但却无法减少市场上的成交量。需要说明的是，交易者在判断地量地价时，需要从较长的时间周期来观察，比如趋势下跌了半年或一年后，此时观察地量地价方显成效。

下图是大盘在2008年11月的走势图，当日成交额仅200亿元时，出现底位点数1 664。

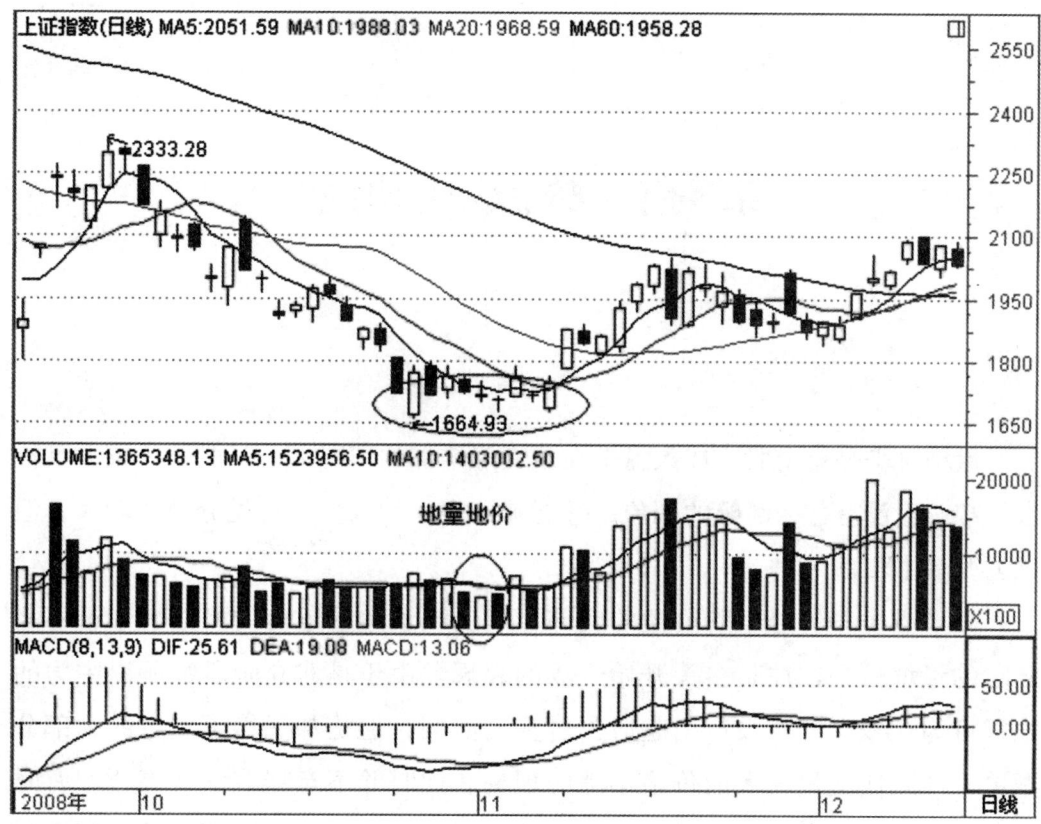

上证指数(日线) MA5:2051.59 MA10:1988.03 MA20:1968.59 MA60:1958.28

2333.28

1664.93

VOLUME:1365348.13 MA5:1523956.50 MA10:1403002.50

地量地价

MACD(8,13,9) DIF:25.61 DEA:19.08 MACD:13.06

2008年　　10　　　　　　11　　　　　　12　　　日线

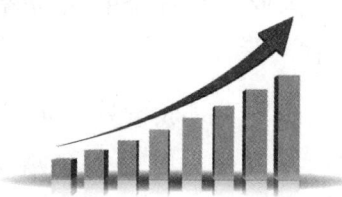

第3招 解析量增价平

量增价平是指个股（或大盘）在成交量增加的情况下，其股价（或大盘指数）却一直没有什么涨幅的现象，它意味着多、空双方的意见分歧比较大，但谁也没制住谁。

如果当时股价处于阶段性的底部，或出现了地量地价的极端情形，那么此时的量增价平往往是多头开始进场的表现。由于是建仓阶段，所以主力的吃货行为比较保守，没有引起股价过多的涨幅，但是却承接了空方的大部分抛单，导致成交量增大而价格不涨的现象。此时并不意味着跌势停止，有时主力为了建仓的需要，会拿着刚买的筹码反手打压股价，迫使更低的筹码出现。因此，小资金的交易者不宜在此时进场，而大资金的交易者则可以同步建仓。

如果当时股价处于阶段性的顶部，量增价平则往往是空头开始发力的表现。当股价有了较大的涨幅后，尽管多方的热情仍然高涨，但空方出于套现的需要而开始抛售，导致股票会出现成交量增大而价格上不去的现象。此时，没有股票的交易者要持币观望，而有股票的交易者则应考虑减仓或平仓。

下图是600884在2007年下半年的走势图。在6月22日该股高位放量，而最终几乎收平盘，这是主力出货的一种表现。

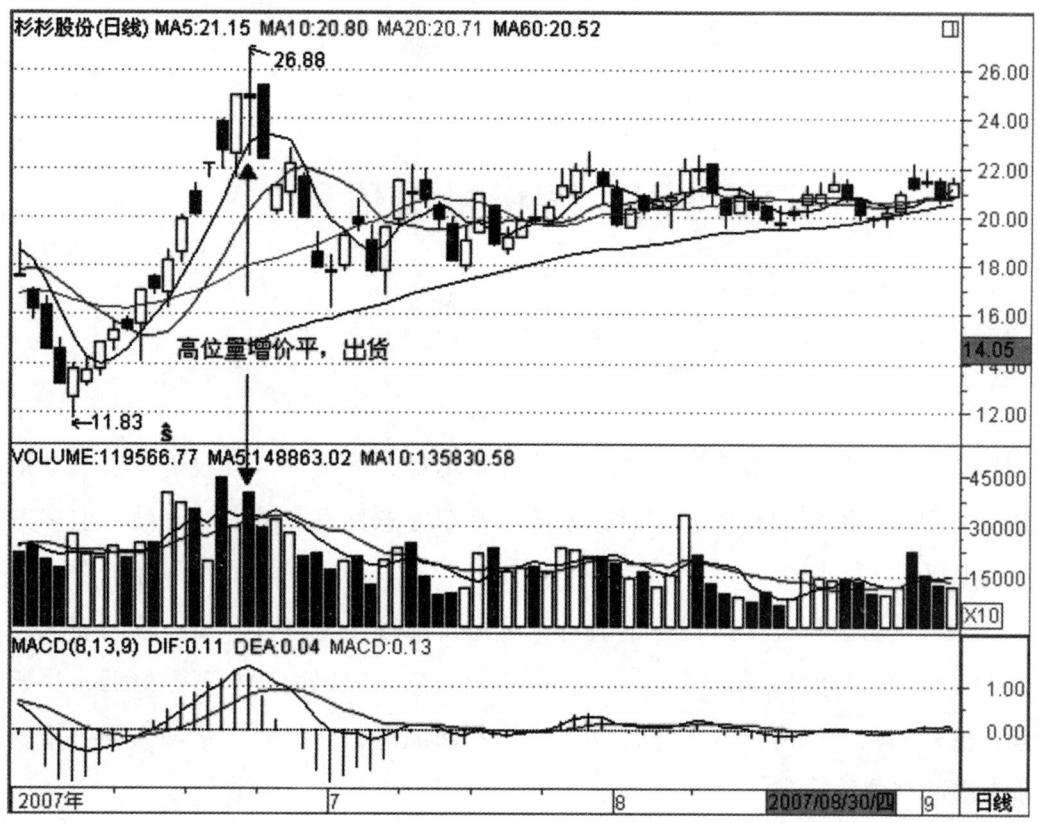

杉杉股份(日线) MA5:21.15 MA10:20.80 MA20:20.71 MA60:20.52

26.88

高位量增价平，出货

←11.83

VOLUME:119566.77 MA5:148863.02 MA10:135830.58

MACD(8,13,9) DIF:0.11 DEA:0.04 MACD:0.13

2007年   7   8   2007/09/30/四   9   日线

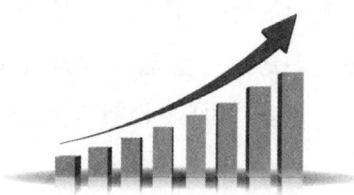

第4招　解析量增价涨

量增价涨是指个股（或大盘）在成交量增加的情况下，其股价（或大盘指数）出现较大涨幅的现象，它意味着多、空双方意见发生较大的分歧，但多方仍占上风。

如果当时股价处于阶段性的底部，量增价涨往往是多方开始进攻的表现，也是多方积极看好后期走势的写照。由于主力急需筹码而散户不看好后市，于是在价格一路上涨的情况下，浮动筹码会不断涌出，导致成交量增大而价格同步上涨的现象。

如果当时股价处于上升趋势中，量增价涨意味着多方不断突破关键阻力位的抛压，不断消化市场空头的力量，使股价得以继续上涨。这样的量增价涨往往是趋势继续上涨的健康现象。

如果当时股价处于阶段性的顶部，量增价涨则往往是主力对敲出货的前兆。大量抛单才会造成大成交量，高位的筹码往往集中于主力手中，大量的抛单只有主力可以提供，而散户又很难承接这些筹码，必然会导致股价下跌。可是现在股价却反而上涨，所以主力对敲拉升是合理的解释。否则就是市场当时过于狂热，买入者陷入了疯狂的境地，这往往会导致"天量天价"的极端现象。见此状况，交易者需要提高警惕。

下图是000663在2008年年末到2009年年初的K线图。有几个阶段很清楚地对应着价增量长的情况，显示当时多头掌握局面。

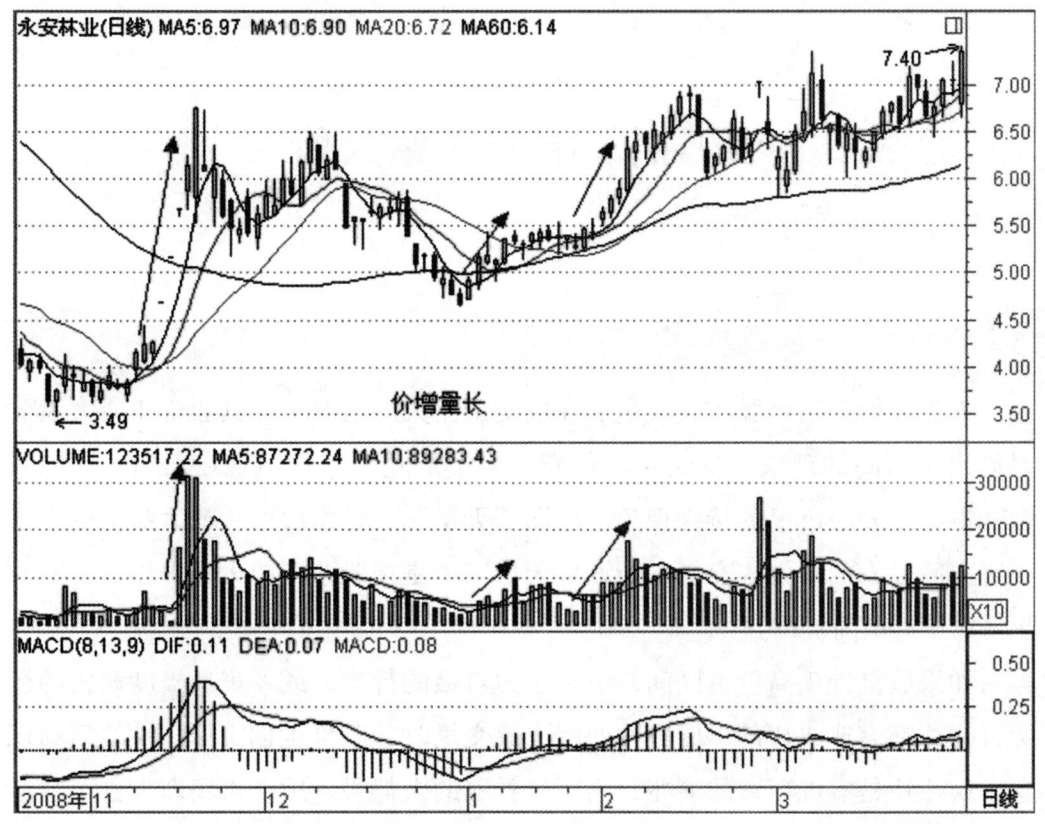

价增量长

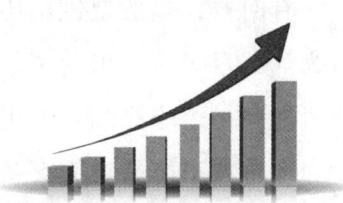

第5招 解析天量天价

  天量天价是指个股（或大盘）在成交量巨大的情况下，其股价（或大盘）也创出了新高的现象，这是量增价涨的极端形式。它常出现在长期上涨的末期，也是一种股市里的特殊现象。所谓"天量"，是指股票（或大盘）创下了一直上涨以来的最大成交量；所谓"天价"，是指股票（或大盘）创造了一直上涨以来的最高价位。

  如果股价处于高价位区间，由于主力对敲的行为，或者市场极度疯狂的行为，往往都会造成在创出历史性的巨大成交量时，股价也创出历史性的新高现象。这往往是盛极而衰的前兆，当所有看涨的人都买入后，市场即失去了继续爬高的力量。见此状况，交易者要考虑减仓了。

  有时候，当股票创出历史性的大量时，股价也在继续攀高，交易者可能会以为"天量天价"出现了，应该赶紧回避。事实上，此时的天量天价可能只是阶段性的一个小高潮。这里的巨量出现，往往是多、空双方意见分歧巨大的表现，但也有可能是主力有备而来、志在高远的表现。如果抛出的都是散户而买入的却是主力，那么即使出现所谓的天量天价，股价依然会继续上涨，直至后面出现真正的天量天价。同时，交易者需要注意，量价配合过程具有一定的滞后性，天量出现之后不一定马上就会出现天价，也不一定必然会出现天价。所以，交易者不要抱着不见天量天价就不出货的想法。

  下图是002064在2008年下半年的K线图。主力利用反弹出货，走出了7月10日天量天价的图形。

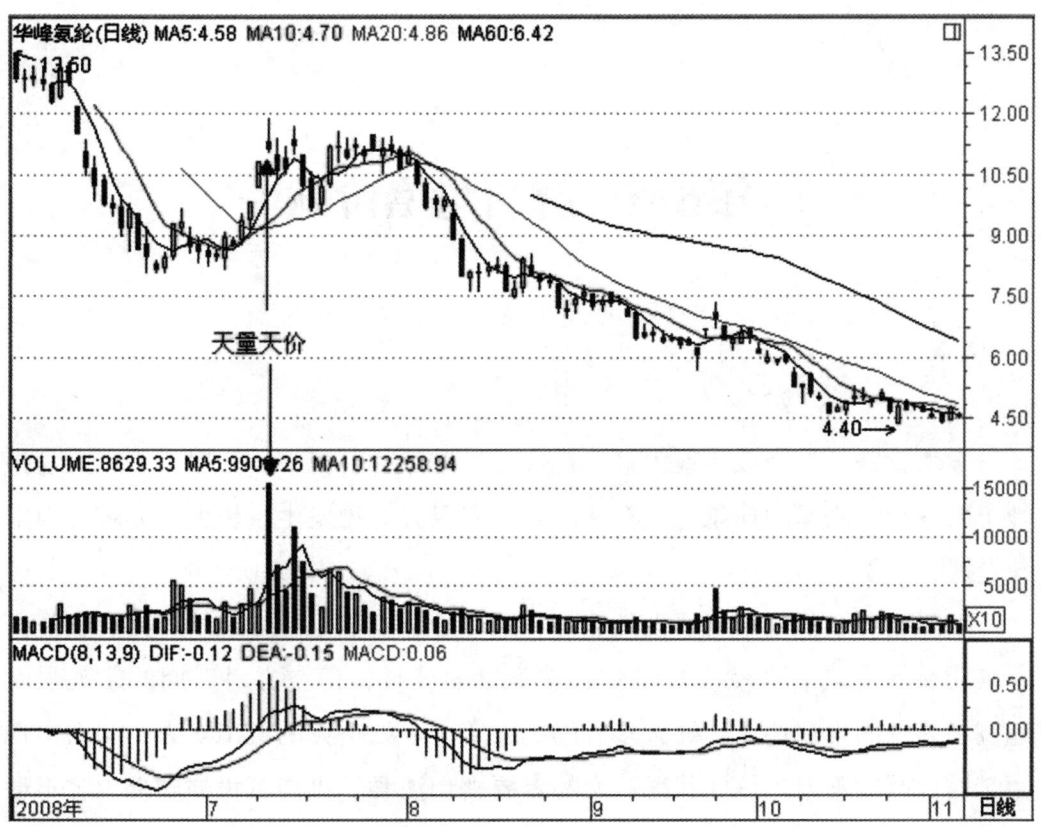

华峰氨纶(日线) MA5:4.58 MA10:4.70 MA20:4.86 MA60:6.42

天量天价

VOLUME:8629.33 MA5:9900.26 MA10:12258.94

MACD(8,13,9) DIF:-0.12 DEA:-0.15 MACD:0.06

2008年

4.40→

日线

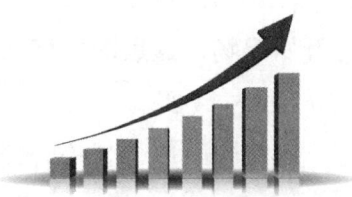

第6招　解析量增价跌

　　量增价跌是指个股（或大盘）在成交量增加的情况下，其股价（或大盘指数）出现较大跌幅的现象，它意味着多、空双方意见发生了较大的分歧，但空头占据了上风。

　　如果当时股价处于阶段性的底部，量增价跌往往是空方继续发力的表现，它表明市场买卖者虽然发生了多、空意见的分歧，但空方对后期的悲观强度超过了多方的乐观估计，导致多方的买入实力不如空方的卖出实力，因而出现了量增价跌的现象。见此状况，交易者要密切注意，可能真正的底部为时不远了，只要空方的做空能量被彻底消灭，达到了跌无可跌的地步，也就是出现了地量地价的极端现象时，转势往往就会来临。此时的量增价跌也说明，尽管多方开始出场，这里的价格区间还不是市场的底部，因为主力资金庞大，需要提前介入，主动买套。

　　如果当时股价处于阶段性的顶部，量增价跌则说明主力开始出货了，空方加大了抛售的力度。由于前期个股展示了充分的财富效应，导致后期很多交易者仍然积极介入，所以此时的成交量往往比较大。当主力机构开始抛售后，股价必然会出现阶段性的跌势，甚至开始反转走熊。所以，交易者见此状况应赶紧平仓了结。

　　下图是002258在2008年年末到2009年年初的K线图。在前期碎步攀升，累计涨幅巨大的情况下，主力开始出货，空方加大了抛售的力度，而在赚钱效应的引导下，很多交易者仍然积极介入，但终究不敌主力当日坚决做空的意图，所以放量跌停。

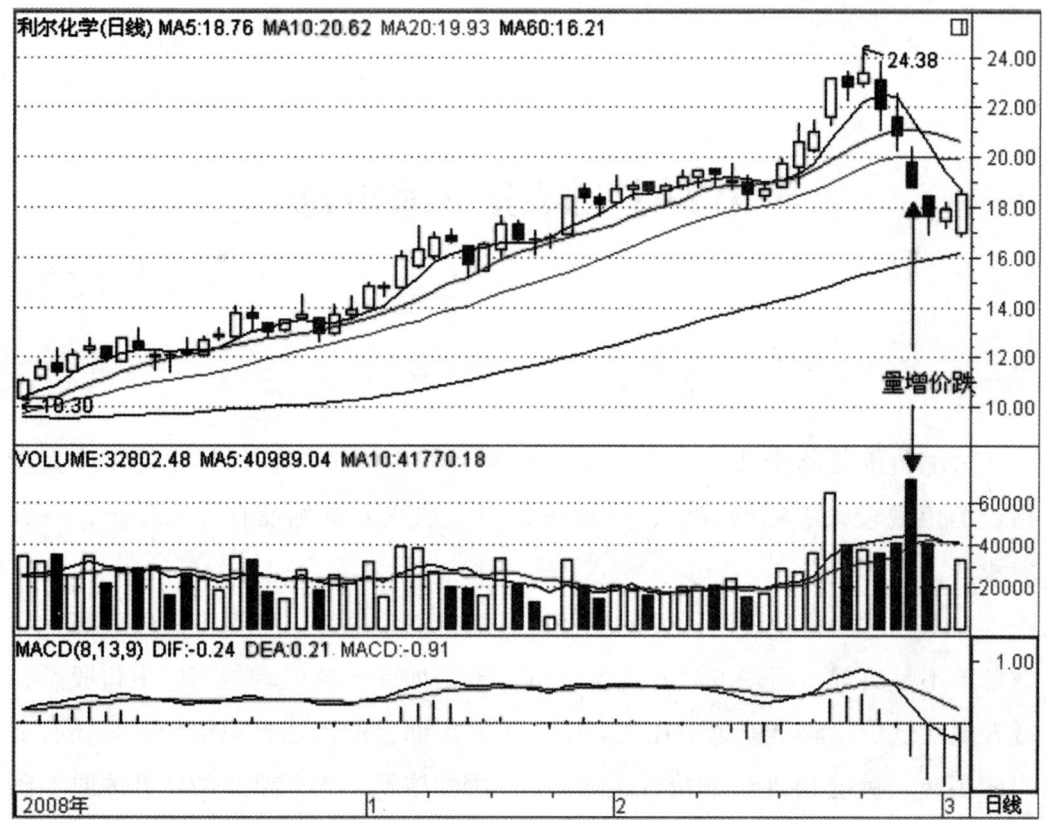

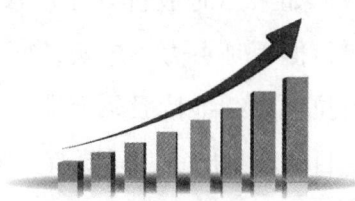

第7招 解析量缩价涨

量缩价涨是指个股（或大盘）在成交量减少的情况下，其股价（或大盘指数）出现较大涨幅的现象，它意味着多、空双方意见没有什么分歧，一致看涨。

如果当时股价处于阶段性的底部，量缩价涨说明多、空双方集体看涨，导致抛单不易出现，而多方只好高价求货，越是如此，持股者越不愿出售股票；或者说明低价筹码早就集中在主力手中了，市面上的流通筹码很少，只要有适当的买盘，就会出现量缩价涨的现象。见此状况，交易者应立即追进或加码买入。

如果当时股价处于阶段性的顶部，量缩价涨则说明个股已被主力高度控盘，但不是主力不想卖，而是没有人愿意以那么高的价格接货。于是主力自弹自拉，继续维持股票上涨。见此状况，交易者应始终回避，因为此时主力的唯一目的就是出货，只要有买家就不会放过交易的机会。

下图是600519在2007年年末到2008年年初的K线图。有两个阶段很清楚的对应着量缩价涨的情况，显示主力高度控盘，鉴于前期涨幅巨大，主力在此缩量上涨，其意图是择机出货。

贵州茅台(日线) MA5:195.90 MA10:199.55 MA20:203.49 MA60:206.91

230.55

缩量上涨

138.58

VOLUME:17783.17 MA5:15876.67 MA10:13921.58

MACD(8,13,9) DIF:-1.07 DEA:-2.20 MACD:2.27

2007年 10 11 2007/11/26/一 1 2 日线

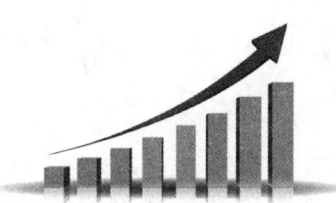

第8招　解析无量空涨

无量空涨是指个股在成交量很少的情况下，其股价出现较大涨幅的现象。它是量缩价涨的一种极端形式，主要出现在连续涨停的中小盘股或强庄股中。

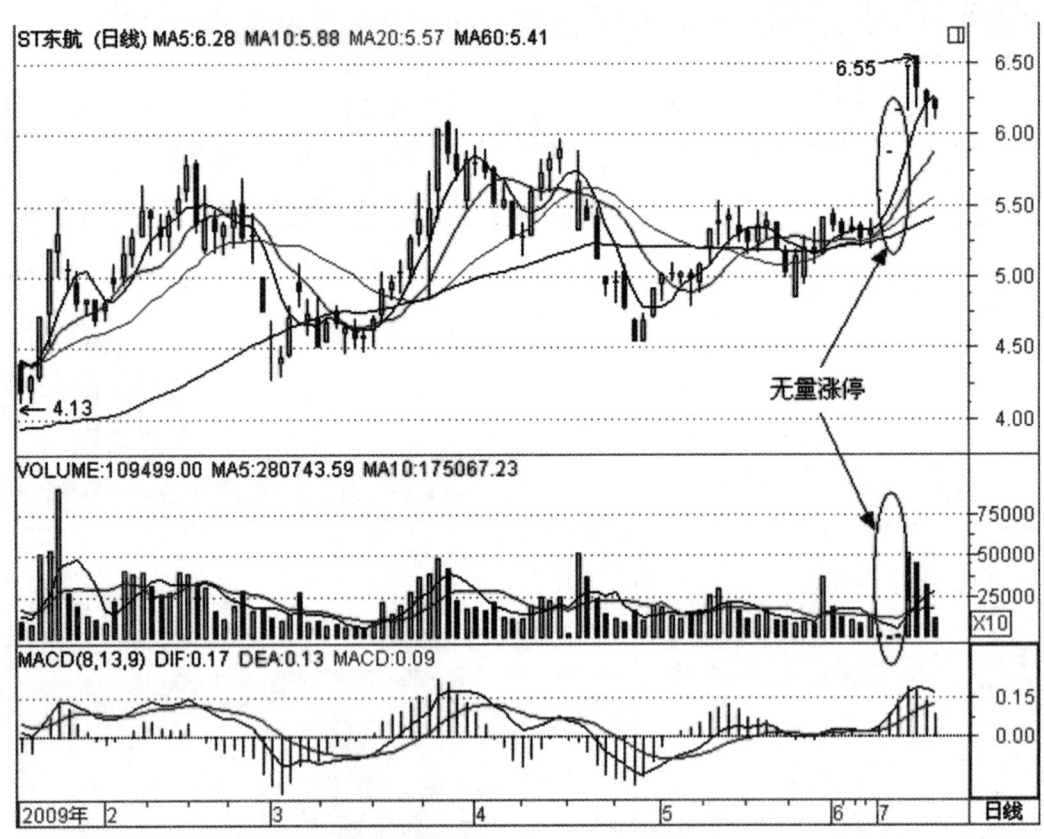

在市场开始回暖的初期，一些主力往往会集中资金连续攻击一些具有利好因素的中小盘股，借以带动市场人气。由于这些中小盘股的流通股数较

小，再加上多空双方一致看多，因此主力不需要投入太多的资金，就可以轻松拉升股价；或者个股前期的低价浮动筹码都被主力收集完毕。此时正逢大盘开始启动，于是主力同样不需要花太多的资金，就可以在持股者普遍惜售的情况下，快速拉升股价。对于这样的情况，交易者可及时跟进或加码买入。

上图是600115在2009年的K线图。因东航上航合并重组，复牌后无量涨停，市场对重组预期向好。

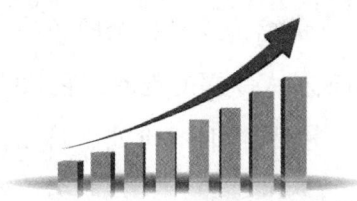

第9招　解析量缩价跌

　　量缩价跌是指个股（或大盘）在成交量减少的情况下，其股价（或大盘）出现较大跌幅的现象，它意味着多、空双方没有什么分歧，一致看跌。

　　如果当时股价处于阶段性的底部或是在持续下跌的阶段中，那么量缩价跌是自然的现象，它表明多、空双方集体看跌，卖家急于找下家买单，但买家则不愿意进场交易，于是就出现了量缩价跌的现状。出现这种状况，往往说明空方能量还没有得到释放，股价继续下跌的可能性很大，一直会持续到多方愿意进场为止。此时，袖手旁观是上策。

　　如果当时股价处于阶段性的顶部，量缩价跌则说明个股已被主力高度控盘，不是主力不想卖，而是主力找不到人接盘。于是主力任由少量散户左右行情，或者见一个买家就往下面卖一点筹码，因此就出现了量缩价跌的现象。见此状况，交易者应始终回避，因为此时主力的唯一目的就是出货，只要有买家就不会放过交易的机会。

　　当然，还有一个可能性，那就是现在的顶部根本就不是股价的顶部，只是阶段性的向下调整行为。当市场上的浮动筹码被新的买入者或主力承接后，股价往往又会持续上升。这种量缩价跌的现象，也常常出现在上涨趋势的调整时期。

　　下图是600115在2008年的K线图。在8~9月很清楚地对应着量缩价跌的情况，显示主力的唯一目的就是出货，导致股价毫无支撑地下跌。

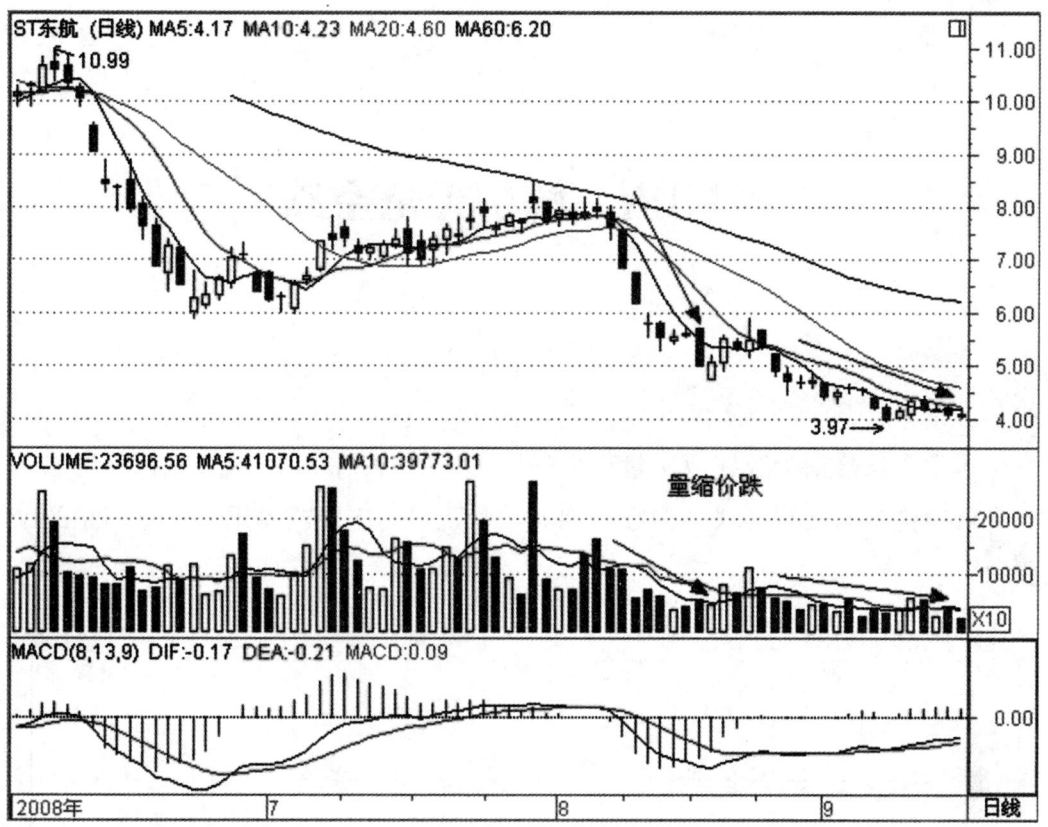

ST东航 (日线) MA5:4.17 MA10:4.23 MA20:4.60 MA60:6.20

10.99

3.97→

VOLUME:23696.56 MA5:41070.53 MA10:39773.01

量缩价跌

MACD(8,13,9) DIF:-0.17 DEA:-0.21 MACD:0.09

2008年   7   8   9   日线

第10招　解析无量空跌

　　无量空跌是指个股在成交量很少的情况下，其股价出现较大跌幅的现象，它是量缩价跌的极端形式，多数出现在一些跳水的庄股或有重大利空消息的个股中。

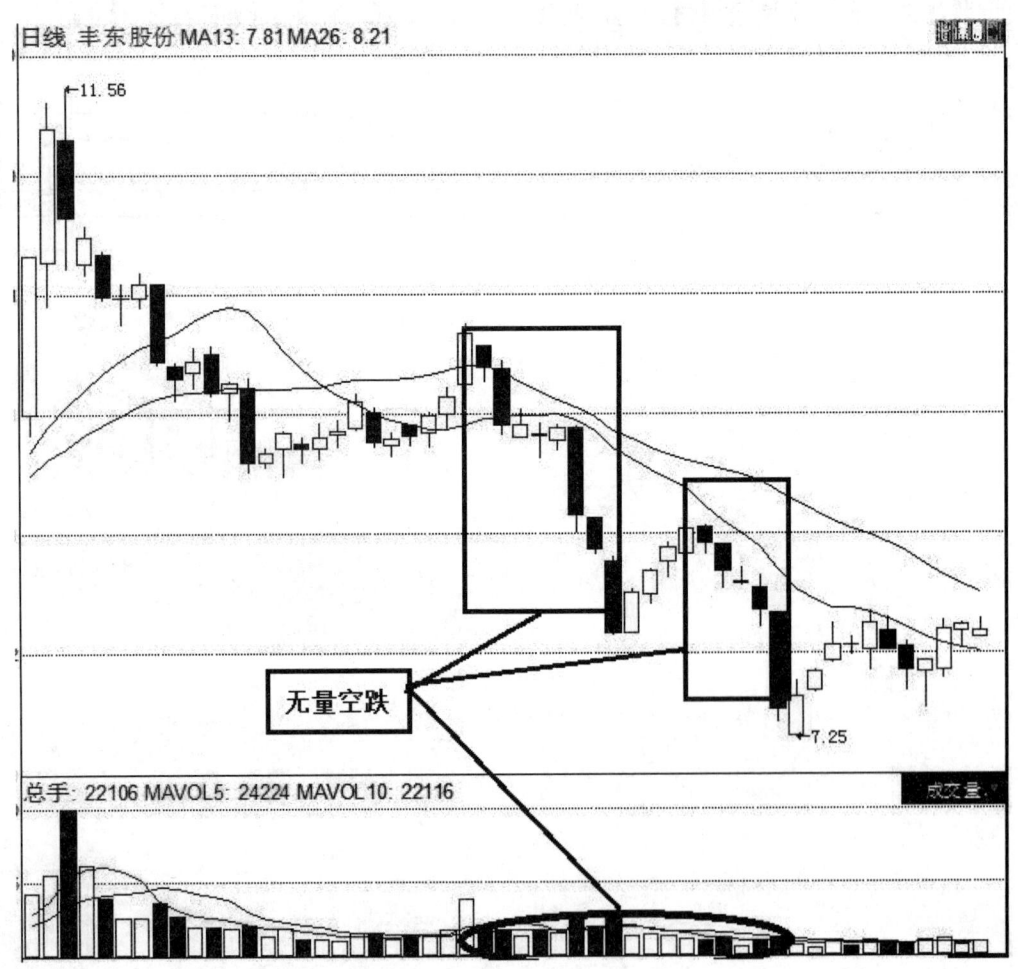

　　一些个股在出现重大利空消息后，各路资金往往会不计成本地出逃，而多方则常常持币观望，市场承接力量极度匮乏，因而造成股价大跌而成交量稀少的现象，无量空跌也由此而来。

　　另外，一些在高位持续横盘的长庄股，一旦出现主力资金链断裂或该股出现重大利空消息时，这类个股就会马上崩盘，其股价更是连续跌停，并且成交量极度萎缩，呈现出无量空跌的状态。一般而言，一只庄股在主力已经全身而退或资金链完全断裂的情况下，往往在一年内都不会再有什么行情，因此交易者要注意规避这种风险。

　　上图是002530丰东股份2014年11～12月的K线图。11月丰东股份的控股股东大幅减持，利空消息发出后，各路资金不计成本地出逃，而多方则持币观望，市场承接力量极度匮乏。

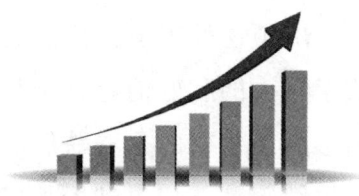

第11招　解析底部巨量

　　底部巨量是指个股（或大盘）在一个相对较低的底部突然放出巨量的现象，此时的股价（或大盘指数）有可能上涨，也有可能下跌。底部往往是一个比较平和的地方，此时多、空双方却产生了巨大的意见分歧，因而底部巨量也是一种特殊的现象。

　　出现这种现象，往往是在股票的跌势还没有完全消化的时候，却突然出现了重大的利好消息，于是多、空双方产生了巨大的意见分歧，导致有的人看多后市，有的人看跌后市。如果进场承接的多数为散户，那么个股后期仍将继续下跌；如果进场承接的多数是主力机构，那么后期股价可能会一路上涨，也可能会在主力反手打压后继续下跌，直到同期进入的浮动筹码出局为止。

　　此外，也可能是原本被限制流通的股票开始上市，或者有增发或送股的股票开始流通，于是在主力机构承接的时候也会出现底部放出巨量的状况。当然，也有可能是股价在急遽下跌后，被主力在股价的半山腰做了一波假反弹的行情。但不论是什么样的底部放量，都不值得交易者参与，因为毕竟股票还处于多、空双方意见的巨大分歧期。

　　下图是600837在2008年年末到2009年年初的K线图。2008年11月26日原本被限制流通的股票开始上市，于是在主力机构开始承接，底部放出巨量，当日换手率达到27%，成交金额超过37亿元。

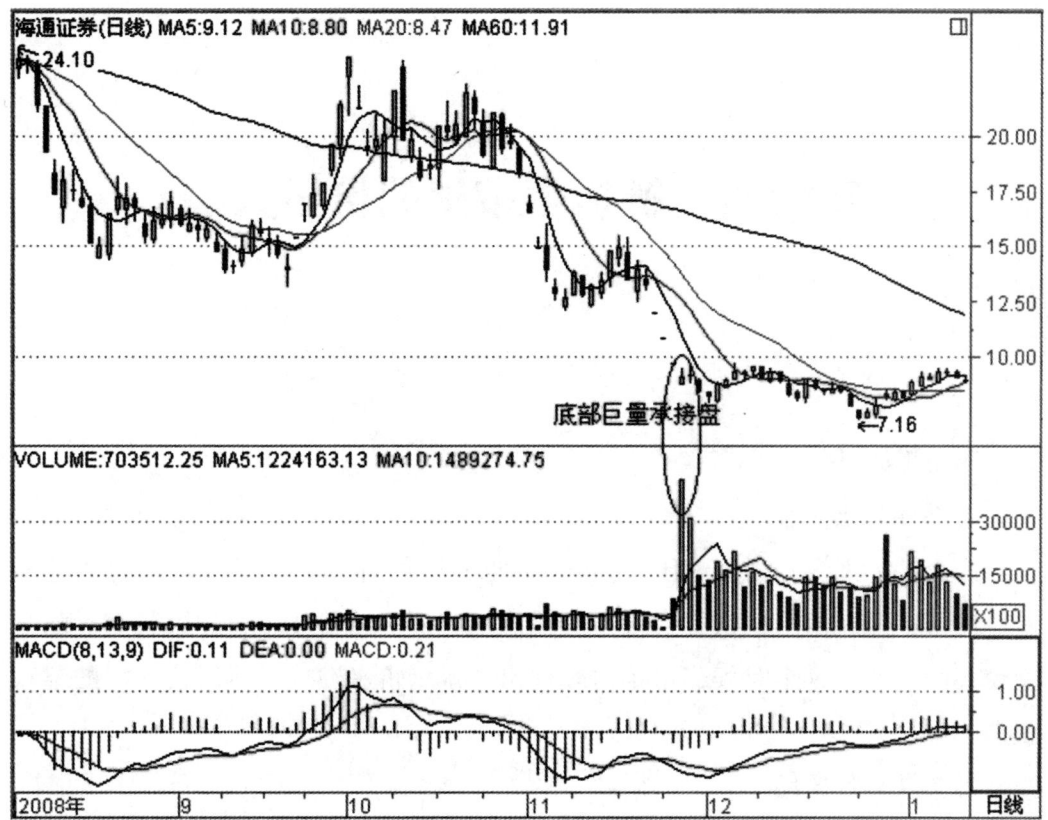

海通证券(日线) MA5:9.12 MA10:8.80 MA20:8.47 MA60:11.91

底部巨量承接盘

←7.16

VOLUME:703512.25 MA5:1224163.13 MA10:1489274.75

MACD(8,13,9) DIF:0.11 DEA:0.00 MACD:0.21

2008年   9   10   11   12   1   日线

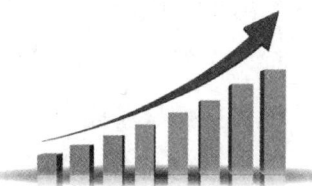

第12招　解析牛市里的价量关系

牛市里的量价关系。

1. 多头开始阶段

当个股股价从一个长期的底部开始向上运行时，由于很多持股者依然不看好后市，此时的股票供应量往往会比前期底部的时候要多，导致买入者能买到较多的股票。这个时候，市场常表现出"量增价平"或"量增价涨"的温和状态。

2. 多头持续阶段

当个股股价从启动阶段进入明显的上升趋势后，买卖成交量随着股价的上扬下挫出现对应的增减变化。总体来说，股价大幅上升，导致成交量大幅增加的局面。这个时候，市场呈现出的是"量增价涨"强势状态。

3. 多头疯狂阶段

当个股股价经过一段时间的上涨进入高价位区间后，由于买卖双方的意见分歧越来越大，导致成交量巨大，同时股价上下起伏跌宕，直至后期买入者减少，成交量无法继续放大。这个时候，市场往往会呈现出"量缩价涨"的势头。

下图是大盘在2006年8月到2008年11月的周K线图。从牛市温和上涨到最后的疯狂，其成交量和价格的配合符合上述特征。

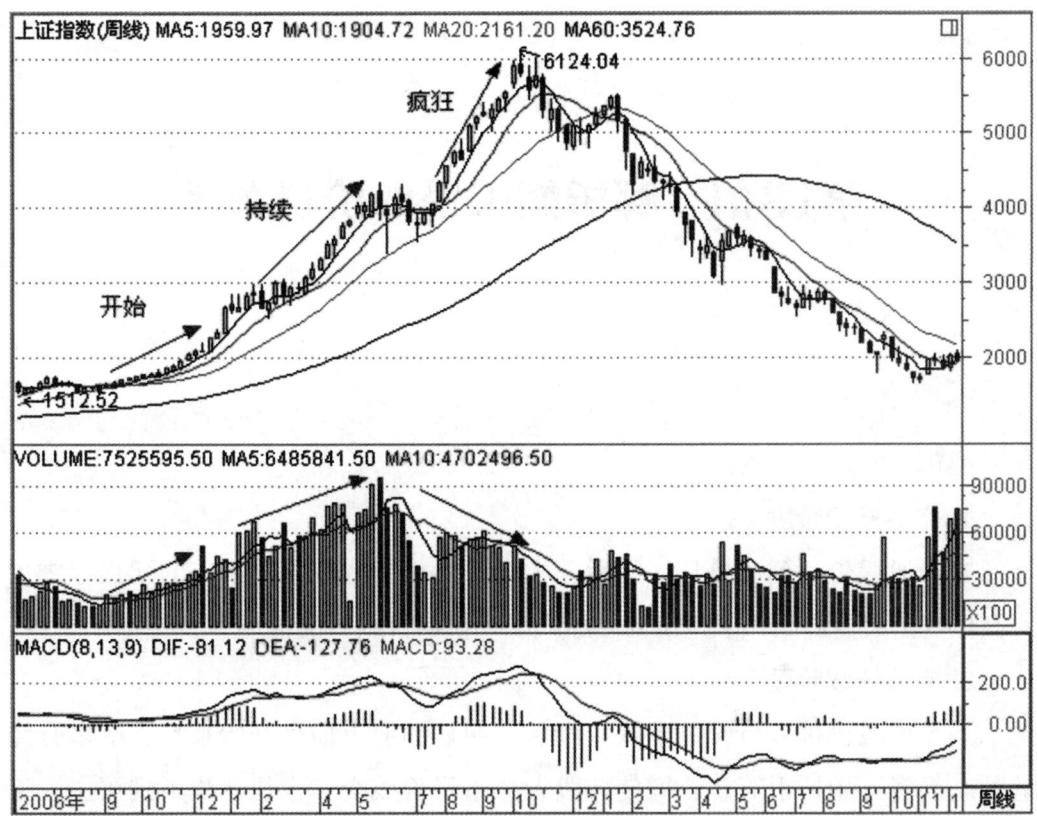

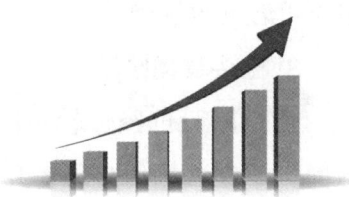

第13招　解析熊市里的价量关系

熊市里的量价关系。

1. 空头开始阶段

当个股股价达到高价位区间后，主力开始出货，宣告了牛市的死亡，主力在高位抛出大量筹码，于是市场便形成了"量增价跌"的情形。

2. 空头持续阶段

当个股股价进入持续的下跌阶段后，明显的熊市信号开始来临，诸多有经验的交易者开始持币观望，即使持股者急于降价成交，也往往找不到买主，于是市场呈现出"无量阴跌"的情形。这是空头能量未能得到释放的时期，交易者不可轻易抢反弹。

3. 空头衰竭阶段

当个股股价经过较长时间和较大幅度的下跌后，将步入一个相对低价的区间。于是激进的交易者开始买入，急迫的持股者终于找到了买主，成交量开始递增，直至空头下跌的能量完全释放完毕后，股价才能站稳并出现反转的苗头。此时市场往往呈现出的是"量增价跌"的势头，表明股价将接近底部区域，交易者可以做好入场的准备。

下图是大盘在2006年8月到2008年11月的周K线图。从熊市开始下跌到最后的衰竭，其成交量和价格的配合符合上述特征。

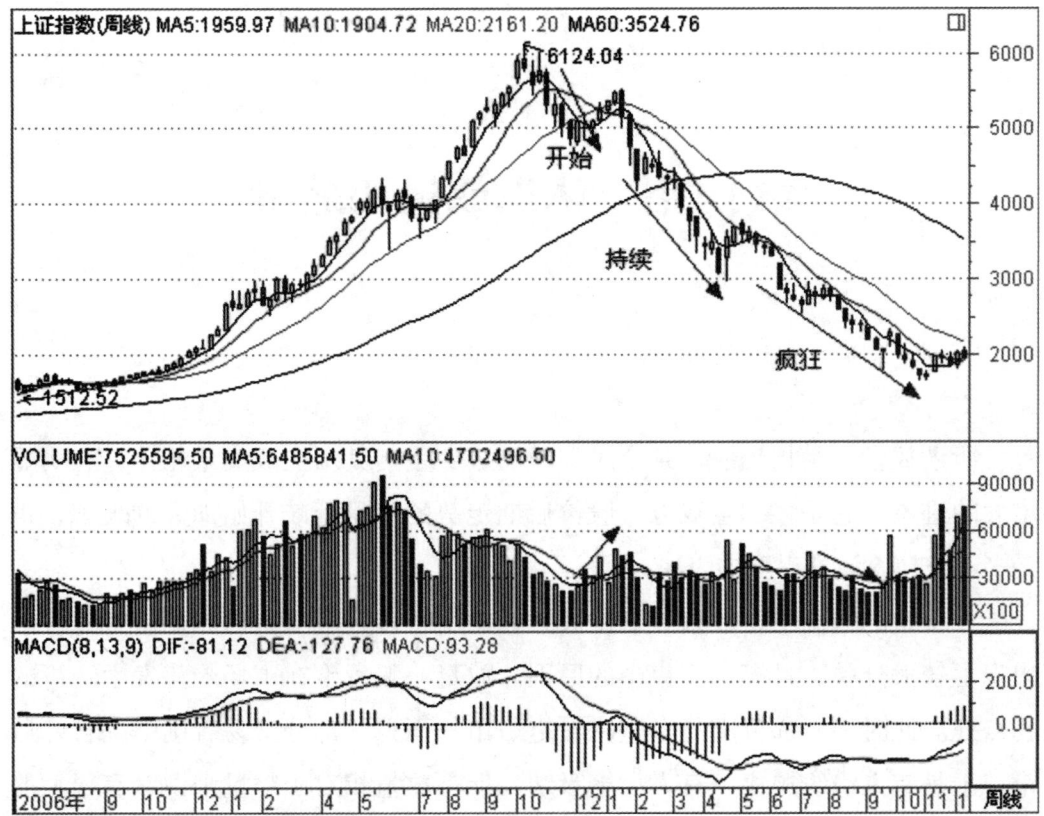

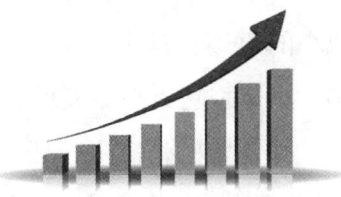

第14招　认识放量和缩量

　　所谓放量，是指个股在某个时间段的成交量与其历史成交量相比，有明显增大的迹象，它是多、空双方对股价后期走势的意见分歧开始加大的表现，也是多、空搏杀激烈程度的表现。

　　在正常的情况下，股票成交量放大，是由于多、空双方对后期走势的看法出现了较大分歧，且筹码不集中的原因。放量一般发生在市场趋势发生转折的拐点处。此时，一部分交易者坚决看空后市，而另一部分交易者则坚决看好后市，于是有人纷纷抛售，有人大笔吸纳。但是放量相对于缩量来说，有很大的做假成分，因为主力可以利用手中的筹码和资金进行对敲。

　　所谓缩量，是指个股在某个时间段的成交量与其历史成交量相比，有明显减小的痕迹它是多、空双方对股价后期走势的意见分歧开始减少的表现，也是多、空搏杀趋于平衡表现。

　　在正常的情况下，股票成交量缩小，是因为多、空双方对后期走势的看法比较一致，或者筹码过于集中的原因。缩量往往发生在趋势的上升或下降的进行中，多、空双方基本上持相同的看涨或看跌态度，导致看涨时少有人抛售，看跌时鲜有人买入，成交量自然无法扩大。

　　下图是600439在2009年年初的K线图。缩量和放量的对比十分明显。

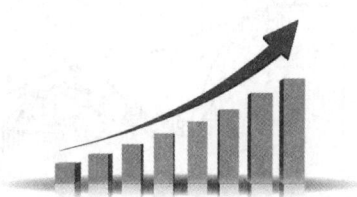

第15招　解析同步趋势和背离趋势

　　在成交量放量和缩量的基础上，如果再考虑股价的涨／跌趋势，就会表现出量价关系的两种状况：同步趋势和背离趋势。

　　同步趋势即量价同步，是指成交量的增减与股价涨跌成正比关系。量价同步可分为上涨同步和下跌同步。上涨同步是指成交量增加的同时股价上涨，形成量增价涨的状态；下跌同步是指成交量减少的同时股价下跌，形成量缩价跌的状态。

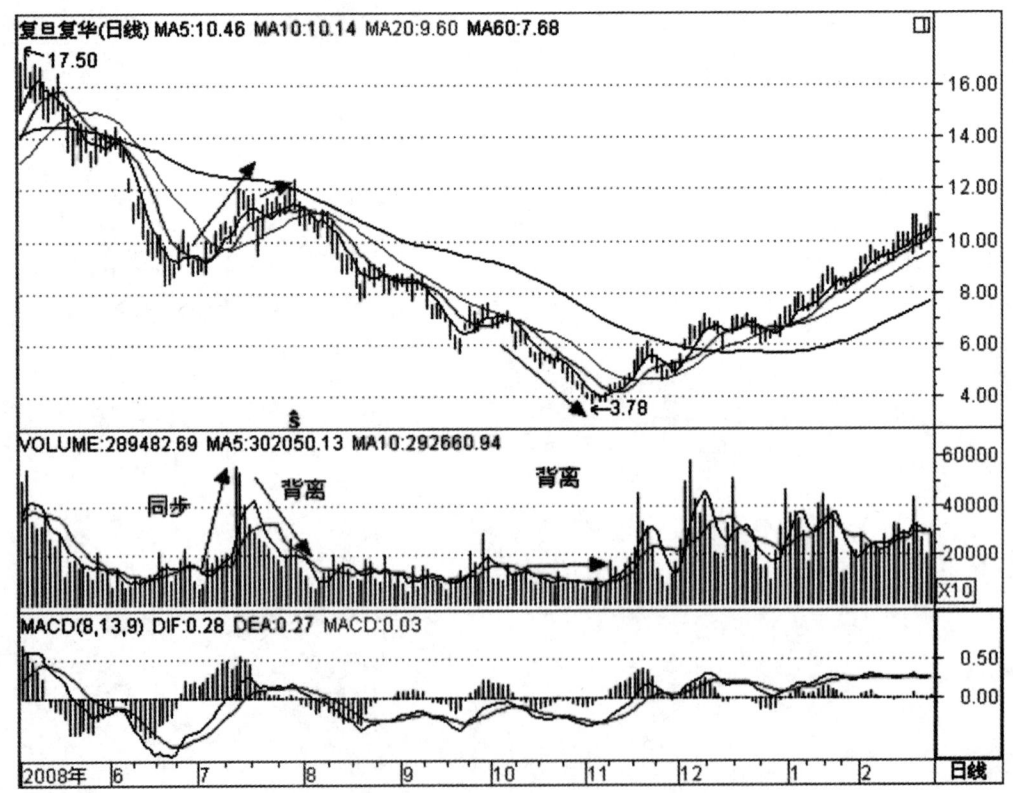

　　背离趋势即量价背离，是指成交量的增减与股价涨跌成反比关系。量价背离可分为上涨背离和下跌背离。上涨背离是指股价上涨时成交量没有放大，形成量缩价涨的状态；下跌背离是指股价下跌时成交量没有缩小，形成放量下跌的状态。

　　上图是600624在2008年下半年到2009年上半年的K线图。有几个阶段价量背离和价量同步的情况比较明显。

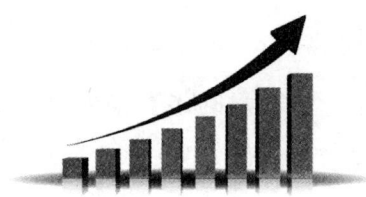

第16招　解析冷门股和热门股

成交量的多寡，可以反映一只股票的成交活跃状况；而由一段时期以来的总成交量的多寡，则可以看出哪些股票是冷门股，哪些股票是热门股，由此方便交易者的交易决策。

1. 冷门股

冷门股是指在一段较长的时间内（比如半年到一年内），个股成交量稀少、股性呆滞的股票。这类股票的每日成交量比较少，甚至于连续几个月的日平均换手率都没能超过1%。通常这种股票没有主力的照顾，随着大盘浮沉，其走势甚至常常不如大盘的走势。

股票之所以会成为冷门股，主要有两大原因：一是个股基本面情况恶化，二是无主力机构关照。如果个股背后的上市公司经营状况恶劣，又无预期前景或重组题材，交易者自然对该股退避三舍，敬而远之；如果个股基本面一般，但缺乏主力的介入，仅凭"散兵游勇"的自然交易，显然不足以产生持续的行情；既无良好的基本面支撑，又无主力资金的关照，这样的个股通常就会成为无人问津的冷门股。而曾经走势强劲的个股，如果经过暴炒后，严重透支了个股仅存的一点价值，那么在后期漫长的阴跌中，也往往沦落为冷门股。

当然，随着股市的整体升温，即使是垃圾股，只要它存在于证券市场上，就必然会有人买卖，也必然会被人拉升，这就是股市的比价效应和中国股市的"壳"资源价值。当一只冷门股开始有出现较大的成交量时，说明有市场主力开始建仓，如果股价也慢慢回升，则说明主力在继续吸筹；再经过一段时间后，如果该股的成交量持续放大，股价上下波动的幅度也开始扩大，则说明交易者对该股的信心逐渐恢复起来了，该股的股性逐渐变得活跃起来，一只冷门股由此开始转向活跃股甚至热门股。

对于冷门股，谁也不知道它将要跌到什么时候，谁也不知道主力何时介入，普通交易者的任何"抄底"的想法都将是错误的，最好的方法是回避该股，直到它开始活跃为止。

2. 热门股

热门股是指在一段较长的时间内（比如半年到一年内），个股成交量巨大、股价变化范围大的股票。这类股票每日的成交量都比较大，有的甚至一星期的换手率就超过了100%。热门股不是普通意义上的活跃股，而往往是一轮上涨行情中的领头羊。由于热门股的股性较活，股价变动范围较大，因而大户和散户的参与热情都很高。

与冷门股相反，股票之所以会成为热门股，一是个股基本面情况比较优越，具有丰富的炒作概念或题材；二是有主力资金的深度介入。从成交量上来说，热门股的主力在建仓的时候，由于需要大量的筹码，往往会激发很大的成交量，使散户的筹码集中到主力手中；而在拉升的时候，由于短线参与者众多，其成交量往往也会扩大，主力也会适当的任由散户交换筹码，以抬高市场整体参与者的成本；在派发期，则更是成交量剧增的时刻，主力的大部分筹码往往会在此阶段与市场进入者进行交换。

需要注意的是，如果主力仅仅是用轮炒的手法严重透支了个股的内在价值和未来预期，同时又毫无保留地抽身而去，那么即使是过去炒作的题材或概念依然存在，热门股也会从此步入漫漫的下跌行情，并最终变成无人问津的冷门股。

建仓吸货价量观察

主力在建仓阶段有多种手法，这些手法虽然隐秘，但从价量观察上来看，应验了那句谚语："没有不透风的墙"。

第17招　横盘建仓

　　股价在经过漫长的下跌后，庄家开始入驻建仓，使得股价逐渐止跌企稳，形成横向盘整格局。由于庄家在这一区域调动资金进行收集，强大的买盘使股价表现得十分抗跌，图形上形成一个明显的平台或箱形底的形态，股价方向不够明确。这种方式往往时间较长，一两个月、半年甚至更长，其间股价起伏极度疲软，又没有明显的放量过程。但是，如果单纯横盘的话，将使市场中的抛盘迅速减少，不久就会出现没人抛售的现象，这时只能采用震荡的手法，逐出部分意志不坚定的投资者，成交量会略有活跃迹象，但由于没有大阳线、大阴线，不容易引起短线投资者的注意，使庄家在横盘中吸货的意图得到极好的隐蔽。在低位长期横盘的股票一旦启动，其涨幅往往十分惊人，"横有多长，竖有多高"说的就是这种形态。对于中长期投资者而言，是一种很好的选择。

　　这类股票的价量的主要特征如下：

　　（1）股价处于相对低位。所谓低位就是说这只股票已经经过了长期的下跌，跌到了前期高点的50％以下，有时候甚至跌到原价位的30％左右。在下跌的初期，曾经放量，但在低位开始横盘之后，成交量较为清淡，一副没人管的样子。

　　（2）盘整时间相对较长。一般横盘时间要在3个月以上，有的股票则长达半年，甚至更长。因为横盘的时间越长，割肉盘就越多。散户中很少有人能看着手上持有的股票连续长时间纹丝不动而无动于衷的，因为大盘在此期间肯定是来回好几次了。通常，大家都会割肉去追随强势股，以期获取短线利润，庄家则恰恰希望这种情况出现，悄悄地接纳廉价筹码。

（3）整理期间相对无量。庄家横盘吸货时基本没有明显的放量过程，如果在某一时段庄家吸筹过快，就很容易导致股价上升较快。而且，成交量的放大，容易引起其他投资者的关注。庄家在没有完成吸筹任务之前，并不希望其他投资者看好这只股票。所以，总是少量的一点一点地吃进，尽量避开其他投资者的关注。当然，偶尔会出现脉冲放量的情况，就是隔一段时间，出现一两根小幅放量的中阳线。但事后股价不涨反跌，大大出乎人们的意料，过几天其他投资者自然又将它忘记了。

（4）震荡幅度相对较窄。横盘并非一成不变，纹丝不动。通常来讲，横盘总是发生在一个较小的箱体中，这个箱体上下幅度不大，一般在20%以内。但上下的差价，也是很长时间才能见到，短期内根本无利可图，不会吸引短线跟风盘。在大部分的时间里，上下差不过10%，谁也没兴趣去做。庄家连续吸筹一段时间后，股价上升了一点，为了降低成本，一般会在三五天时间内，把股价打回原处，然后重新再来。不过，有的庄家很狡猾，做出的箱体十分不规则，震荡的周期来回变，震幅也不固定，有时根本触不到箱体的上下沿。这时候，我们只要把握"总的箱体未被破坏"就可，中间有许多的细节不去管也罢，免得受捉弄。

下图就是000040在2006年10~12月吸货的走势实例。该股在2006年下半年股价已经跌无可跌，开始横盘探底，这时庄家开始隐蔽潜伏建仓进入。为了消磨散户耐心，庄家减少横盘震荡的幅度，使得博取差价的参与者如食鸡肋，最终将筹码交给主力。

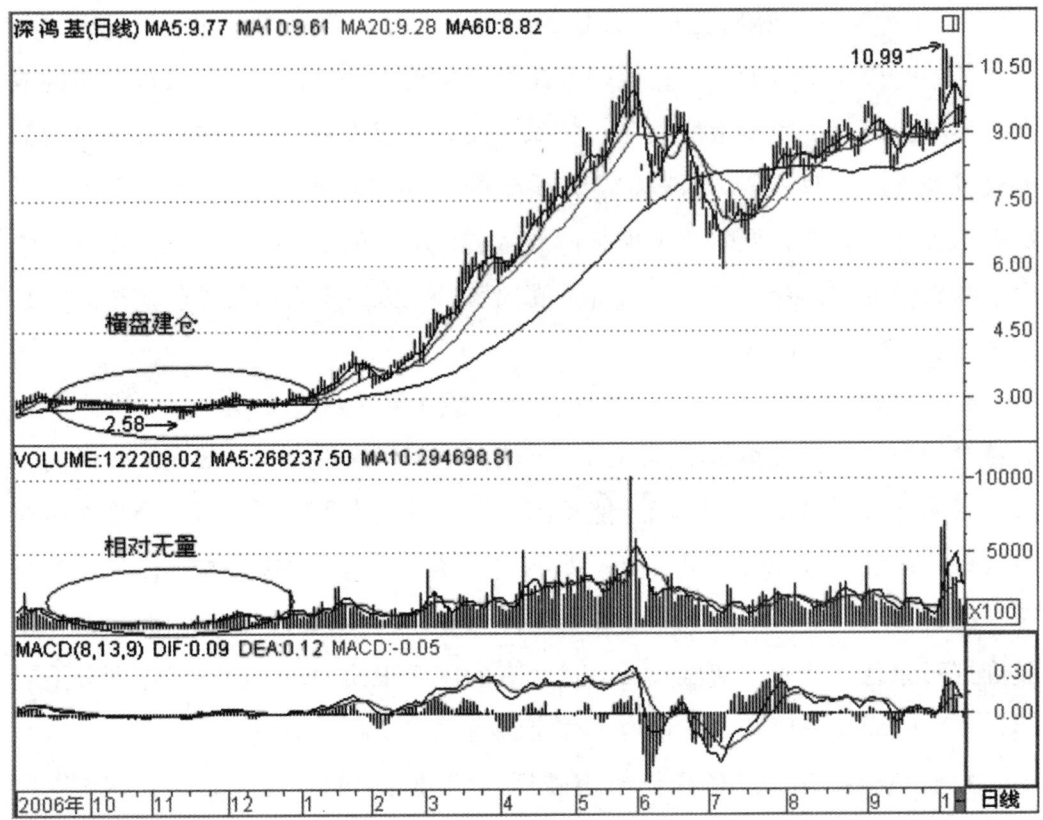

深鸿基(日线) MA5:9.77 MA10:9.61 MA20:9.28 MA60:8.82

横盘建仓

2.58→

10.99

VOLUME:122208.02 MA5:268237.50 MA10:294698.81

相对无量

MACD(8,13,9) DIF:0.09 DEA:0.12 MACD:-0.05

2006年 10 11 12 1 2 3 4 5 6 7 8 9 1 日线

第18招　如何从价量观察缓升式建仓

缓升式建仓，也叫推高式建仓或边拉边吸式建仓。庄家采用这种方式，多是由于股价已被市场慢慢推高脱离底部，市场前景看好，投资者出现惜售，只能逐步推高进行收集。在图表上会出现阶段性特征，即进二退一或进三退一，先拉出两三根小阳线，再拉出一根小阴线。由于庄家无法在相对底部吸到足够的筹码，因而成本较高，风险也相对较大。因此庄家在选股时必须配合丰富的市场题材，否则得不到市场的认同，根本没有获利派发的空间。采用此方式建仓的前提，通常是在大势中短期已见底，并开始出现转跌为升的迹象时进场，成交量缓慢温和放大。

庄家意图是通过股价的缓慢上涨，达到边建仓、边洗盘、边换手的目的，逐步抬高底部，为日后拉升奠定基础。

散户在这种情况下应该买阴不买阳，即在股价下跌收阴线时买进，不在冲高阳线时介入。同时以中、长线操作为主，待放巨量时分批出局。

下图就是000042在2008年年末的走势实例。该股在2008年年末股价经过长期下跌见底，这时庄家开始建仓进入。为了不引人注意，庄家采取缓升方式推高股价，成交量也温和放大，为后期拉升赢得了宝贵的底部筹码。

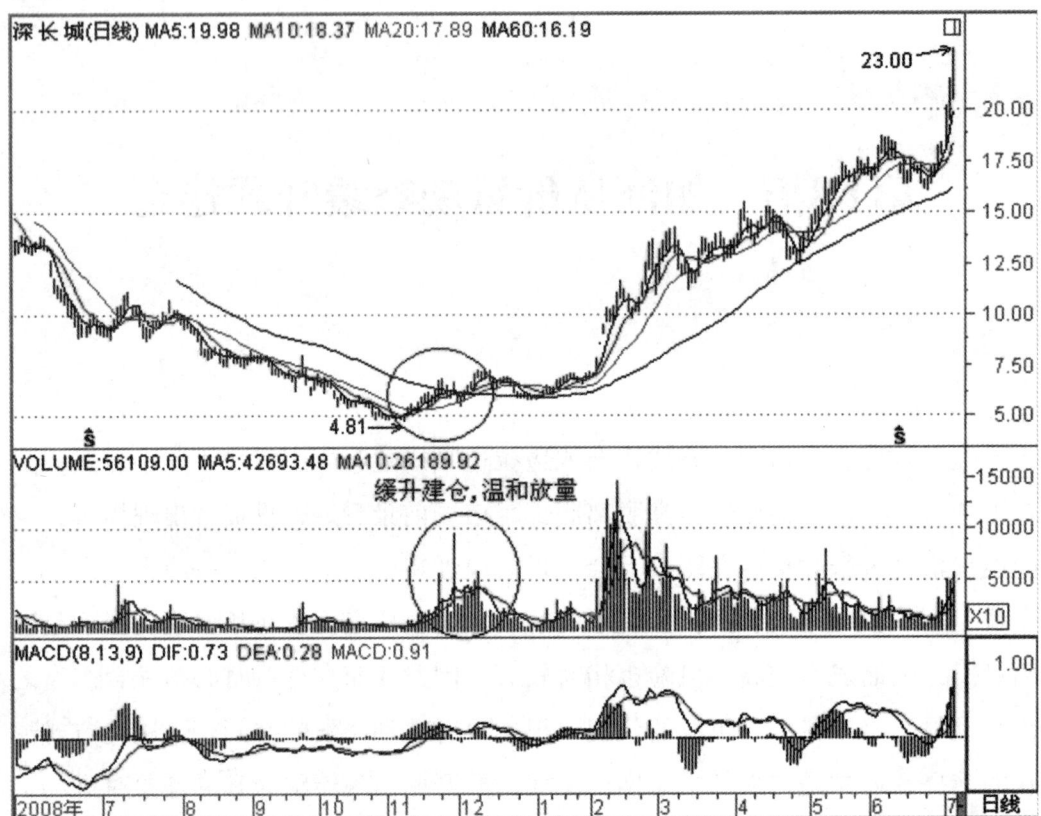

深长城(日线) MA5:19.98 MA10:18.37 MA20:17.89 MA60:16.19

23.00

4.81→

VOLUME:56109.00 MA5:42693.48 MA10:26189.92

缓升建仓,温和放量

MACD(8,13,9) DIF:0.73 DEA:0.28 MACD:0.91

2008年 7 8 9 10 11 12 1 2 3 4 5 6 7 日线

第19招　如何从价量观察缓跌建仓

　　缓跌式建仓也叫边压边吸式建仓，与缓升式建仓相反。这种手法大多出现在冷门股或长期下跌的股票里，庄家在吸货时常以缓跌的方式完成，因为这类股票已基本为市场所遗忘。在走势上阴气沉沉，黏黏糊糊呈小阴小阳下行，疲弱态势终日可见。通常，缓跌很少出现跳空走势，股价总体下跌速度缓慢，单日跌幅也不大，但下跌周期很长，很难判断股价在什么时间可以真正见底。其间震荡幅度不大，成交量萎缩，开盘以平开为多，有时庄家为了做盘的需要，故意以低开高走的方法，制造出实体很大的假阳K线，但当日股价仍在下跌，而且可能连续以这种方式下跌。投资者多持悲观态度，对后市的涨升不抱太多的希望，认为每次盘中上冲都是解套或出逃的最佳时机，早一天出售就少一分损失，于是纷纷沽售股票，这样庄家就可以吃进大量而便宜的筹码。

　　其价量方面的主要特征如下：

　　（1）整个缓跌期间的成交量总体水平是萎缩的，缓跌途中遇反弹成交量可能略有放大但不会很充分，也不能持续，而单日突发巨量的反弹则不太正常，显得过激。但到了后期特别是逼多的时候，成交量可能会放大不少。

　　（2）股价缓跌中不断以反弹的方式进行抵抗，甚至走出局部小型的V形、W形或头肩底形等反弹形态，股价维持一段虚假繁荣以后，又继续下跌，这种反弹为继续回落积蓄下跌的能量，直到无力反弹时股价才有可能见底。只要股价还有较大的反弹，则股价就无望看到底部，这叫反弹无望或反弹衰退。

　　（3）股价运行似波浪运动，只不过像退潮的海水一样，一个波浪比一个波浪低。也就是说，股价反弹的每一高点都不及前期高点，高点一个比一个低，低点一个比一个矮，而且从波浪形态和数量很难判断股价何时真正见底。在一个波浪形态内，一般股价贴5日均线下行，很少突破30日均线（一个波段下跌结束以后的弱势反弹，股价可能上摸到30日均线附近）。股价回落整体角度一盘在30度、45度、60度左右。

　　下图就是000042在2006年9~12月的走势实例。该股在2006年9~12月的走势中股价缓慢下跌，高点一个比一个低，低点一个比一个矮，缓跌期间的成交量总体水平萎缩，主力隐秘的吃货行为使得散户不知何时见底而交出筹码。

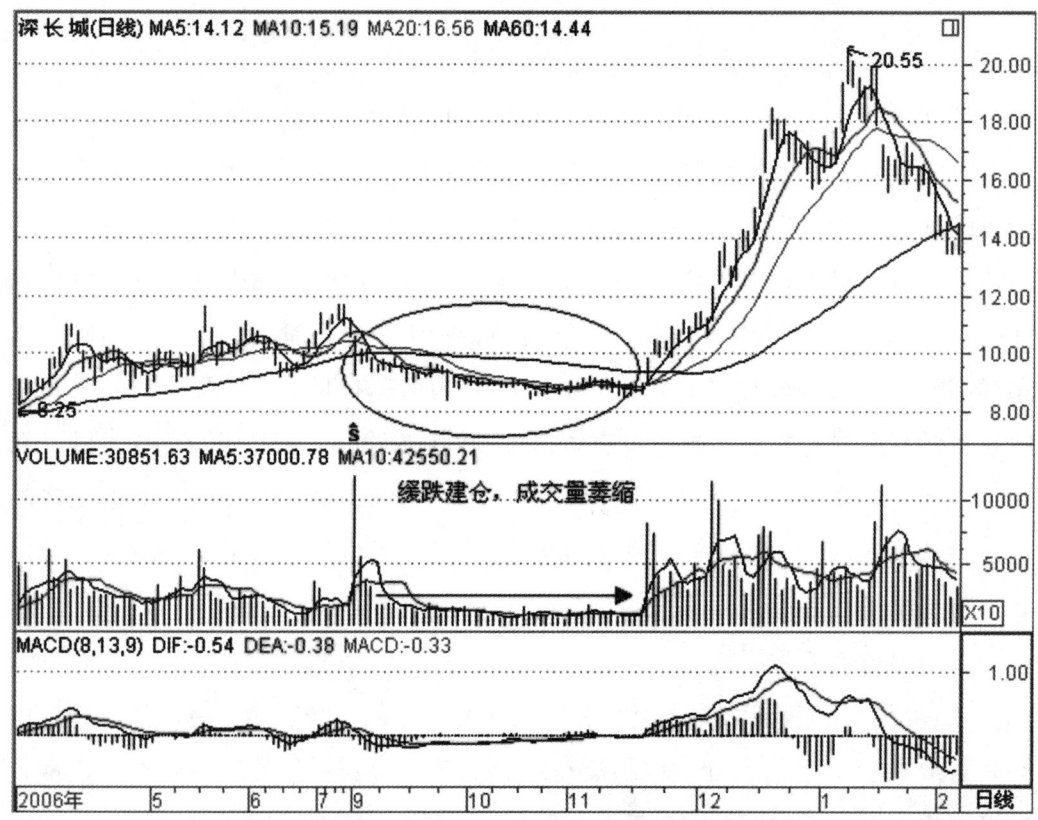

缓跌建仓，成交量萎缩

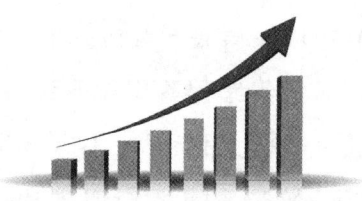

第20招　如何从价量观察拉高建仓

拉高建仓，表明庄家实力雄厚或作风凶悍。这种形式大多出现在大盘下跌阶段末期和平衡市况中，或冷门股和长期下跌的股票。庄家在被市场认为是不可思议中将股价迅速抬高，甚至个别凶悍的庄家可以使股价连续冲破前期阻力，创下历史天价，从而顺利完成建仓。其优点是：牺牲价位，赢得时间。其原因是：背后蕴藏着重大题材，一旦公布将直接导致股价大幅上升，时间较为仓促，来不及于低位吸筹或出于严格的保密需要，担心其他资金在低位抢筹码，提前打市场的"突袭战"。从逻辑上说，既然庄家肯出高价急速建仓，表明股价未来应该有极大的涨幅，拉高建仓事实上反映了庄家急于吸货的迫切心态，如果将来没有极大的上升空间，庄家是不会把大量资金投入其中的。

拉高建仓两种手法的价量表现方式如下：

（1）一步到位。有些庄家性子急，不喜欢推高建仓，就采用在一两天时间突然拉升，快速放大量拉出一两根大阳线或一两个涨停板，将股价迅速拉高到目标位，然后通过大幅震荡，形成高位平台或旗形整理态势，同时成交量明显增加，给散户造成出货假象，而庄家悄悄接手散户获利盘抛出。这样做成本要高一些，但是建仓时间可以缩短（另一方面也降低了坐庄利息）。有这种形态的股票，易于推断启动时间，而且涨幅往往很大。

（2）连续拉升。股价底部已经出现，投资者惜售，庄家无法在底部收集到足够的筹码，为了赶时间、抢筹码，而出现连续拉高，K线角度陡峭，乖离率偏大。庄家在此制造大幅震荡，引发散户抛盘出现（庄家也在做高抛低吸的差价）。

下图就是000048在2008年年初的走势实例。该股在2009年年初主力以急不可耐的方式连续放量拉升股价，摆出的是抢筹姿态，之所以采用这种方式，往往在该股后隐藏着操作题材。

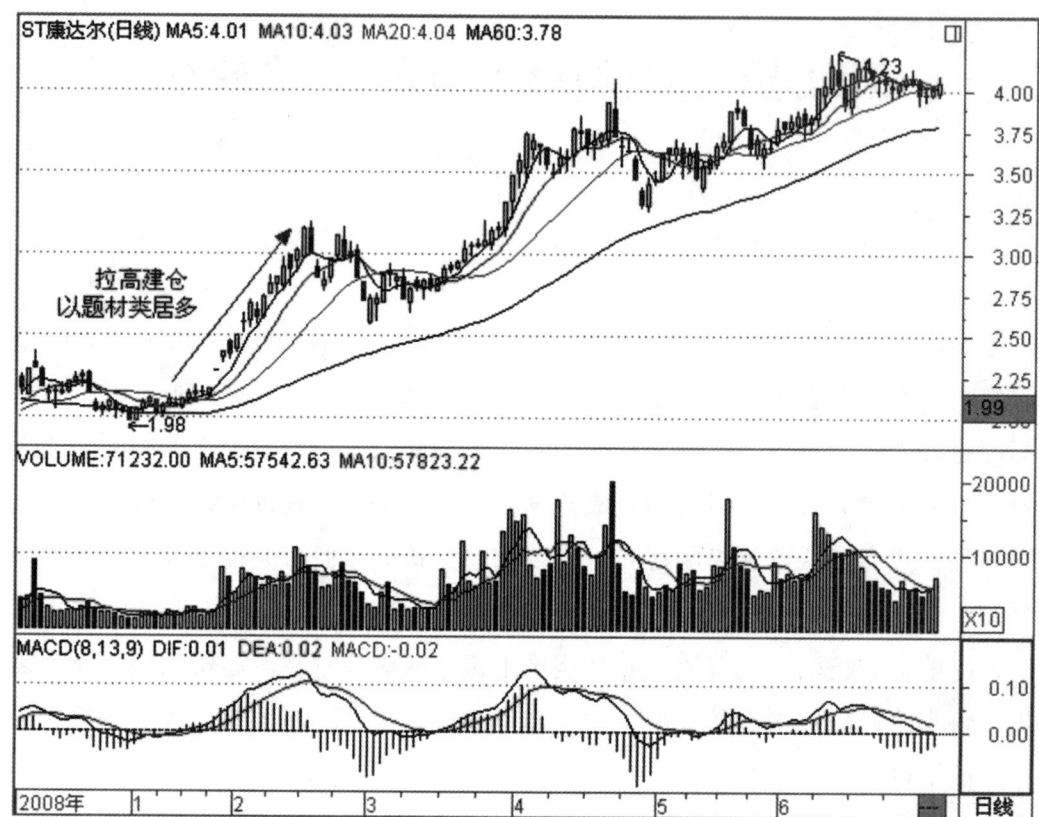

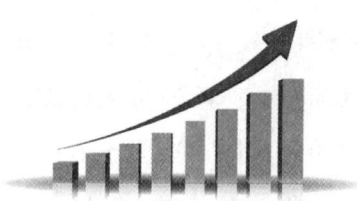

第21招 如何从价量观察反弹建仓

股价下跌到一个低点以后，无法在底部吸到足够的筹码，为了节省吸筹的时间，就采用反弹式吸筹。这是庄家利用股民"反弹出货"、"高抛低吸"的心理，通过反弹方式，大口吃进筹码，从而快速完成建仓任务。

反弹到位后，盘面上通常有两种价量关系图：

（1）反弹回落。股价经过反弹后回落整理，同时成交量萎缩。

（2）反弹后横盘。股价反弹到一定价位后不随大市回落，而是长时间作平台整理。其他投资者看到大盘走软，便萌发高抛低吸的念头。岂知，庄家照收不误，硬是不让股价回落，反而轻松吸到足够的筹码。但这种吸筹法必须对后市有一个正确的判断，对所建仓的个股的前景了如指掌，有充足的资金作后盾，才可为日后的飙升奠定良好的基础。

股价在长期的下跌行情中运行，股民还没有摆脱熊市思维，当出现一波短期的反弹行情时，不少获利盘、浅套盘、割肉盘就会抛出，庄家在盘中悄然接走筹码，同时庄家也利用反弹时机做高抛低吸的差价。

散户如在底部介入可以先出局观望，待股价回落到前期低点附近重新买入，此时买入比较安全，被套牢的可能性不大。因为即使后市没有涨升行情，通常庄家在此位置也有一个震荡过程，散户应有机会退出。如果反弹后出现横盘走势，可以待股价放量向上突破时买入或加仓。

下图就是600203在2008年年末的走势实例。该股在长期下跌后反弹，反弹因由主力介入吸筹而引起。股价反弹到一定价位后并未回落，而是长时间作平台整理。其他投资者看到便萌发保存利润的念头而抛出筹码。而庄家照单全收，轻松吸到足够的筹码。

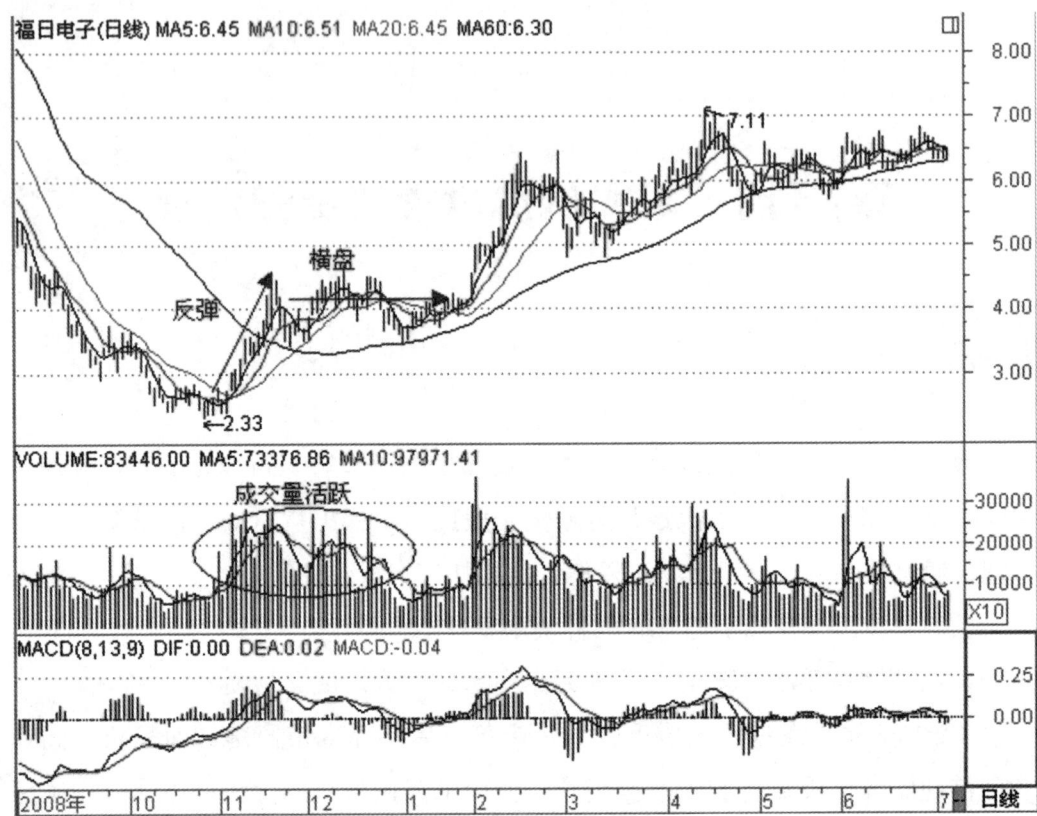

福日电子(日线) MA5:6.45 MA10:6.51 MA20:6.45 MA60:6.30

反弹

横盘

7.11

←2.33

VOLUME:83446.00 MA5:73376.86 MA10:97971.41

成交量活跃

X10

MACD(8,13,9) DIF:0.00 DEA:0.02 MACD:-0.04

2008年　10　11　12　1　2　3　4　5　6　7　日线

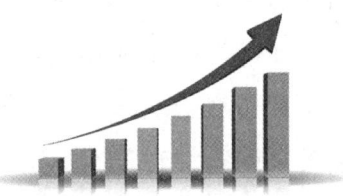

第22招　如何从价量观察打压建仓

以打压方式建仓的庄家操盘风格非常凶悍，股价常是暴涨暴跌行情。庄家运用手中已有的筹码，向下不计成本地大幅打压，图上出现价格直线式或瀑布式地向下走。通常在图表上股价急跌三四个点之后在低位横盘震荡，集中了主要的成交量，庄家通过这一平台吸纳筹码。这种走势使散户在心理上完全崩溃，走为上策，纷纷争先恐后地出逃，而庄家则一一笑纳。这种收集方式，在大势向下调整时，或是个股有较大利空出现时，效果更佳。但要求庄家控筹程度高，实力强大，且跌幅不要过大，时间也不会太久。一方面，过分地打压只能使更多的卖盘涌出，吃进的筹码将比预期的要多得多，很难控制局面，一旦失控，满盘皆输。另一方面，若是实质性利好时，还会遭到其他对手的抢货，从而造成筹码损失。

庄家通过股价向下打压，特别是深幅打压，加重散户心理负担直至崩溃，从而夺取散户手中的筹码。

散户如果还是浅套，股价又刚刚起跌时，可以斩仓出局，待低点补仓介入。如果股价跌幅已达到50%以上，不能盲目杀跌。

这种方式通常被上市公司庄家或券商庄家所采用，因为这种隐蔽式的收集不是通过二级市场来完成的，而是在一级市场上通过认购、配售新股或上市公司及配股承销商出于配股顺利进行的目的而进行收集的，因而这种方式根本无法在二级市场被发现。有时几个庄家同时看准某一只股票，且持仓量相当，但任何一方都不敢担当主庄而拉升股价，最后只好协议转仓，让其中一方独揽筹码。这样各方得利。由于不通过二级市场进行交易，一般投资者难以在盘面上发现这种行为。

　　下图就是600211在2005年7月末的走势实例。该股在2005年7月走出快速杀跌行情，原因就在于主力为了获取筹码，向下不计成本地大幅打压，使散户在心理上完全崩溃，走为上策，纷纷争先恐后地出逃，而庄家则一一笑纳。

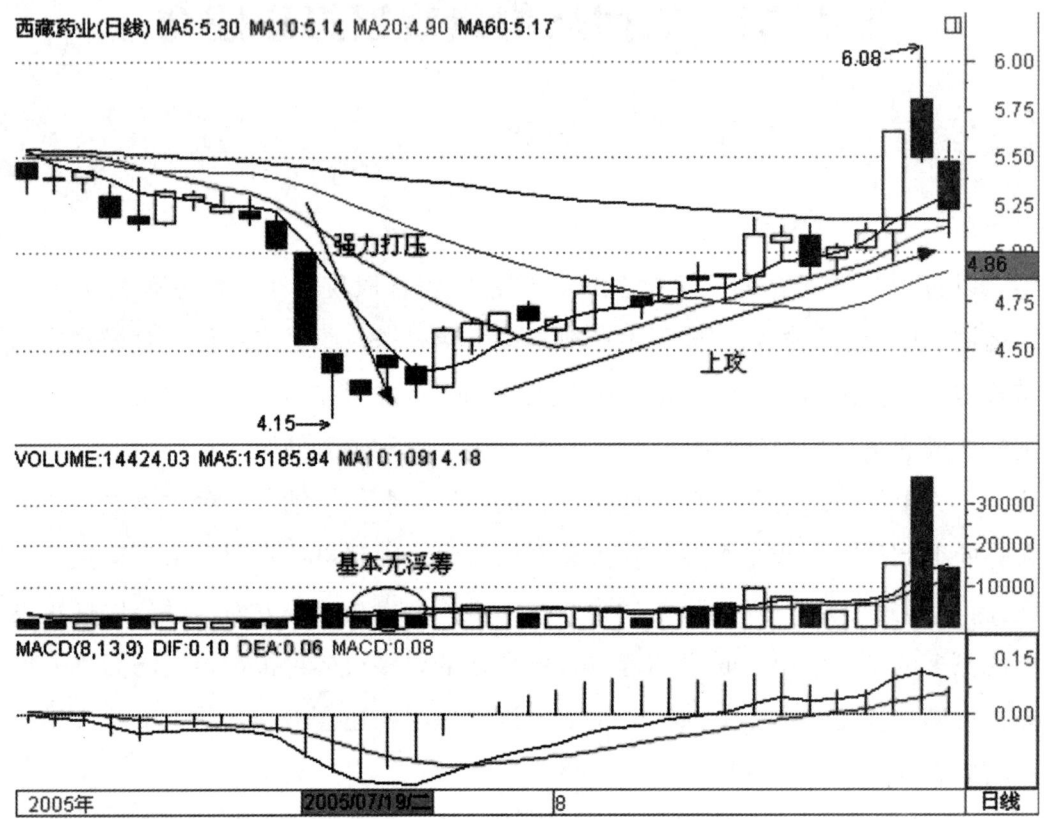

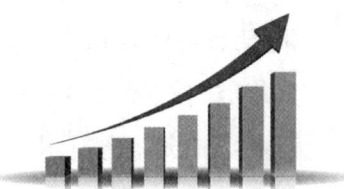

第23招　如何从价量观察隐蔽建仓

　　隐蔽式建仓这种方式通常被上市公司庄家或券商庄家所采用，因为这种隐蔽式的收集不是通过二级市场来完成的，而是在一级市场上通过认购、配售新股或上市公司及配股承销商出于配股顺利进行的目的而进行收集的，因而这种方式很难在二级市场被发现。有时几个庄家同时看准某一只股票，且持仓量相当，但任何一方都不敢担当主庄而拉升股价，最后只好协议转仓，让其中一方独揽筹码，这样各方得利。由于不通过二级市场进行交易，一般投资者难以在盘面上发现这种行为。

　　这类庄家的坐庄意图不十分明显，主要根据一级市场所获得的筹码多少而定，有的甚至是被迫坐庄。

　　下图就是002223在2008年上半年的走势实例。

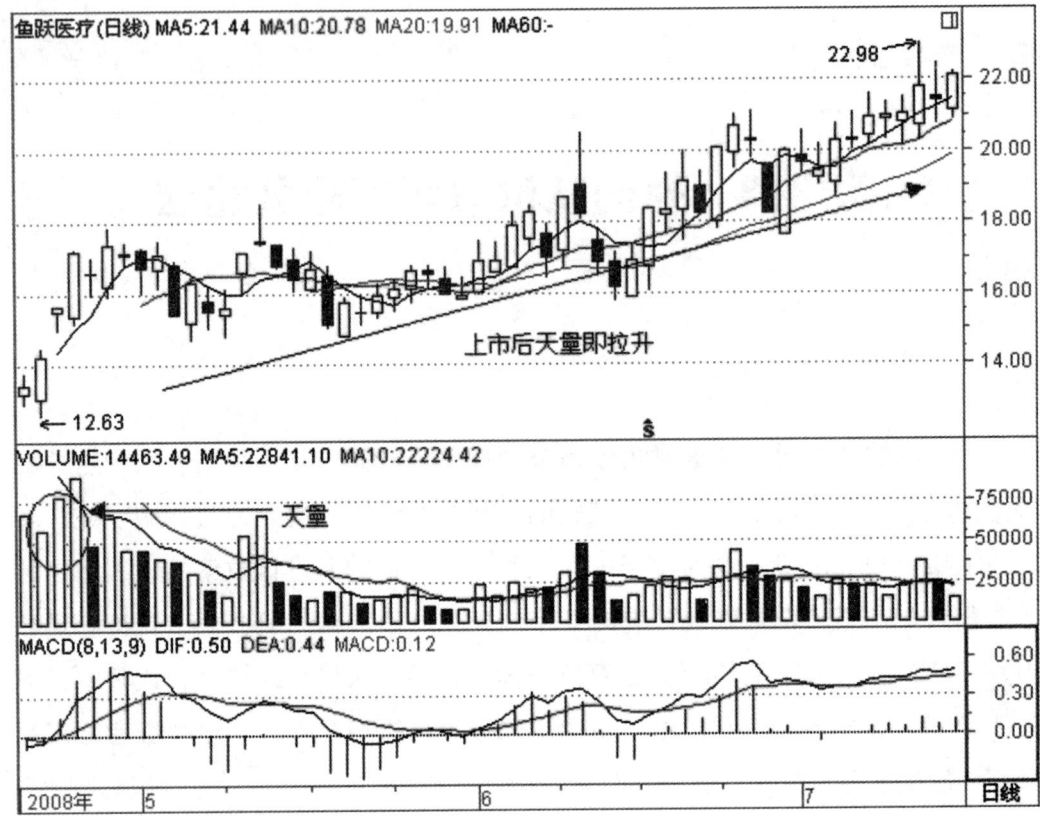

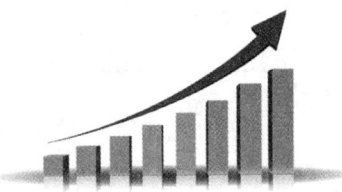

第24招　如何从价量观察利用利空建仓

庄家有时借助政策面上的利空消息，来加强操盘力度。由于庄家具有信息优势，往往先于市场获得内幕消息，从而预先做好接货的准备。在利空来袭之际，逼迫部分投资者因为忍受不了压力而出局，庄家轻而易举地顺利接走散户的恐慌性杀跌盘，达到迅速建仓或洗盘的目的。有时，庄家与上市公司联手，制造一些非实质性的利空消息或故意夸张利空消息事实，人为制造恐慌气氛，损人利己来完成建仓任务。如从技术面上制造空头陷阱，引发崇尚技术派炒手上当。这些都是最快也是效果最好的建仓或洗盘方式，故长期成为庄家戏弄散户的伎俩。

股谚语：利空出尽变利好，利好出尽变利空。据经验总结，此谚语在假消息中实战效果较好，但在真消息中就不管用了。如果在实战中据此操作，恐怕吃亏的多。比如，利空消息出来是真的，可能引发股价大跌，股价不会在短期内产生升势，如果按"利空出尽变利好"而介入，必将深套于其中。同样，利多消息出来是真的，可能引发股价大涨，股价不会在短期内产生跌势，如果按"利好出尽变利空"而出局，必然损失一大截利润。因此，判断消息的真假十分必要，是投资者必须具备的境界。

个股的恐慌性消息一般有：公司遭受突发性自然灾害、高管层涉嫌经济问题、公司面临破产、公司造假、行业衰退、业绩下降、原计划（包括项目、题材）被取消、公司涉诉或担保、股权质押或冻结等，对这些消息是真是假，是大是小，扑朔迷离，投资者无法作出正确的判断，因此更加容易引起恐慌气氛。

其价量方面的主要特征如下：

（1）利空消息具有不可预见性和突然性，由于一般散户不可能事先获得某些内幕消息，一旦突然公布，使人措手不及，恐慌效果极盛。在盘面上，前几天还十分坚挺甚至涨得好好的，突然受消息的打击，引发股价的大跌，一根大阴线封闭了前面的数根K线，这种形态十分可怕。

（2）成交量明显放大。庄家往往通过大单刻意向下砸盘，引发抛单出现。如果成交量低于或平于前几日而股价大幅下跌，则属于无量下跌，一般假消息的可能性较大。

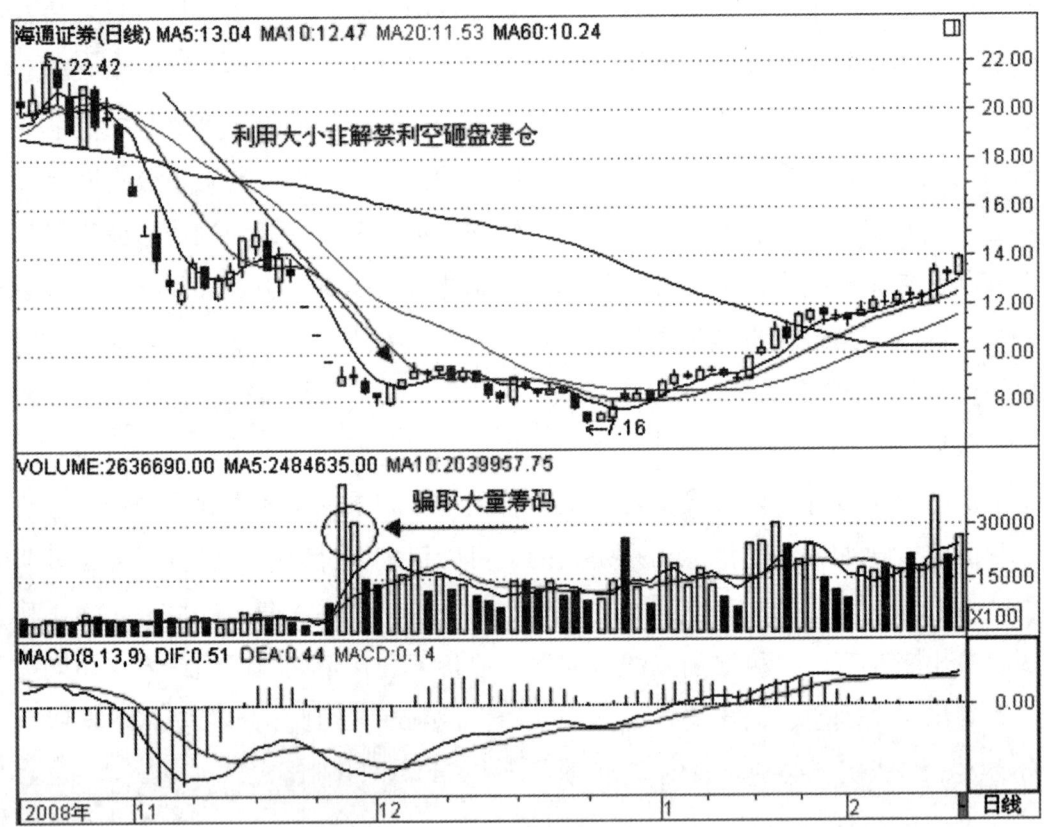

判断消息真假的基本方法有：①辨别消息来源。来自正规渠道的，可信度高；道听途说的，可信度差。②观察盘面变化。真消息会大涨大跌，一去不回头；假消息虚涨虚跌，很快会反转运行。③判断消息性质。重大消息会引起股价的大幅波动；一般新闻不会引起股价的大幅波动。④看消息的透明度。公开明朗的消息可以作为买卖依据，朦胧传言的消息可信度差，不能作为买卖依

据。⑤看涨跌幅度。假消息跌幅较浅，一般在10%～20%；真消息跌幅较深，一般超过30%。⑥从时间上看。假消息持续时间较短，股价很快复位甚至超过前期峰点，可以追涨介入做多；真消息持续时间较长，股价难以回升，可以割肉杀出做空。

　　上图就是600837在2008年11月的走势实例。该股在2008年10月起，利用公众对大小非解禁的恐惧心理拼命砸盘，使得股价走势以连续下跌甚至跌停的方式下跌，K线形态非常难看。在解禁日，庄家最后承接了一大批恐慌盘，基本完成建仓。

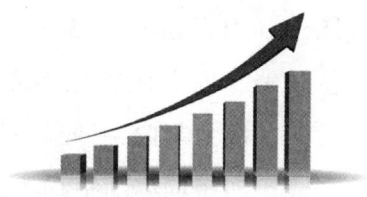

第25招　如何从价量观察挖坑建仓

制造空头陷阱吸筹，是庄家常用不怪的手法。主要从技术面上制造空头图形，引发技术派炒手的止损盘出现。当股价回落临近某些重要的技术支撑位（线）时，庄家用事先已吸进的部分筹码进行疯狂的打压，击穿支撑位（线），极力制造一种恐慌气氛，使广大投资者产生恐惧的心理，唯恐股价再下一成。如短期移动平均线、形态颈线位、重要心理关口、成交密集区、前期的甚至历史性的底部等，给散户造成还有很大下跌空间的感觉，形成股价走淡形态，笼罩恐慌性气氛，从而迫使散户争相斩仓割肉，庄家则顺利地吃进大量的廉价筹码，然后又立即将股价拉回支撑位（线）之上。

其价量方面的主要特征如下：

股价在初步获得企稳，形成小平台走势，形成底部成交密集区。庄家在吸筹完成后，刻意向下打压形成两根大阴线，向下破位击穿该成交密集区而再创新低。此时大量涌出的恐慌盘均落入庄家仓位之中。但庄家不敢在低位逗留时间过长，以免损失筹码，因此股价很快重回支撑位之上，并展开一波上扬行情。

庄家运用技术手段制造虚假形态，引诱散户上当受骗，从而完成建仓任务。

散户千万不要盲目地追涨杀跌，这样可以避免上庄家的当。要仔细观察盘口，看下跌是否有理由，目前的价位高低，庄家是否抽身逃离，跌停后是否迅速关门，成交量是大是小，换手率是高是低，然后再决定操作方向。

下图就是600837在2008年年底的走势实例。该股在2008年10~11月，利用利空消息基本完成建仓。为了进一步减少后期拉升的压力，在9元左右的平台上横盘，12月下旬，庄家进一步摆出要跌破平台的架势，制造最后一个空头陷阱，随后很快走入升势。

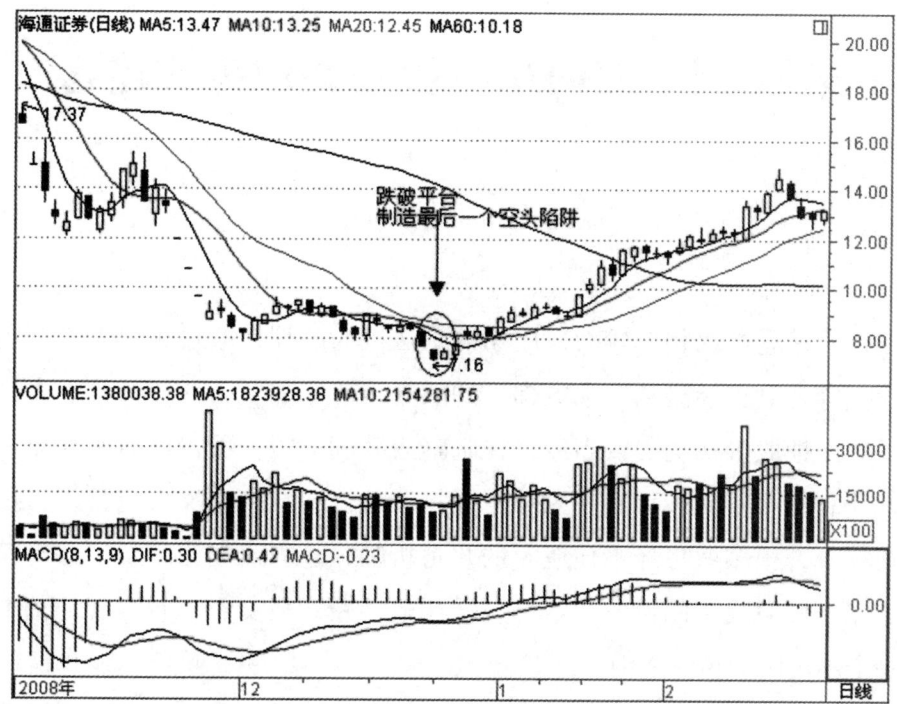

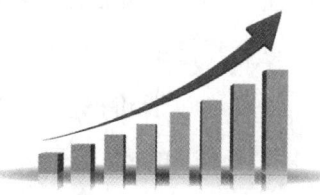

第26招　如何从价量观察拉锯式建仓

拉锯式建仓震幅相对较大，庄家的手法极为凶悍，股价大起大落，快跌快涨，让投资者真正领略到"乘电梯"的感觉。庄家的实力一般都较强大，在很短的时间内把股价拉上去，当散户在暗暗盘算利润时，股价已经回到原来的位置上，获利的希望又破灭。庄家反复地将股价快速拉高，又快速打压，拉高和打压相结合，很多散户经不住庄家的几番折腾，遂以离场为幸，把廉价筹码送给了庄家。此时表现的价量关系是股性比较活跃，成交量也较温和，基本上运行在一个不规则的箱体之中。

股价着底后，庄家开始大规模建仓，在底部运用大起大落的拉锯式手法进行建仓，同时庄家也在震荡中做高抛低吸的差价。建仓任务完成后，走出一波较大的上升行情。

庄家通过股价的快速涨跌，不给散户获利机会，动摇散户持股信心，从而获得散户手中的筹码。

散户不可追涨杀跌，短线技术高手可以高抛低吸，一般散户不参与为宜，可以在股价有效突破盘区后介入。

下图就是600840在2005年下半年的走势实例。该股股价大起大落，快跌快涨，让投资者真正领略到上上下下的感觉，使得散户到手的利润很快又烟消云散。庄家使用的就是拉锯式建仓手法。

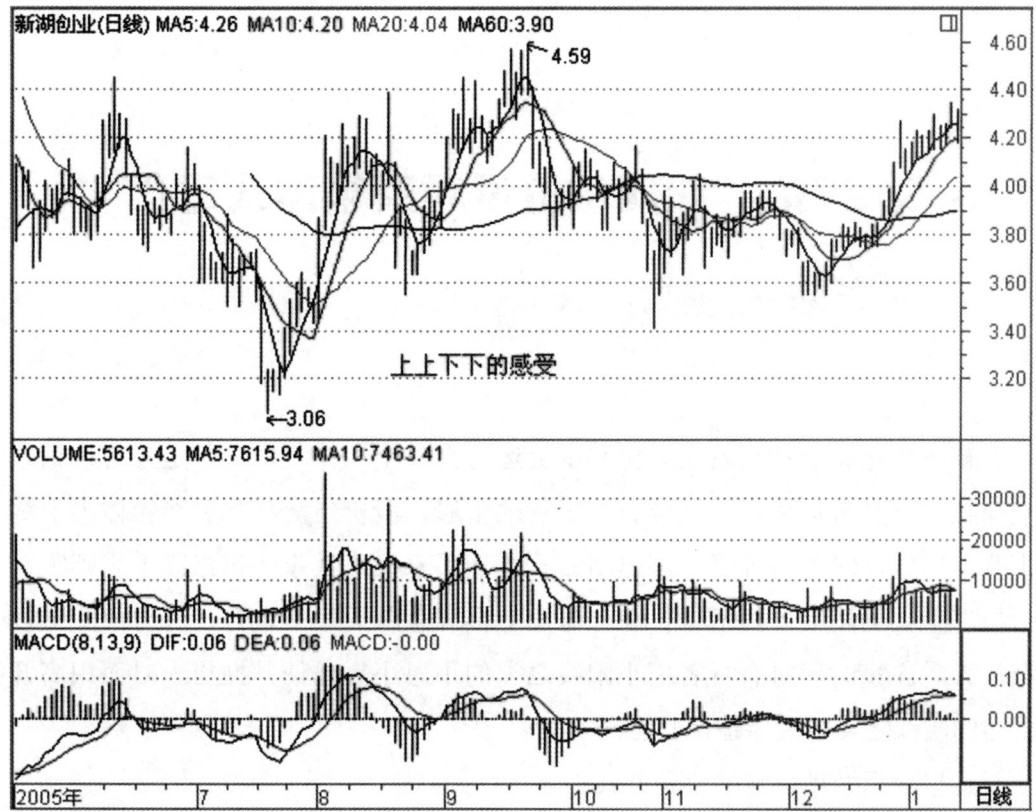

第27招　如何从价量观察箱体式建仓

箱体式建仓的特点就是股价基本上运行在一个箱体之中，其走势与拉锯式建仓相似。其价量特点：低位震荡吸货的个股，股价走势犹如关在箱体内上蹿下跳，庄家此时左右开弓，围追堵截，既当买家又当卖家，价格跌下来则吸，价格涨上去则用大单打下来，在分时图上多为急跌后缓慢爬升，升时成交量逐渐放大。庄家时而对有货者用小阳线之类的小恩小惠诱使其抛售，时而用高开低走的阴线之类的大棒迫使其吐出筹码。

这里介绍两种特殊的建仓方式：

（1）压顶式建仓。压顶式建仓也叫压盘式建仓。就是庄家经过研究策划后，在某一目标价位以下低吸筹码，每当股价碰触该股位时便很快回落，在K线上往往形成长长的上影线，被市场认为上行压力重大而纷纷将筹码抛给了庄家。有时，庄家为了偷懒而干脆在目标价位处挂出大笔卖单压盘，任凭散户在下面游动，以此获得低价筹码。

（2）保底式建仓。保底式建仓也叫护盘式建仓，与压顶式建仓正好相反。股价形成底部后，庄家先确定一个仓底价，然后在此价位附近震荡，这是庄家的基本成本区，若股价随大势上行后再下跌时，通常会在仓底价的底边线价位上护盘，这种方式通常以延长时间来吸筹。

庄家通过压顶和保底手法，将股价控制在一个狭小的范围里，减小散户获利空间，增加散户操作难度，很多散户因此离场，从而完成建仓任务。同时，庄家又可以将自己的坐庄成本控制在一个理想的区间内。

散户短线技术高手可以在箱体内进行高抛低吸，即前期低点附近买入，前期高点附近卖出，一般散户不参与为宜，可以在股价有效突破箱体后介入。据观察经验，箱体一般出现2~4的高点或低点，如果股价出现在箱体的第5个高点或低点附近时，大多数股票会出现变盘走势，投资者应引起注意。

下图就是600843在2006年上半年的走势实例。该股从2005年11月到2006年4月近半年的时间内股价始终在4.3~5.2元的箱体内震荡，庄家高抛低吸降低了筹码成本，也使得散户因无利可图而出局。

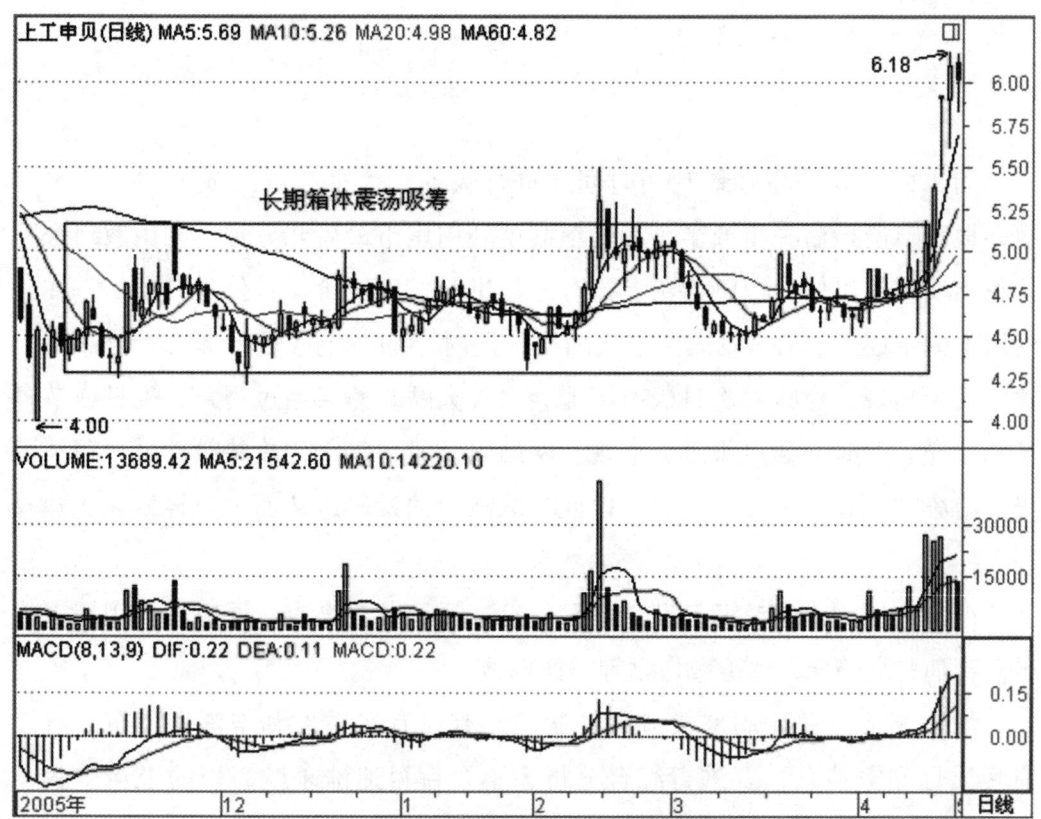

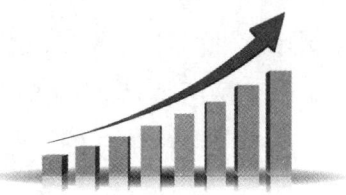

第28招　如何从价量观察周末式建仓

周末式建仓是巧妙地利用时间差进行吸筹，大多在周五或节假日前夕，更多地在节前最后一个或半个小时里甚至利用尾市最后几分钟，利用散户来不及作出反应的时候，以迅雷不及掩耳之势迅速打压股价。其价量特征是：在分时图上向下跳水，在K线图留下大阴线，同时伴随一定放量，形态十分难看。这一现象出现，意味着次日极有可能会出现大跌。然后通过周六、周日或节日期间以充分的时间通过报纸、电视、网站以及股评等宣传攻势鼓动散户跟风，极力渲染"减仓、观望"气氛，以此吸取散户的筹码，从而可以轻松完成建仓任务。

庄家利用周末或节假日营造不利气氛，诱导散户抛盘。同时也利用周末或节假日消费高峰期，逼迫散户拿筹码换现金。

散户要重点关注周末或节假日期间，有没有实质性利空消息公布，若没有实质性利空消息，要进行综合分析，不要盲目追涨杀跌，以防上当受骗。看盘口走势，分析下跌理由，并结合价位高低和成交量的大小、换手率高低，然后再作决定。若有实质性利空消息，则根据其消息对股价影响大小再作定论。

以下两图就是600846在2009年2月27日的走势实例。主力在周五以迅雷不及掩耳之势迅速打压股价。在分时图上向下跳水，在K线图留下大阴线，同时伴随一定放量，形态十分难看，使得散户在盘中以为有未知的利空消息可能在周末出台而放弃筹码出逃，而主力要的就是这种效果。

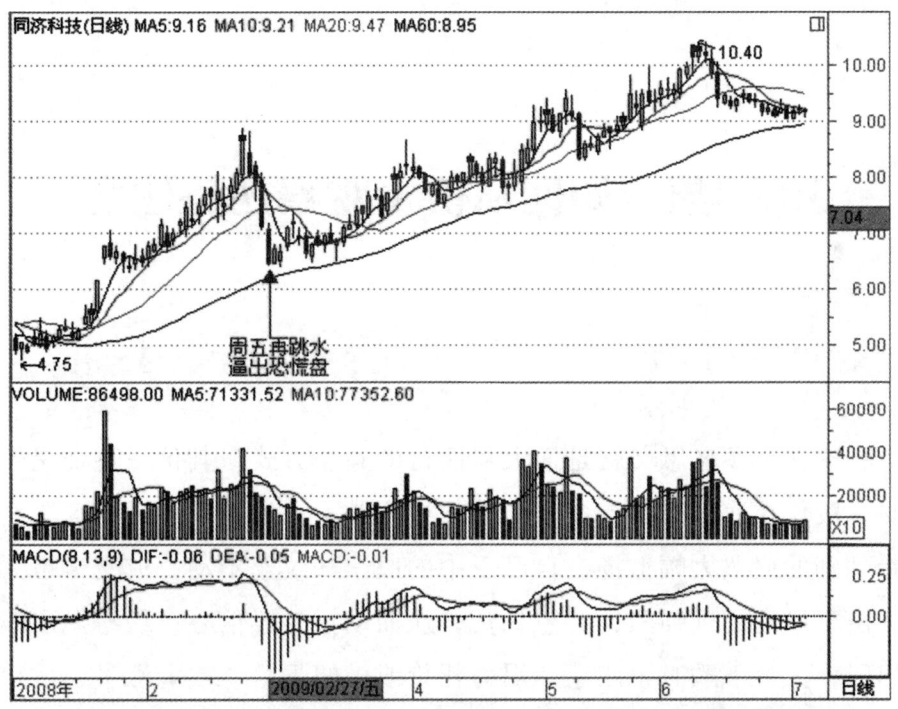

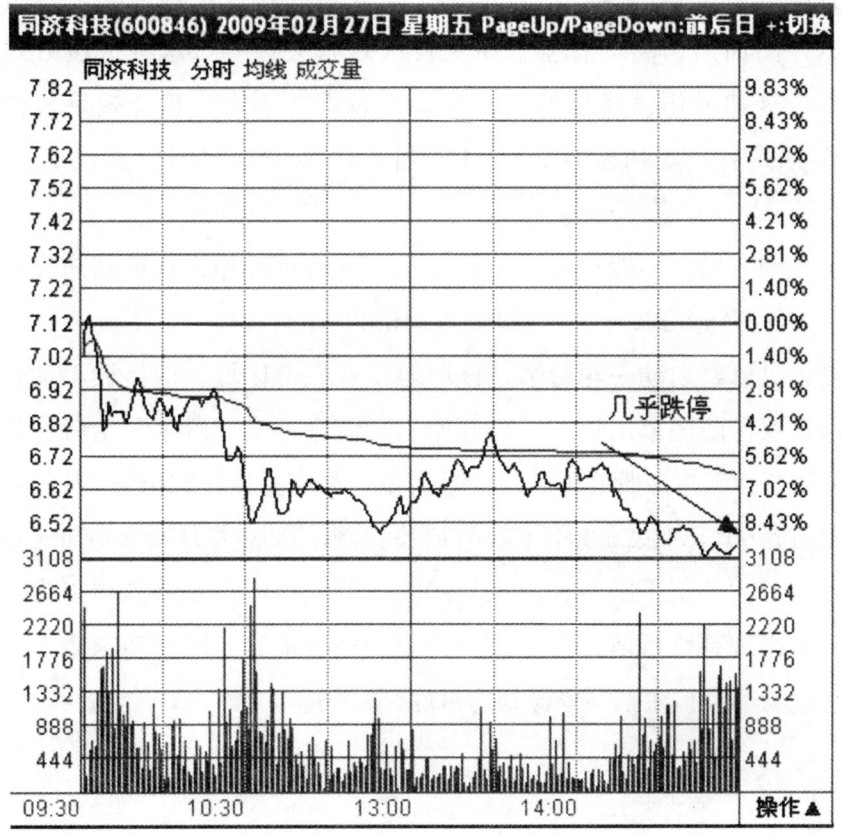

第29招　如何从价量观察逆势建仓

逆势建仓，顾名思义就是逆大势而行的建仓方式。其价量特征是：大势上涨时，股价在底部徘徊或微幅上涨（或下跌），给人以"无庄家"之感。散户看到别的股票大幅上扬，自己手中的股票却纹丝不动，成交量也无明显变化，由于暴富心理强烈，心急如焚，从而动摇持股信心，纷纷抛出股票去追热门股；大势下跌时，庄家却竭力托价或微幅下跌（或上涨），散户以为自己持有的股票也会出现补跌行情，于是先走为快，免得被套，拿着庄家赐给的小惠夺门而出，离场观望，庄家皆大欢喜去接筹。这种进庄方式由于庄家常常不按规律操作，怪招频出，让投资者捉摸不定，建仓效果较佳。庄家这种操作方式有一定风险性，一旦失当，便会作茧自缚，最终无法兑现利润。

庄家在顺势操作不能奏效时，通过反大众心理操作，迫使散户交出筹码，是建仓的一种特殊方式，能够达到快速建仓的目的。

如果大盘已经启动一轮行情，该股若是在底部区域，应持股不动，若是在高位区域，要谨防庄家出货，一旦开始出货就会迎来"跳水"走势；如果大盘已经见顶回落，无论该股处于底位还是高位，都应防止庄家出货。

下图就是601169在2008年年底的走势实例。该股主力属于先知先觉类型，在2008年10月大势仍下跌时，庄家却竭力托价或微幅下跌，散户以为自己持有的股票也会出现补跌行情，于是先走为快，免得被套，拿着庄家赐给的小惠夺门而出，离场观望，庄家顺势捡到这批底部筹码。

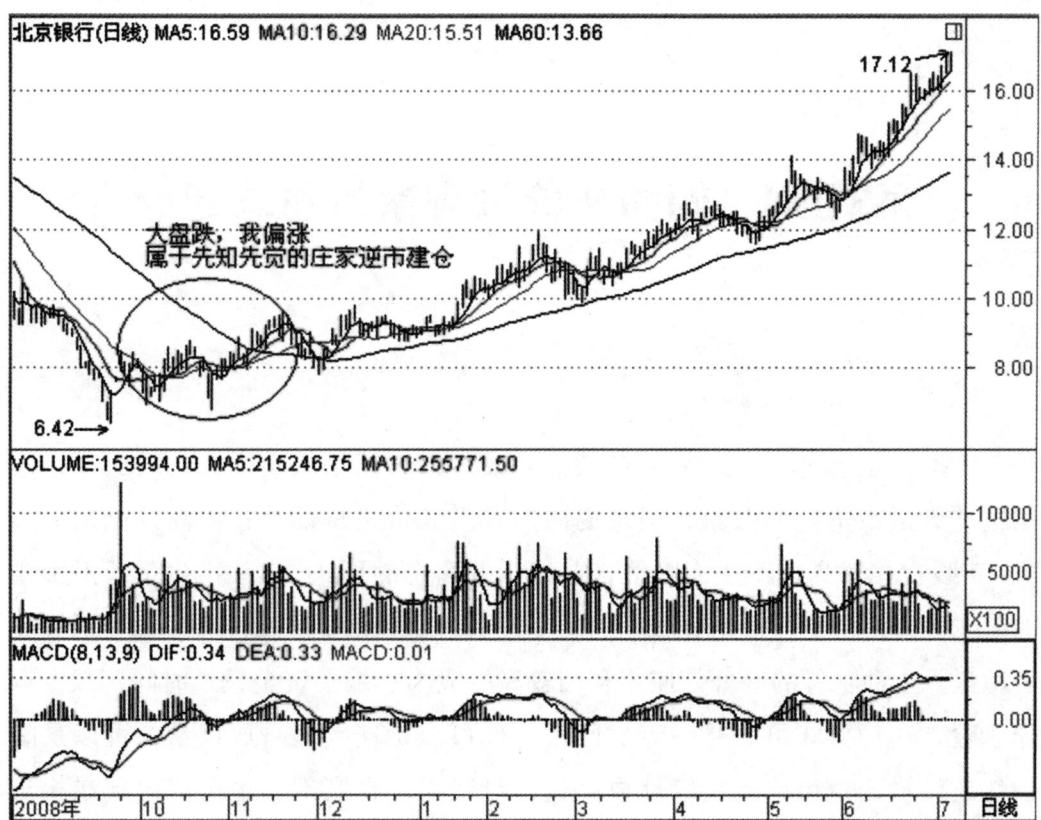

北京银行(日线) MA5:16.59 MA10:16.29 MA20:15.51 MA60:13.66

17.12

大盘跌，我偏涨
属于先知先觉的庄家逆市建仓

6.42→

VOLUME:153994.00 MA5:215246.75 MA10:255771.50

MACD(8,13,9) DIF:0.34 DEA:0.33 MACD:0.01

2008年　10　11　12　1　2　3　4　5　6　7　日线

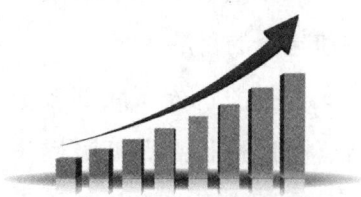

第30招　如何从价量观察暴量式建仓

庄家在建仓过程中，突然在某一天或几天时间里放出巨大的成交量，以制造"天量天价"的假象，引发场内抛盘。其价量特征是：以高开低走的形式，K线在相对高位产生大阴线，或以低开高走的形式，K线产生带长上影线的阳线，给人留下"很不舒服"的感觉，认为庄家出货或撤庄，以此引诱投资者抛盘。这种吃货的好处是庄家利用较高的成本、缩短资金投入时间，减少运作风险。这种方式可以是一天放巨量，也可以是连续多日放巨量；可以是间歇性放巨量，也可以是持续性放巨量；可以出现在底部，也可以出现在相对高位。

庄家通过对倒手法制造巨大成交量，给散户以庄家出货的假象，从而达到快速建仓的目的。

若是股价处于底部放量，可能是大黑马启动的征兆；若是股价有一定的涨幅，可以进行高抛低吸操作，待股价回落时重新介入；若是股价经过充分炒作后的放量，要谨防庄家出货。

下图就是601766在2008年11月18日的走势实例。该股作为大盘股，在当日居然以42.8%的换手率成交，而股价只拉出一根中阳线，且带有长上影，使得散户以为上涨乏力，庄家出货，从而将筹码卖出。

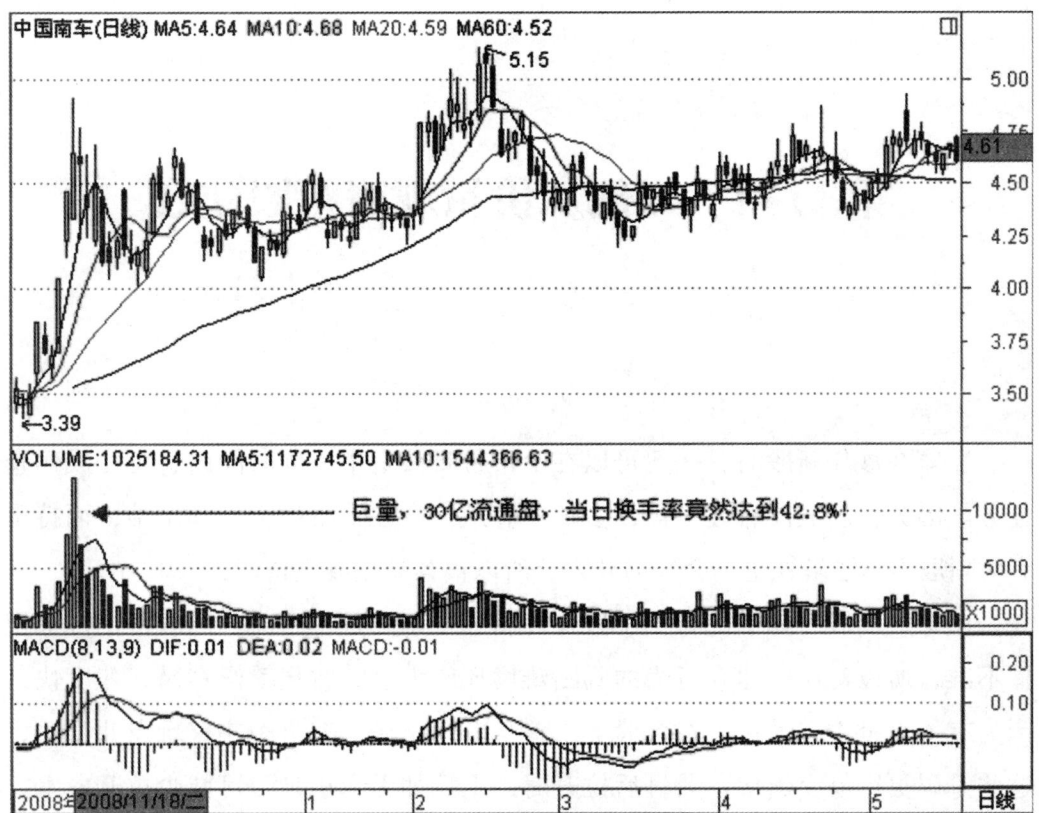

中国南车(日线) MA5:4.64 MA10:4.68 MA20:4.59 MA60:4.52

5.15

5.00

4.75
4.61

4.50

4.25

4.00

3.75

3.50

←3.39

VOLUME:1025184.31 MA5:1172745.50 MA10:1544366.63

巨量，30亿流通盘，当日换手率竟然达到42.8%！

10000

5000

X1000

MACD(8,13,9) DIF:0.01 DEA:0.02 MACD:-0.01

0.20

0.10

2008年 2008/11/18/二 　　1　　　2　　　3　　　4　　　5　　日线

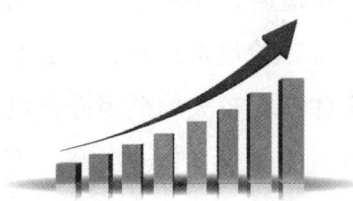

第31招　如何从价量观察新股建仓

庄家在炒作新股时，一般可以在上市首日或上市一周时间内就可完成建仓任务。因为，新股没有套牢盘，多数中签散户会在上市当天获利了结，而持币者对新股不够了解，也不会轻易介入，所以很容易完成建仓任务。

庄家炒新股有如下优势：①散户对新股了解不是很全面，对股价定位也把握不准，所以对庄家建仓行为的判断难度比较大。②收集筹码容易、速度快，因为有一大批中签散户，在新股上市首日套现出局。若盘中庄家玩点儿手法，这些筹码更容易交出来。③日后拉升时，上档如无套牢盘，可减少拉升成本。④新股公积金高而股本较小，易于用公积金转增扩股，人为制造题材。⑤新股多数短期无亏损之忧，散户跟进热情高，拉升比较轻松。

其价量特征是：一般情况下，新股成功换手接近60%时，欲炒作的主力资金才有比较大的欲望进行疯狂拉高脱离成本区的动作。经验表明，新股首日开盘后的前5～15分钟，买入的往往以机构为主。换句话说，主力机构若看中某只新股，会利用开盘后的5～15分钟，趁广大散户犹豫、观望之际，快速介入收集筹码。所以，前5～15分钟及前半小时的换手率及其股价走势，往往能分析是否有大主力介入。

一般情况下，十分钟换手率在20%左右、一小时换手率在30%以上、上午换手率在40%以上，都是值得高度关注的。

庄家利用中签散户当天套现时机建仓，是庄家建仓的黄金时间。而且，庄家选择新股坐庄又有上述的许多优点所在。

如果上市当天或随后几天内被大幅炒作，那么散户应该谨慎对待，不可贸然介入。因为，此时股价可能已经超过其实际投资价值，庄家也选择高位派发，所以上涨空间十分有限。此外，散户还可以结合同期的大盘进行分析，在新股发行时，若大盘处于强势行情，新股的定位就偏高，日后上涨空间就大打折扣；若大盘处于弱势行情，新股的定位就偏低，日后有一定的炒作空间。

以下两图就是002120在2007年3月6日上市日的走势实例。该股在上市首日成交量换手率达到66%，明显有庄家深度介入，庄家在吸纳大批筹码后为了使股价脱离其成本区域，迅速将拉升，造就一波行情。

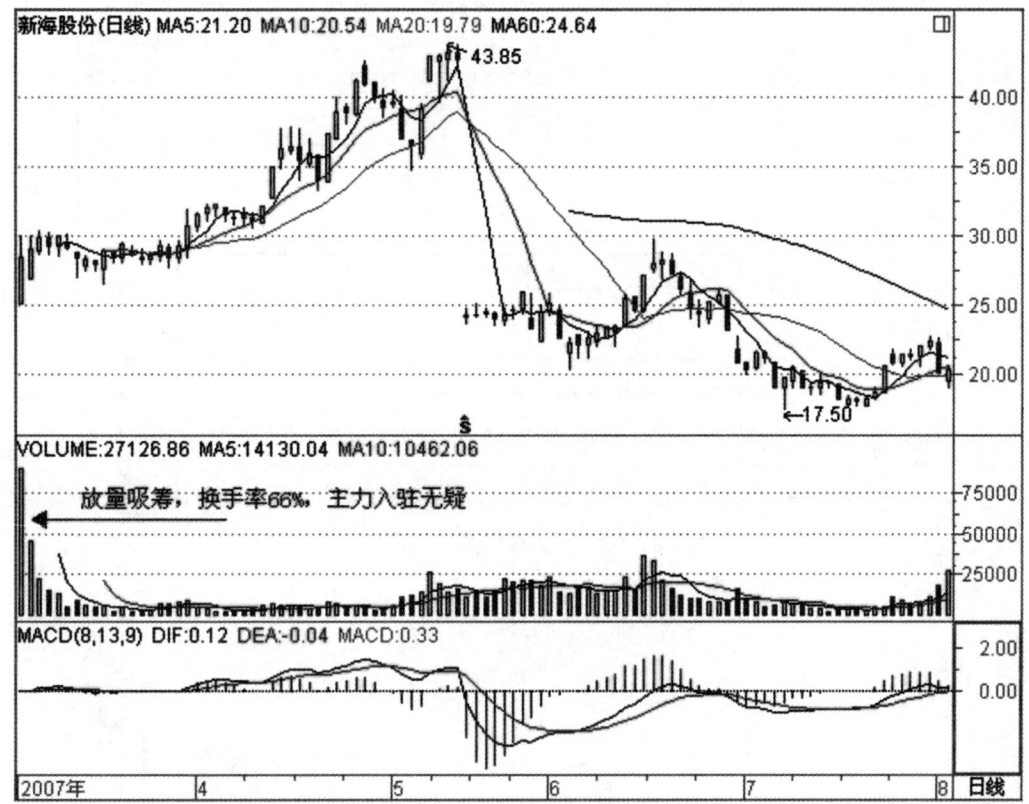

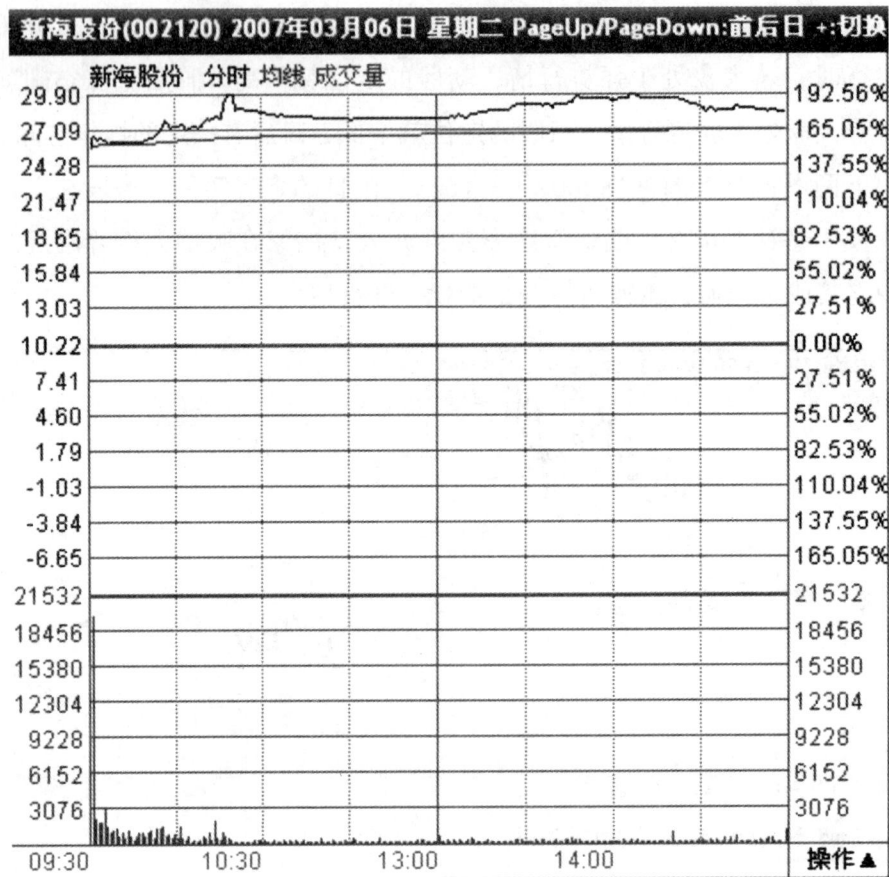

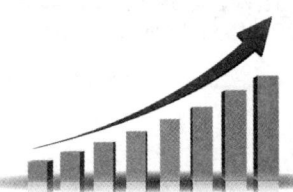

第32招　如何从价量观察跌停式建仓

根据时间优先原则，在涨跌停板制度下，市场中个股涨停或跌停是经常出现的。显然，在已经跌停的情况下，作为卖方，无法通过压价与其他卖方竞争，要想获得较大卖出机会，只有抢时间早些时候以跌停价挂卖单排队，越早越好，迟者可能痛失卖出机会。

其价量特征是：庄家在跌停板价位处挂巨额卖单，吓得散户纷纷以跌停价杀出。此时，庄家悄悄撤掉原先挂出的巨额卖单，然后填买单将散户筹码一一吃进，与此同时，再挂与撤单大小相近的卖单在后头，在表象上没有明显变化。这一过程可以反复进行，直到吸足筹码，或大多数散户发觉时为止。

庄家通过股价跌停走势，制造盘面恐慌气氛，形成后市还有较大的下跌空间态势，从而引诱恐慌盘涌出，以此达到建仓目的。

散户要进行综合分析，不可盲目地杀跌，以防上当受骗。看盘中走势，分析跌停的理由，并结合价位高低和成交量的大小、换手率高低，然后再作决定。

以下两图就是002122在2008年9月23日的走势实例。该股在前一日已经拉出长上影的情况下，当日跌停，两个这样的K线组合构成恐怖形态，使得散户以为后市下跌空间巨大，抛出筹码出逃，而主力借此完成建仓。

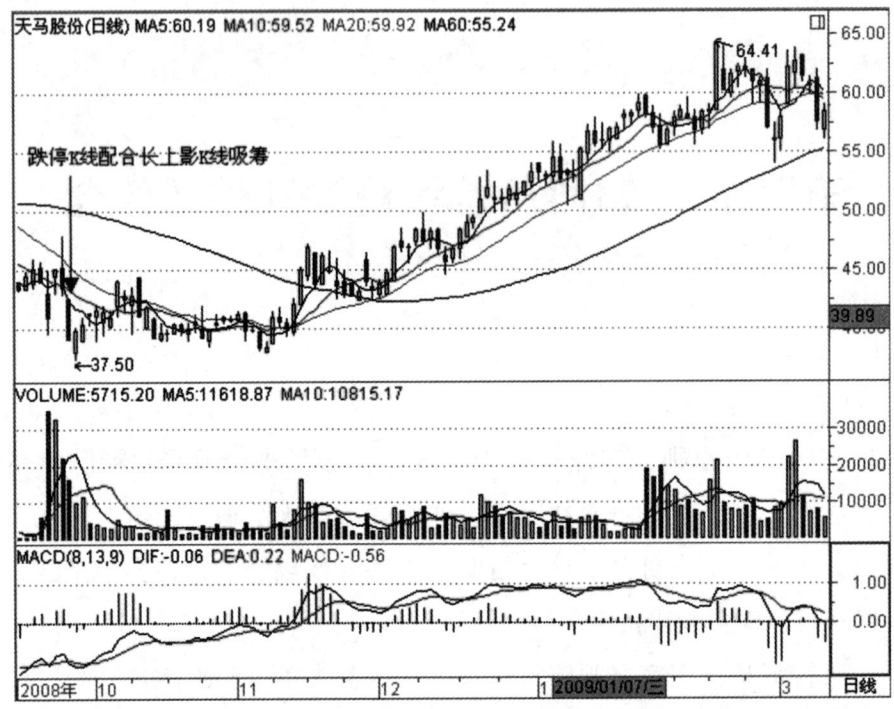

天马股份(日线) MA5:60.19 MA10:59.52 MA20:59.92 MA60:55.24

跌停K线配合长上影K线吸筹

←37.50

VOLUME:5715.20 MA5:11618.87 MA10:10815.17

MACD(8,13,9) DIF:-0.06 DEA:0.22 MACD:-0.56

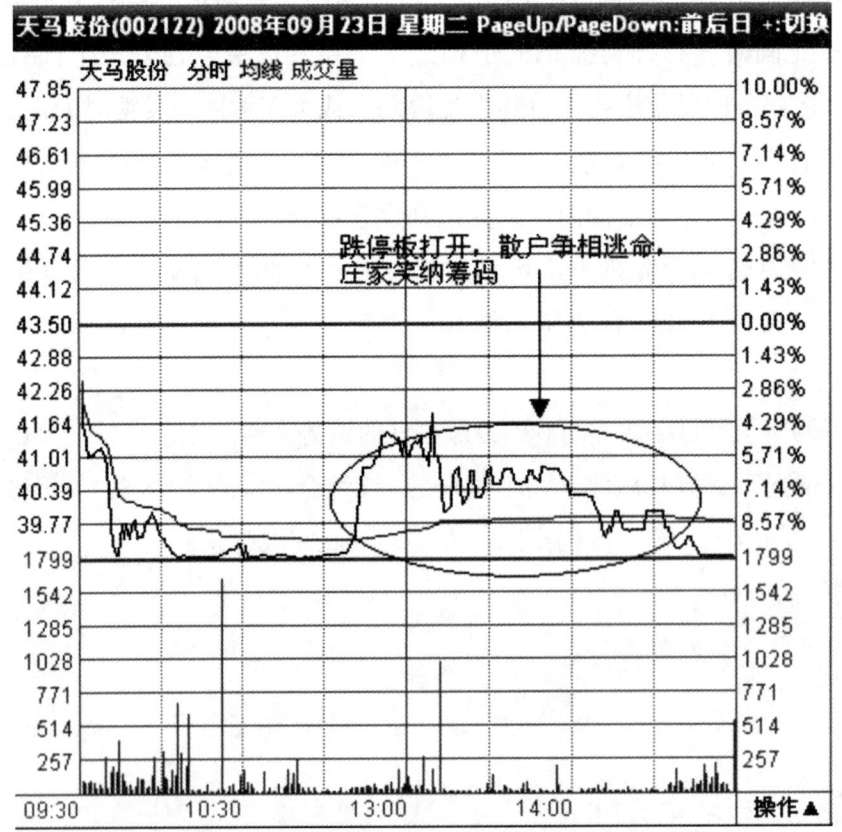

天马股份(002122) 2008年09月23日 星期二 PageUp/PageDown:前后日 +:切换

天马股份　分时　均线　成交量

跌停板打开，散户争相逃命，
庄家笑纳筹码

第33招　如何从价量观察下行式建仓

下行式建仓的价量特征是：庄家在建仓时，股价是呈下跌态势的，整个下跌过程就是庄家建仓的过程（实际上是跌势的中后期），股价止跌即是庄家建仓结束之时。因此，吸筹量分布呈"少开头，多后头"状态，即开始入驻时吸取少量的筹码，随着股价的持续下跌，庄家的进一步打压，逐步增加吸筹量，到最后庄家见筹就收，一概通吃，从而全面完成建仓任务。

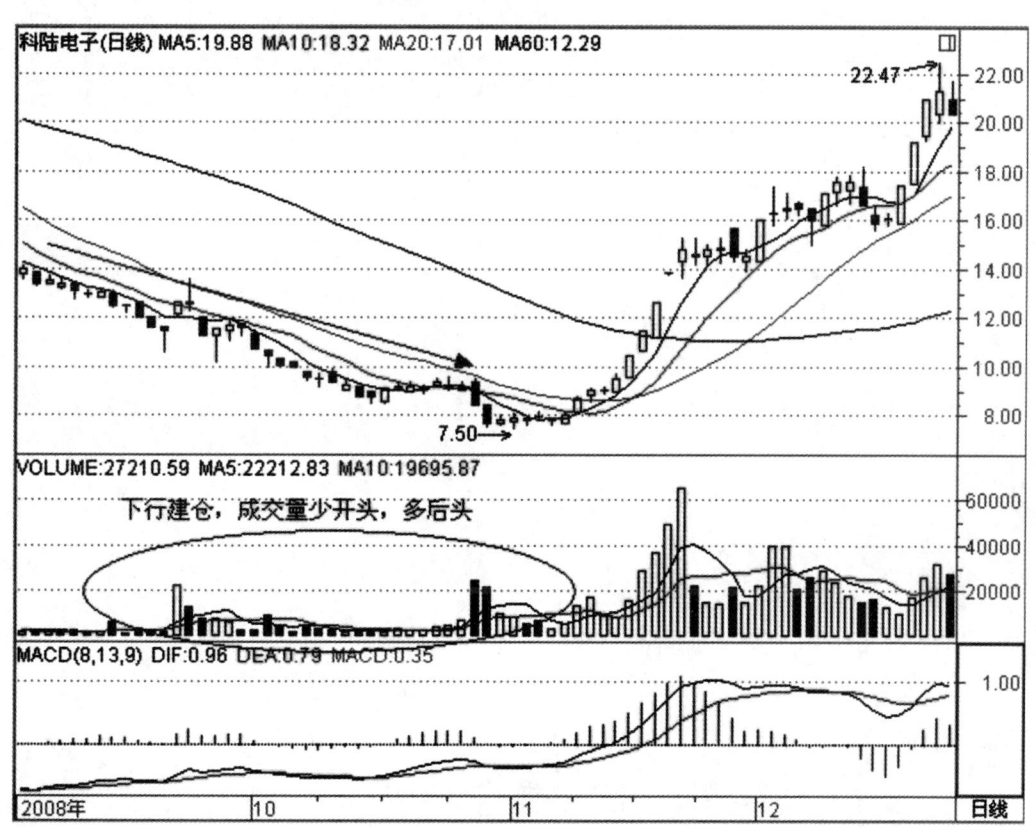

庄家通过持续的下跌走势，一方面继续加大先前套牢者的亏损额度，另一方面把低位介入者加入套牢之中，使他们的资金出现亏损。这样场内所有散户全线被套，庄家每打压一个点位，散户就增加一分损失，最后散户因承受不了巨大损失而被迫离场观望，筹码轻而易举落入庄家仓中。

上图就是002121在2008年下半年的走势实例。该股在2008年9月股价仍在下跌途中主力就开始介入吸纳，此时庄家未发力逆大盘吸货，而是顺势而为，股价越跌越吸，成交量变化为开头较少，后头较多。

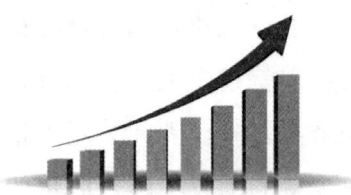

第34招　如何从价量观察上行式建仓

上行式的建仓路径与下行式的建仓路径相反，庄家在建仓时，股价是呈微升态势的，整个升势过程就是庄家建仓的过程（实际上是升势的中前期）。

其价量特征是：吸筹量分布呈"多开头，少后头"状态，即开始入驻时就吸取大量的筹码，基本上达到目标仓位的70％以上，然后逐步补筹，随着股价的缓升而逐渐减少吸筹量，直至最终吸足筹码，最后经过试盘、整理，时机一到即展开拉升行情。这种方法要求庄家对底部判断绝对准确，否则就会身陷其中。

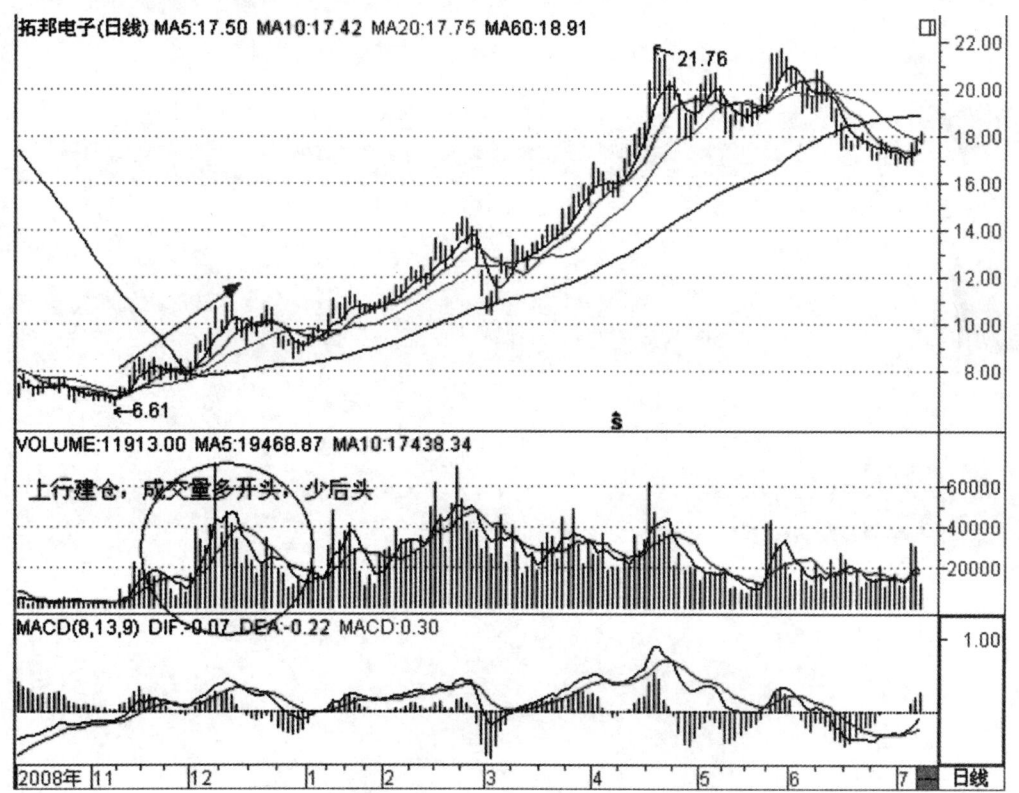

　　庄家通过股价的微幅上涨，一方面为先前套牢者提供一个解套的机会，因为散户长期被套后心急如焚，一到解套之日便心花怒放，于是不假思索地抛出股票，以免再遭套牢之苦；另一方面给低位介入者以小恩小惠，让他们高兴而来微笑而去，这样庄家就可以顺利完成建仓。但总体涨幅不能过大，应当控制在庄家的成本线以内，否则会增加坐庄成本。

　　下图就是002139在2008年年末的走势实例。该股在2008年11月开始走出下跌通道，成交量明显放大，股价上扬后一方面给部分套牢者解放的机会，另一方面也使低位买入者获得微利，在熊市环境下，他们往往容易将筹码拱手送给庄家。

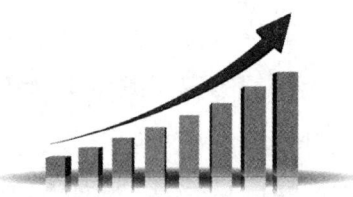

第35招 如何从价量观察先下后上式建仓

先下后上式的建仓，庄家在股价下跌时吸取一部分筹码，然后待股价见底回升时，再吸取一部分筹码，直到完成目标仓位。

其价量特征是：吸筹量分布呈"少中间，多两头"状态，即开始入驻时吸取少量的筹码，随着股价的持续下跌，逐步增加吸筹量，见底时通吃筹码，然后股价回升时补足少量筹码，即可顺利完成建仓任务。在底部形成"圆弧底"形态。庄家先通过下跌走势，将盘内散户套牢，使他们的资金处于亏损状态，让其中部分经不起亏损的投资者割肉出局。夺得这部分投资者的筹码后，股价反转向上推升。这时，先前没有割肉出局的投资者得到解套，在低位介入的投资者得到微利，让他们解套和获微利出局。这样经过"一下一上"，庄家就可以轻松地完成建仓任务。

下图就是000939在2006年上半年的走势实例。该股在2006年2月开始即有主力开始缓慢吸货，主力以极大的耐心潜伏低吸，股价无支撑而进一步下跌，当主力拿到合适数量的筹码后开始发力托住股价缓慢上升。这个过程表现为先下后上式建仓。

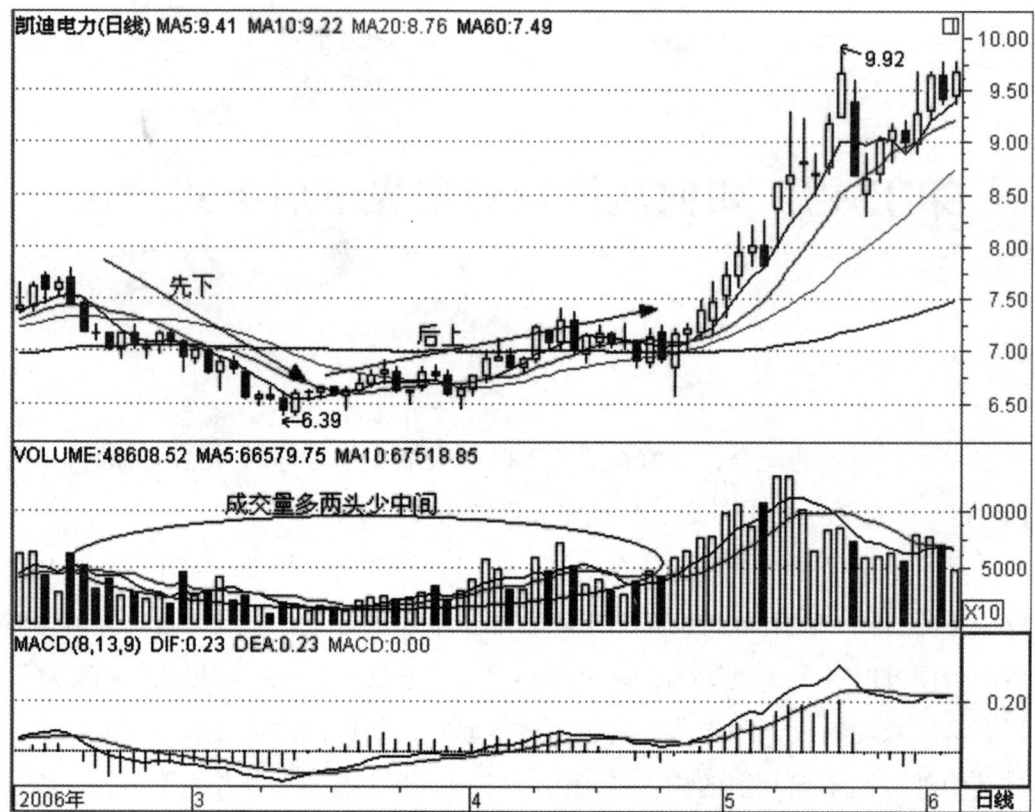

凯迪电力(日线) MA5:9.41 MA10:9.22 MA20:8.76 MA60:7.49

先下

后上

←6.39

9.92

VOLUME:48608.52 MA5:66579.75 MA10:67518.85

成交量多两头少中间

X10

MACD(8,13,9) DIF:0.23 DEA:0.23 MACD:0.00

0.20

2006年   3   4   5   6   日线

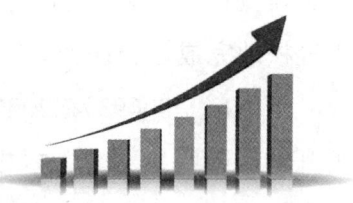

第36招　如何从价量观察先上后下式建仓

先上后下式建仓与先下后上式的建仓路径相反。

其价量特征是：庄家在建仓时，股价见底后吸取一部分筹码，然后股价呈微幅上升。此时由于庄家持筹并不多，还不足以达到坐庄控盘的要求，于是又把股价打压下来，再次大规模建仓。吸筹量分布呈"少两头，多中间"状态，即开始入驻时就吸取大量的筹码，随着股价缓升时吸取少量筹码，然后在再次下跌时通吃筹码，以此完成建仓任务，在底部形成"圆弧顶"形态。庄家先将股价缓慢地向上推升，成交量小幅放大（不排除偶尔放量），在推升过程中，部分先前套牢者和获微利者陆续抛盘离场，庄家即可顺利接盘。当股价推升到一定的幅度后，庄家就将股价慢慢地往下压，形成下跌态势。这时投资者误以为庄家在出货，前期没有出局又缺乏持股信心的投资者，便会做出抛盘离场的决定。这样经过"一上一下"的运作，庄家能吸的筹码就吸到了。

下图就是000933在2009年上半年的走势实例。该股在2009年1月有主力开始入驻，吸取筹码，成交量也逐渐放大，随着股价缓升时吸取少量筹码，然后在再次下跌时通吃筹码，以此完成建仓任务。

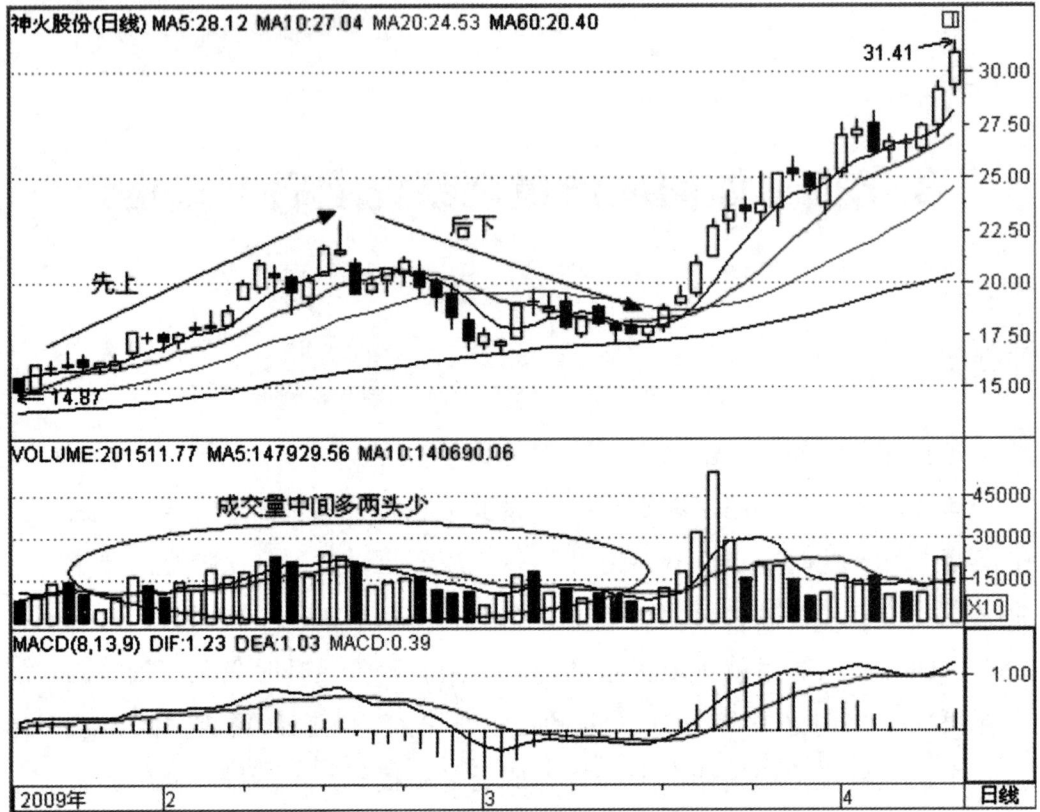

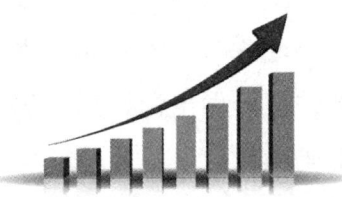

主力资金试盘阶段的量价分析

主力往往需要试盘来测试拉升前的压力，以便确定拉升的时间和空间。散户通过观察主力试盘的动作也可以确认是否是拉升前的短期底、中期底或长期底。这个重要阶段从价量观察上来看，是一道独特的风景线。

第37招　如何从价量观察平衡市试盘

　　庄家在底部经过长时间悄悄建仓后，基本上达到了坐庄目标仓位。

　　此时庄家试盘时的价量特征是：股价运行在一个基本平衡的市况中，买卖双方交投较为平静，庄家在某个时段里突然放量向上（向下）大幅拉升（打压）股价，在日K线上收出一根大阳线或大阴线，或上下影线较长的阴线或阳线。通过试盘，观察盘内筹码锁定性程度，以及市场参与追涨杀跌情况。

　　庄家通过大幅度地拉动股价，使盘内震荡加剧，以观察盘面变化。在股价拉高时，如果跟风盘大、抛盘小，那么拉升时机基本成熟；反之，还不具备拉升条件，需要进一步整理。在打压股价时，如果抛盘大、接盘小，表明盘内筹码锁定性差，股价在底部得不到明显的支撑，还不能进入拉升行情；反之，拉升时机基本成熟，底部也比较扎实，行情可能进入拉升阶段。

　　若放量向上试盘，回调时缩量，表明抛盘比较小，可以在股价回调到前期低点附近时买入做多；若缩量向下试盘，下跌幅度不深，回升时放量，表明筹码比较稳定，可以在股价回升时买入做多。

　　以下两图就是601111在2009年6月9日的走势实例。该股在6月9日前几个交易日均为小阴小阳的平衡状态，但是在6月9日下午14：00后主力突然发力上攻，在很短时间内股价上涨6%左右后稍作休息，继续在尾盘上摸到当天最高价。主力如此拉升显然是为了在发起主升浪前投石问路，查看跟风盘的多少。

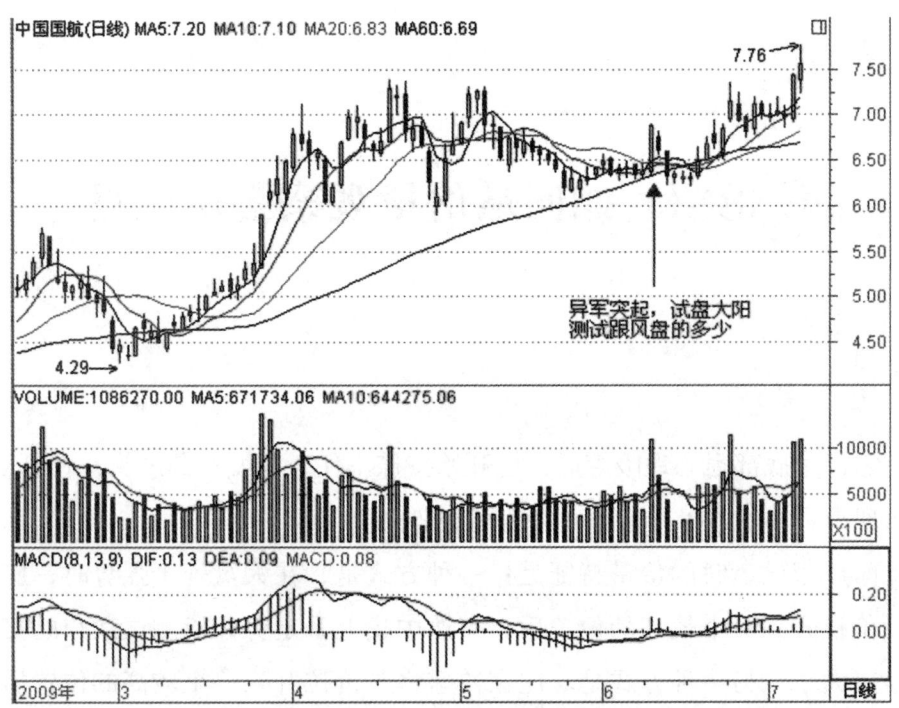

第38招　如何从价量观察强市试盘

庄家经过底部耐心地吸筹后，也开始按捺不住，萌发动荡念头，在日K线上起先出现小阴小阳式盘升走势，大有离底势头。

此时庄家试盘时的价量特征是：一种方式是，在大盘处于强势时，庄家快速将股价拉升到一个较高的位置后，突然中止上升走势，以测试散户的接单能力或抛盘大小。另一种方式是，庄家快速将股价拉升到一个较高的位置后，突然反转向下大幅打压股价，以测试盘内筹码稳定性情况。

当大盘处于强势时，庄家顺势拉升股价，应当有强大的跟风盘出现，若是这样后市拉升就比较轻松，可以直接进入拉升阶段，否则还需要进一步整理。同样，在打压股价时，应当有强大的买盘介入，阻挡股价的下跌，若是这样后市拉升条件基本具备，否则还不能进入拉升行情，筹码还需要进一步锁定。

散户在强势市道中，股价涨升到一个高点后，经过整理再次启动并有效突破时，可以买进或加仓做多。在强势市道中向下试盘时，在股价第一次触及或跌破20日或30日均线时，可以大胆重仓买进；在股价第二次触及或跌破20日或30日均线时，可以适量参与，仓位不宜过重；如果是第三次及以上触及或跌破20日或30日均线，则不宜做多，待股价回升时减仓或清仓出局。

以下两图就是601088在2009年7月6日的走势实例。该股在2009年6月29日一阳兀立，宣告短线上升浪开始，经过连续几天快速拉升后，主力在7月6日盘中大幅震荡，走出十字星形态，目的是为了测试盘内筹码稳定性情况。

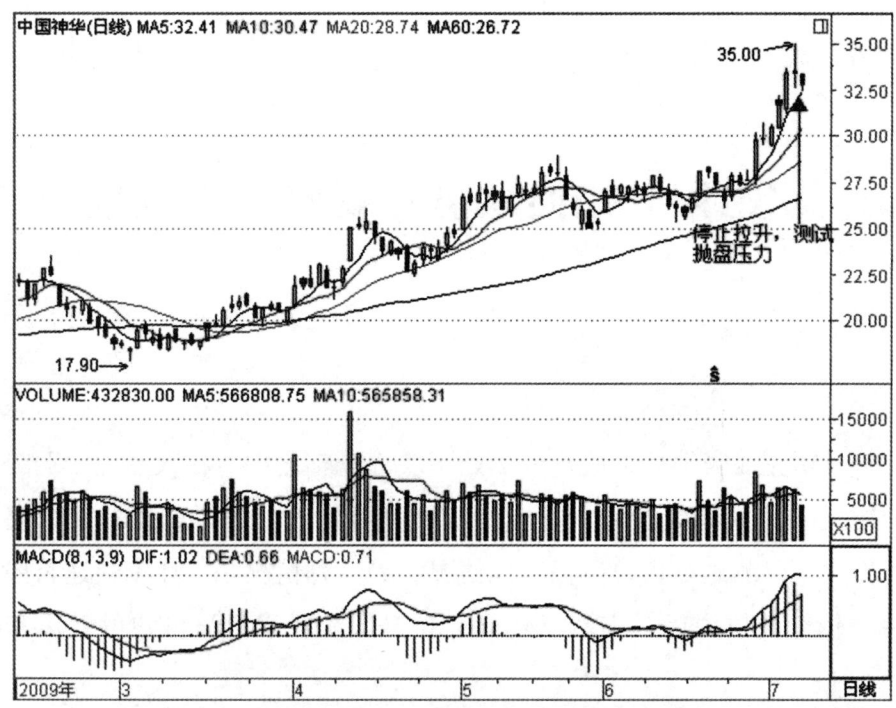

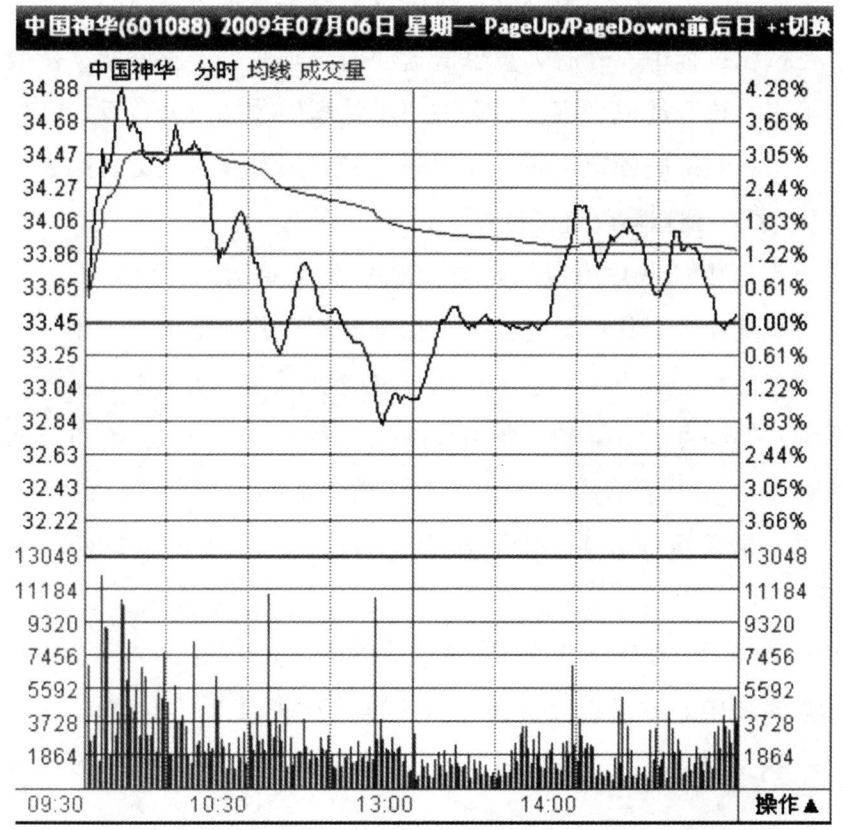

第39招　如何从价量观察弱市试盘

庄家成功完成吸筹后，股价依然处于底部盘整之中。在大盘处于弱势时，一种情况是，庄家借题发挥，快速将股价打压到一个较低的位置后，突然中止下跌步伐，以测试盘内筹码稳定性情况。另一种情况是，庄家快速将股价打压到一个较低的位置后，突然反转向上拉升股价，以测试散户的跟风和抛盘情况。

当大盘处于弱势时，庄家顺势打压股价，夸大股价下跌空间，加大市场恐慌气氛。在打压过程中，若有大量恐慌盘涌出，则底部不够坚实，持股者心态不稳，这给庄家拉升造成难度，仍需进一步整理后才能拉升；反之，如果在打压时抛盘轻，表明筹码锁定性好，在回升时又有买盘介入助力，则表明底部已出现，拉升时机一到就可以直接拉升了。

在弱势市道中，散户可以从两方面观察盘面变化，进而分析庄家下一步操作思路，即量和价。其价量特征是：在量方面，若无量下跌，则筹码没有松动，盘面状态良好，散户不必过于心慌，在股价回升有效突破时买入；反之，若放量下跌，筹码可能有异动，要引起注意，不宜过早介入。在价方面，虽然弱势但跌幅不大，大多为庄家故意所为，散户不必为短期亏损而忧；反之，若深幅下跌，股价可能要下一个台阶再行整理，拉升时间要延期，不宜过早介入。

下图就是600807在2008年下半年的走势实例。该股在2008年10月股价依然处于底部盘整之中。大盘也处于弱势，庄家快速将股价打压到下3元的平台，进行最后一次清洗，然后突然反转向上拉升股价，以测试散户的跟风和抛盘情况。

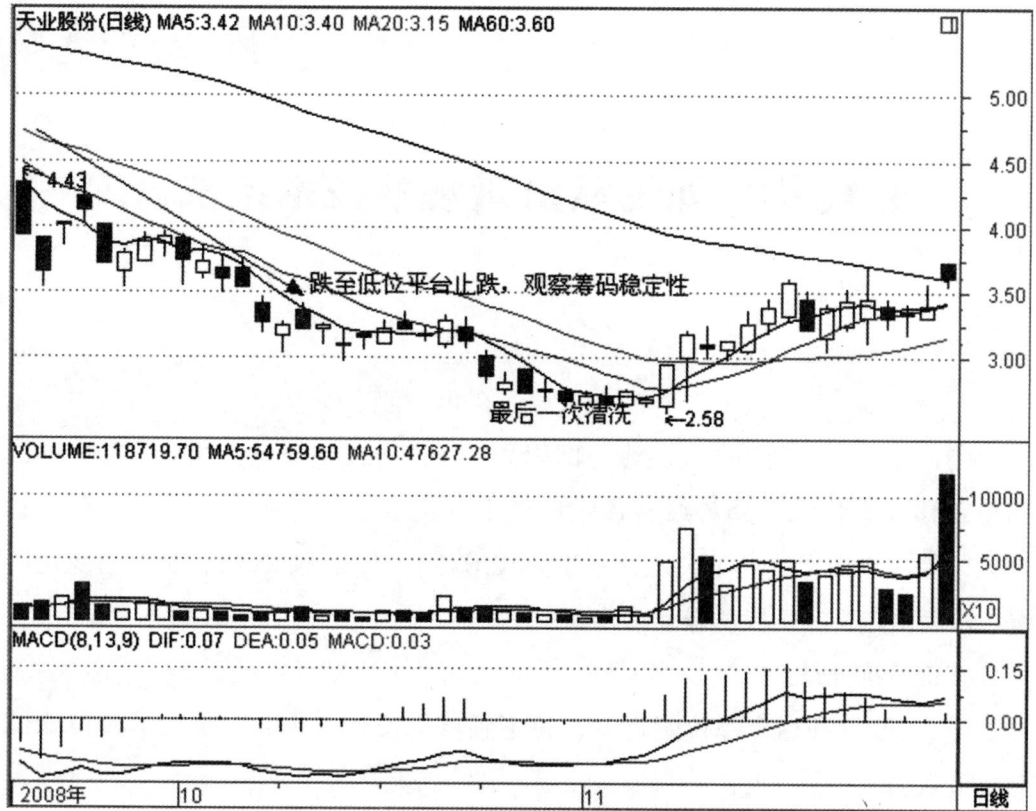

天业股份(日线) MA5:3.42 MA10:3.40 MA20:3.15 MA60:3.60

跌至低位平台止跌, 观察筹码稳定性

最后一次清洗　←2.58

VOLUME:118719.70 MA5:54759.60 MA10:47627.28

MACD(8,13,9) DIF:0.07 DEA:0.05 MACD:0.03

2008年　10　11　日线

第40招　如何从价量观察技术位洗盘

庄家建仓后，利用关键技术位即阻力位（线）或支撑位（线）进行试盘，如短期移动平均线、趋势线、颈线位、重要技术形态、成交密集区、重要心理关口等，当向上或向下突破这些重要技术位置时，观察买盘和卖盘的变化情况，从而决定下一阶段的操盘思路。

其价量特征是：

（1）股价到达支撑位附近时，得不到支撑位的支撑，股价向下破位式试盘，重点测试抛压情况。

（2）股价到达支撑位附近时，受到支撑位的支撑，股价向上回升式试盘，重点测试跟风情况。

（3）股价到达阻力位附近时，受到阻力位的压制，股价向下回落式试盘，重点测试抛压情况。

（4）股价到达阻力位附近时，不受阻力位的压制，股价向上突破式试盘，重点测试跟风情况。

当股价通过这些重要技术位置时，可以反映出很多盘面信息，因为这些重要技术位置是大多数散户包括庄家在内所关注的。一个重要技术位置的攻克和失守，往往预示着一轮行情的产生和结束，所以试盘效果较好。如果股价通过这些重要技术位置时，没有什么大的阻力和支撑，行情就可能向纵深发展，反之庄家要重新调整坐庄计划。

散户在突破重要技术位置时，重点关注成交量的变化。在向上突破时一定要有量，但向下突破时无需有量。散户在股价突破后，经回抽确认有效时，决定买卖行为，过早买卖风险较大。

　　下图就是002004在2009年上半年的走势实例。该股在2008年下跌后在11月探底到7.51元，然后开始对称上升，当上升到前期下跌的13~14元平台时，主力利用这个关键技术位进行洗盘，因为按照诸多技术派人士的观点，13~14元的平台往往是强压力位，而主力正好利用大众心理在此关键位洗盘。

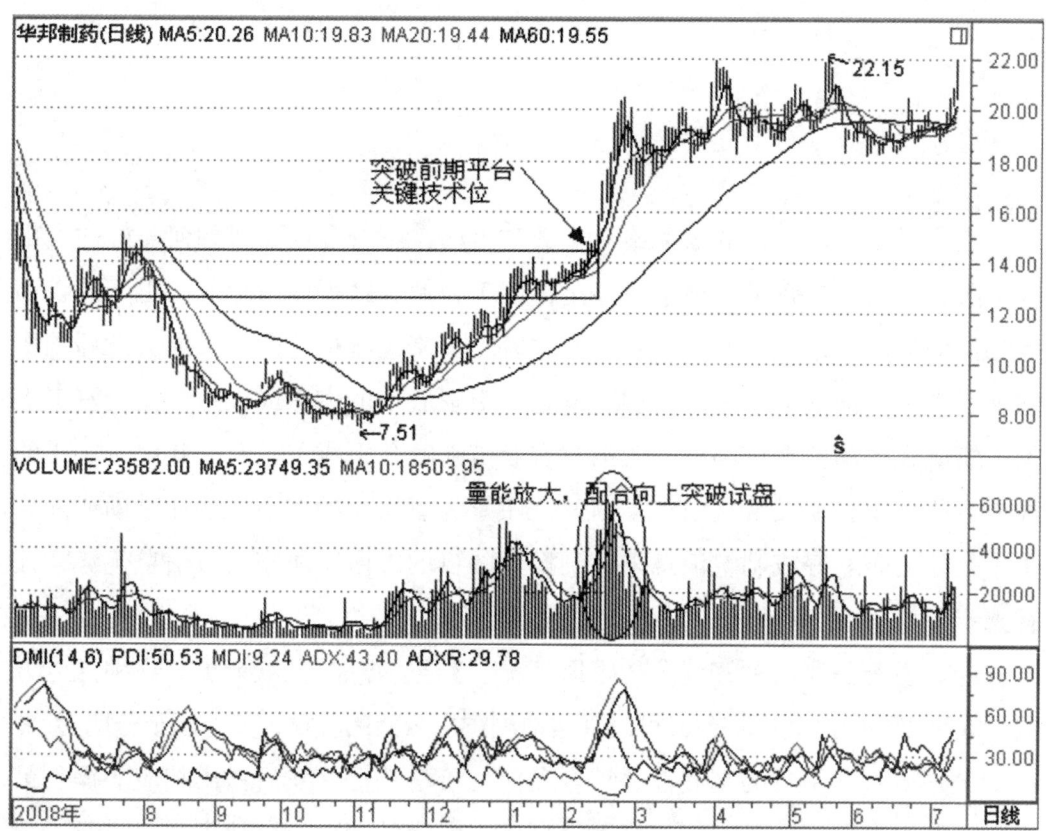

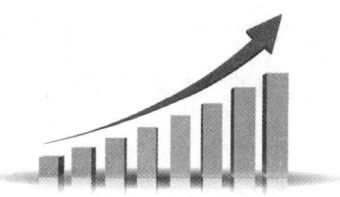

第41招　如何从价量观察利用消息试盘

有人说，中国股市的盘面绝对不敌政策面，不管盘面走势如何美好的大市或个股，只要利空政策一出来（甚至传闻），便会跌得面目全非。也不管盘面走势如何坏的大市或个股，只要利好政策一出来（哪怕传闻），便会立即勾头向上、一往无前。一条利好或利空消息，引发股市的大涨或大跌，让投资者捉摸不定。在中国资本市场中，政策左右股市涨跌几乎成了人们的共识，20年的股市运行多少也能反映这一点。因此，庄家为了做盘的需要，往往借助或配合上市公司公布利好或利空消息来达到操盘的目的。由于庄家具有信息优势，往往先于市场获得内幕消息，从而预先做好准备。

庄家主要是测试利好消息的跟风情况，利空消息的抛盘情况。这种试盘方式，既可以加快时间进程，又可以真实地测试出盘面的轻重，其意图十分明显。

散户要判断消息的真假性并结合盘面的价量特征，然后做出相应的操作策略。判断消息真假的基本方法：①来自正规渠道的消息，可信度高；道听途说的消息，可信度差。②真消息会大涨大跌，一去不回头；假消息虚涨虚跌，很快会反转运行。③重大消息会引起股价的大幅波动；一般新闻不会引起股价的大幅波动。④公开明朗的消息可以作为买卖依据，朦胧传言的消息可信度差，不能作为买卖依据。

其价量特征是：假利空消息跌幅较浅，一般在10%～20%，量能不大；真利空消息跌幅较深，一般超过30%，量能放大；真利好消息持续时间较长，股价很快复位甚至超过前期峰点，可以追涨介入做多。假利好消息持续时间较长，股价难以回升，可以割肉杀出做空。

以下两图就是002007在2009年6月4日的走势实例。

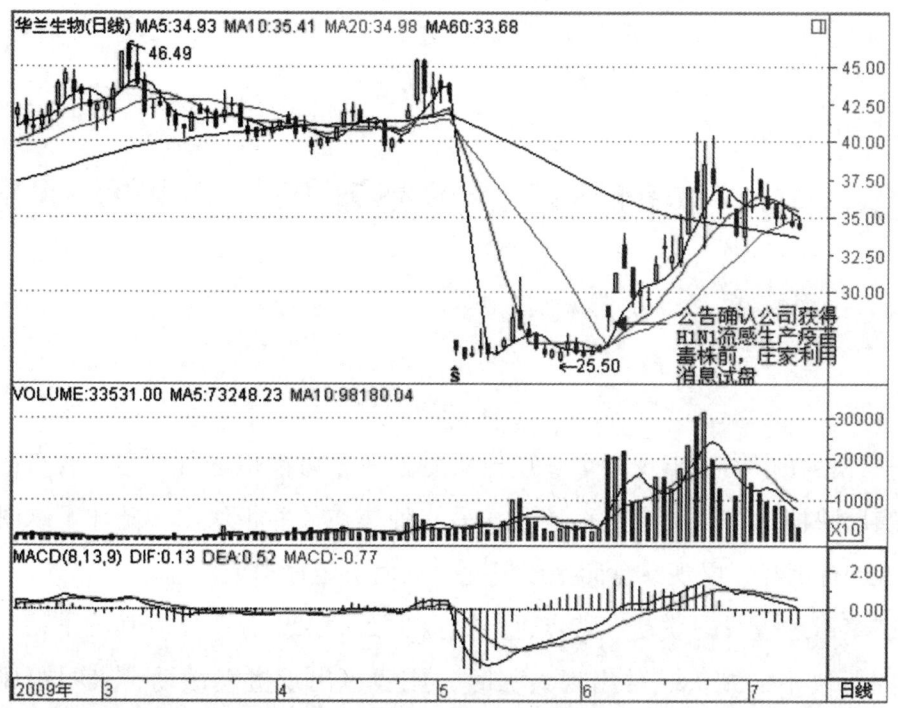

第42招　如何从价量观察利用热点板块试盘

一种是在市场中出现某个热点板块后，庄家可借机进行试盘，看自己入驻的股票反映情况，以决定是否拉升。另一种是在某些板块出现整体下跌时，庄家借机进行试盘，以观察盘面抛压情况，从而决定撤退或留守。

庄家通过板块的联动性特点进行试盘，其效果十分明显。其价量特征是：当相同板块中的龙头品种出现大涨时，庄股也出现蠢蠢欲动，表明跟风盘踊跃，庄家可以借机拉升股价，反之拉升条件不成熟。同样，当相同板块中的龙头品种出现大跌时，庄股也出现下跌，表明筹码松动，抛盘较重，庄家不会在此时拉升股价。反之，庄股没有出现明显的下跌，表明筹码稳定性好，盘面状态良好，但庄家也不会选择在此时拉升股价。

散户应紧跟龙头品种，与庄共舞到底。若买入的不是龙头股票，则要密切关注龙头股票的走势，一旦龙头股票出现走弱，就应及时离场。应当知道，板块中的非龙头股票的起涨时间比龙头股票晚，涨幅比龙头股票小，下跌比龙头股票早。

下图就是在2008年政府工作报告中提及建立创业板的背景下形成创业板热点，000532闻风而动，但经过试盘发现，盘中抛盘大，散户跟风少，庄家无法有效走出逆市上攻行情，其后遇阻滑落，一路走低。

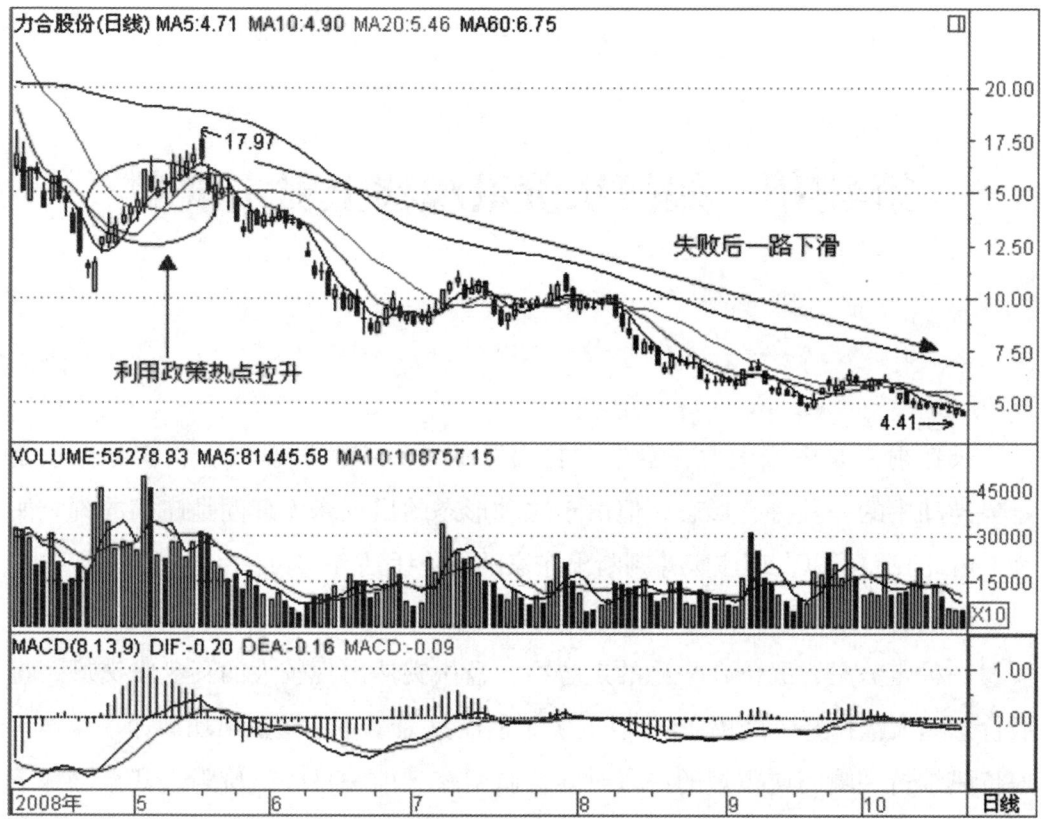

力合股份(日线) MA5:4.71 MA10:4.90 MA20:5.46 MA60:6.75

17.97

失败后一路下滑

利用政策热点拉升

4.41→

VOLUME:55278.83 MA5:81445.58 MA10:108757.15

MACD(8,13,9) DIF:-0.20 DEA:-0.16 MACD:-0.09

2008年 5 6 7 8 9 10 日线

第43招　如何从价量观察上射击试盘

　　长针射击是庄家刻意在盘中"打出"的一种震荡试盘形态，实际上也是走势异动中的一种特有形态，但由于这种形态的出现毫无疑问是庄家的刻意所为，由此我们可以发现庄家并判断出庄家的炒作手法和实力。

　　向上射击式试盘其价量特征是：

　　一种走势是，股价在平稳的走势中，盘中突然出现较大的买盘成交量，将股价急速大幅拉升（涨幅在5%以上），但庄家为了防止抛盘出现而加重成本。股价只维持一瞬间或很短的一段时间，就回落到前一日收盘价附近甚至翻绿下跌，K线以一根带超长上影线的阴线或阳线收市，则形成长针射击形态。这种走势有单日射击式和多日射击式两种。多日射击式由于有前几日作铺垫，其射击力度更大。

　　另一种走势是，开盘时股价大幅跳空高开（跌幅在5%以上），但随后股价迅速回落（几乎就在第二笔交易时股价已经回落，否则就变成强势行情了），股价全天在前一日收盘价附近震荡，K线以一根光头的大阴线收市，收市价较前日有所下跌。

　　以下两图就是000534在2008年12月25日的走势实例。

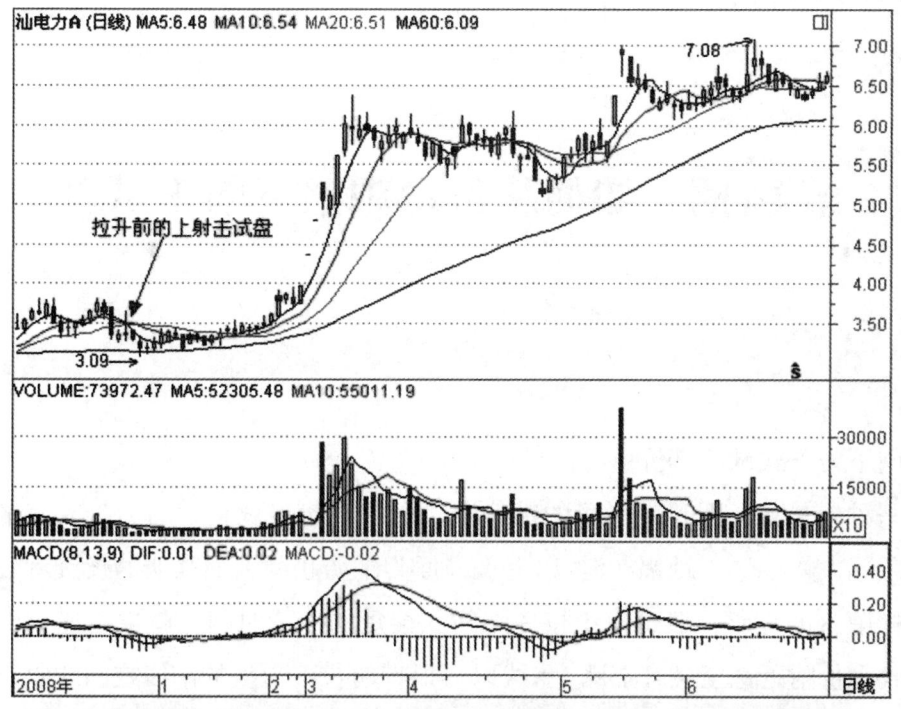

第44招　如何从价量观察下射击试盘

向下射击式试盘其价量特征是：

一种走势是，股价在平稳的走势中，盘中突然出现较大的卖盘成交量，将股价急速大幅压低（跌幅在5%以上），但为了防止胆大而高明的投资者轻易捡到这样廉价的筹码，股价只维持一瞬间或很短的一段时间，就被迅速拉回到前一日收盘价附近甚至翻红上涨，K线以一根带超长下影线的阳线或阴线收市，则形成长针射击形态。此种走势是试盘、震仓等各种因素综合出现的一种形态，预示庄家在进行最后的打压以后，将试图展开攻击，在为持续上升前做好准备。这种走势也有单日射击式和多日射击式两种。

另一种走势是：开盘时股价大幅跳空低开（跌幅在5%以上），随后股价迅速拉起（几乎就在第二笔交易时股价已经不跌了，否则就变成其他单边下跌走势），股价全天在前一日收盘价附近震荡，K线以一根光头的大阳线收市，收市价较前日有所上涨。这种走势预示庄家建仓已经结束，股价很快将盘出底部。

庄家意图一是为了吸引市场注意力，了解市场对该股的关注程度，是热门股还是冷门股；二是庄家在考验持有者的信心，以检验股价下跌过程中的支撑力度和上涨过程中的有效跟风能量。

股价出现向上射击式试盘时，在股价回落到前一日收盘价附近，散户可离场观望；出现向下射击式试盘时，在股价回升到前一日收盘价附近，持币者可以考虑适量买入。

以下两图就是000536在2006年12月6日的走势实例。

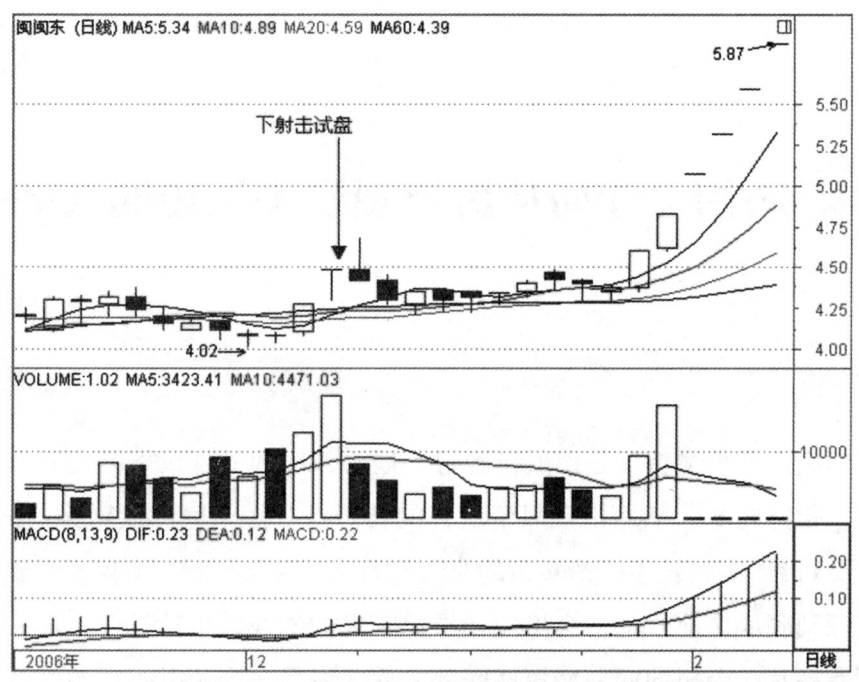

第45招　如何从价量观察确认短期底部

短期底部的价量特征是：股价经过一段不长时间的连续下跌之后，因导致短期技术指标超卖，从而出现股价反弹的转折点。短期底部以V形居多，而成交量以反V形居多，发生行情转折的当天经常在日K线图上走出较为明显的下影线，在探到底部之前，常常会出现几根比较大的阴线，也就是说，每一次加速下跌都会探及一个短期底部。短期底部之后，将是一个历时很短的反弹，这一反弹的时间跨度多则三五天或一周左右，少则只有一天，反弹的高度在多数情况下很难超过加速下跌开始时的起点。在反弹行情中，以低价位的三线股表现最好，而一线优质股则波幅不大。

下图就是601111在2008年上半年的走势实例。

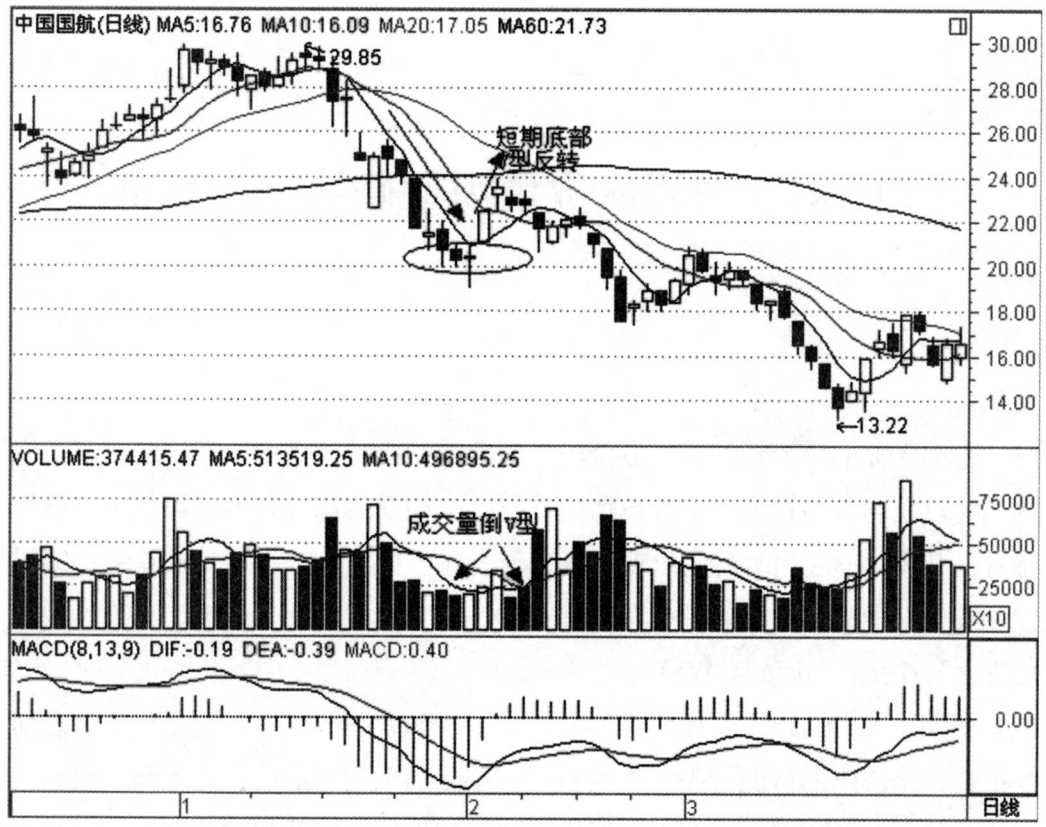

第46招　如何从价量观察确认中期底部

中期底部的价量特征是：股价经过长期下跌之后，借助于利好题材所产生的历时较长、升幅可观的上升行情的转折点。中期底部各种形态出现的可能性都有，其中W形底和头肩底出现的概率稍大些。中期底部一般是在跌势持续时间较长（10周以上）、跌幅较深（下跌30%以上）之后才会出现。在到达中期底部之前往往有一段颇具规模的加速下跌。

中期底部的出现，一般不需要宏观上基本因素的改变。但往往需要消息面的配合，最典型的情况是先由重大利空消息促成见底之前的加速下跌。然后再由于利好消息的出现，配合市场形成反转。在见底之前的加速下跌中，往往优质股的跌幅较大，期间优质股的成交量会率先放大。中期底部之后，会走出一个历时较长（一至数周）、升幅较高的上升行情。这段上升行情中间会出现回调整理。大体来讲升势可分为三段：第一段由低位补仓盘为主要推动力，个股方面优质股表现最好；第二段由炒题材的建仓盘推动，二线股轮番表现的机会比较多；升势的第三段是靠投机性炒作推动的，小盘低价股表现得会更活跃一些。在中期底部之后的升势发展过程中，会有相当多的市场人士把这一行情当作新一轮多头市场的开始，而这种想法的存在正是能够走成中级行情而不仅仅是反弹的重要原因。

下图就是000625在2006年的走势实例。

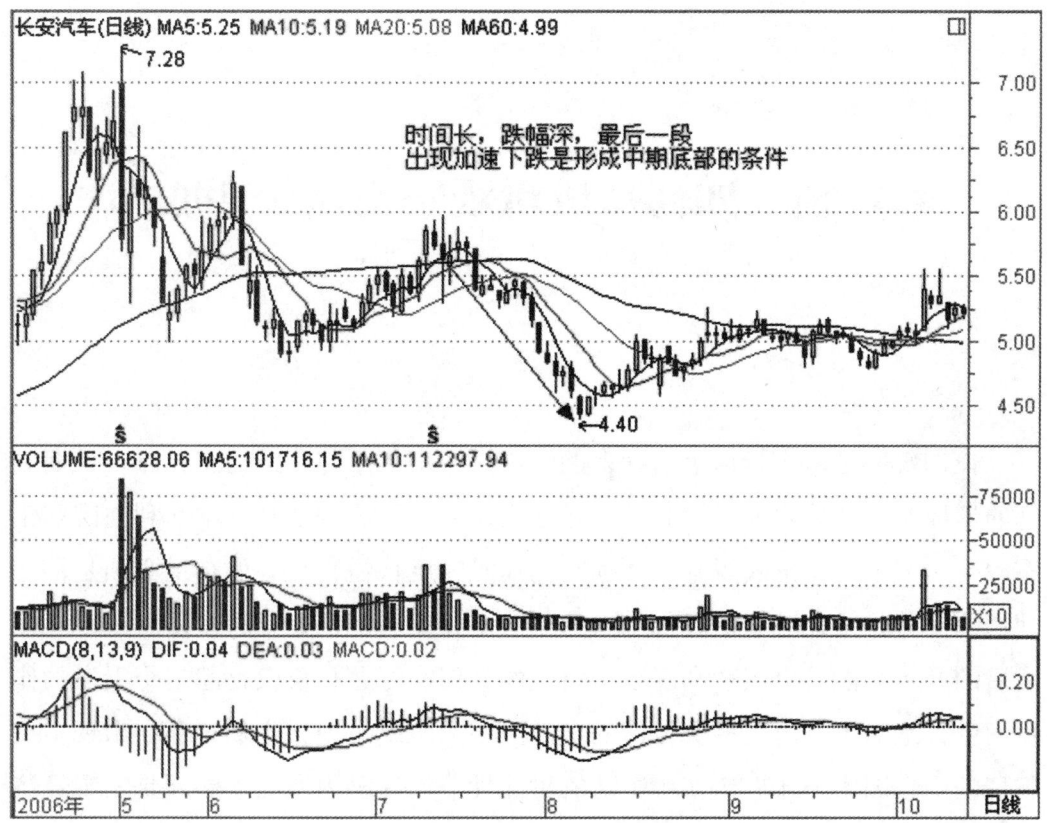

长安汽车(日线) MA5:5.25 MA10:5.19 MA20:5.08 **MA60:4.99**

7.28

时间长，跌幅深，最后一段
出现加速下跌是形成中期底部的条件

←4.40

VOLUME:66628.06 MA5:101716.15 MA10:112297.94

MACD(8,13,9) DIF:0.04 DEA:0.03 MACD:0.02

2006年   5   6   7   8   9   10   日线

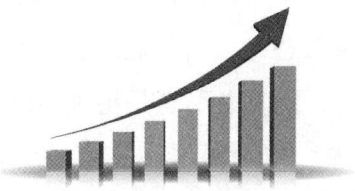

第47招　如何从价量观察确认长期底部

　　长期底部是多头行情重新到来的转折点，即熊市与牛市的交界点。长期底部的形成有两个重要前提，其一是导致长期弱势形成的宏观基本面利空因素正在改变过程中，无论宏观基本面利空的消除速度快慢，最终的结果必须是彻底地消除；其二是在一个低股价水平的基础上投资者的信心开始恢复。长期底部之后的升势可能是由某种利好题材引发的，但利好题材仅仅是起一个引发的作用而已，绝对不是出现多头行情的全部原因。也就是说，市场须存在出现多头行情的内在因素，才有走多头行情的可能性。而这种内在因素必须是宏观经济环境和宏观金融环境的根本改善。

　　其价量特征是：长期底部的形成一般有简单形态和复杂形态两种。所谓简单形态是指潜伏底或圆弧形底，这两种底部的成交量都很小，市场表现淡静冷清，而复杂形态是指规律性不强的上下震荡，V形底或小W形底的可能性不大，见底之后将是新一轮的多头市场循环。

　　下图就是002090在2008年11月的走势实例。

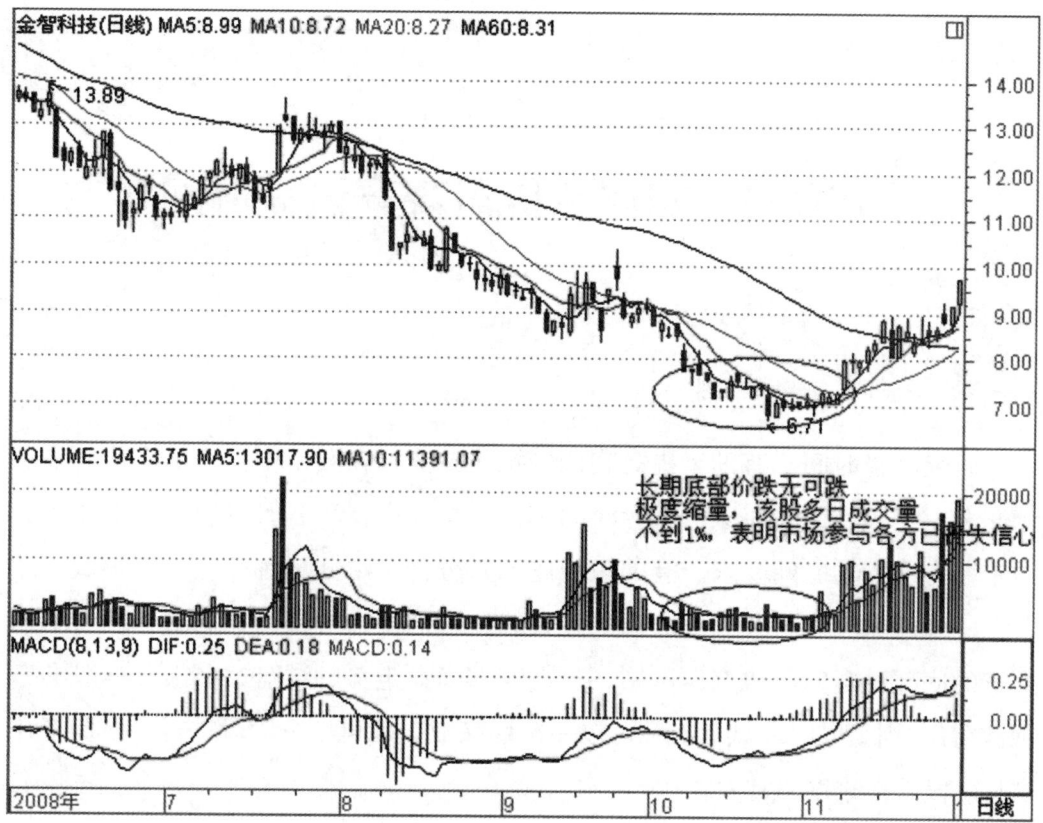

金智科技(日线) MA5:8.99　MA10:8.72　MA20:8.27　**MA60:8.31**

13.89

8.71

VOLUME:19433.75 MA5:13017.90 MA10:11391.07

长期底部价跌无可跌
极度缩量，该股多日成交量
不到1%，表明市场参与各方已丧失信心

MACD(8,13,9) DIF:0.25 DEA:0.18 MACD:0.14

2008年　　7　　8　　9　　10　　11　　日线

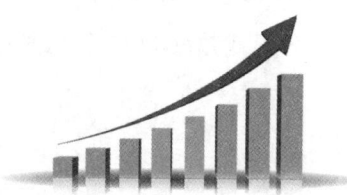

第48招　如何从价量观察试盘时间

研究试盘时间，有助于提高我们的操作技能，在股市中少一份险情，多一份安全。一般来说，庄家的试盘时间都比较短，来得猛、去得快，但不同类型的庄家有不同的时间要求。有的短线庄家几分钟、十几分钟即完成一次试盘动作，中线庄家不乏持续几天时间的，长线庄家的试盘可能达几周时间。对不同形态的底部试盘时间也有所区别，长期底部横盘走势的试盘2～5天，一般形态试盘在1~2周。同时，试盘次数可以一次性完成，也可以分阶段进行，投资者在试盘阶段操作难度非常大。

通常，庄家试盘时间长短与控筹数量、市道状况、操作风格、坐庄思路以及当时所处的宏观经济、公司背景、技术形态及人气高低等因素有关。

下图就是601111在2009年6月的走势实例。

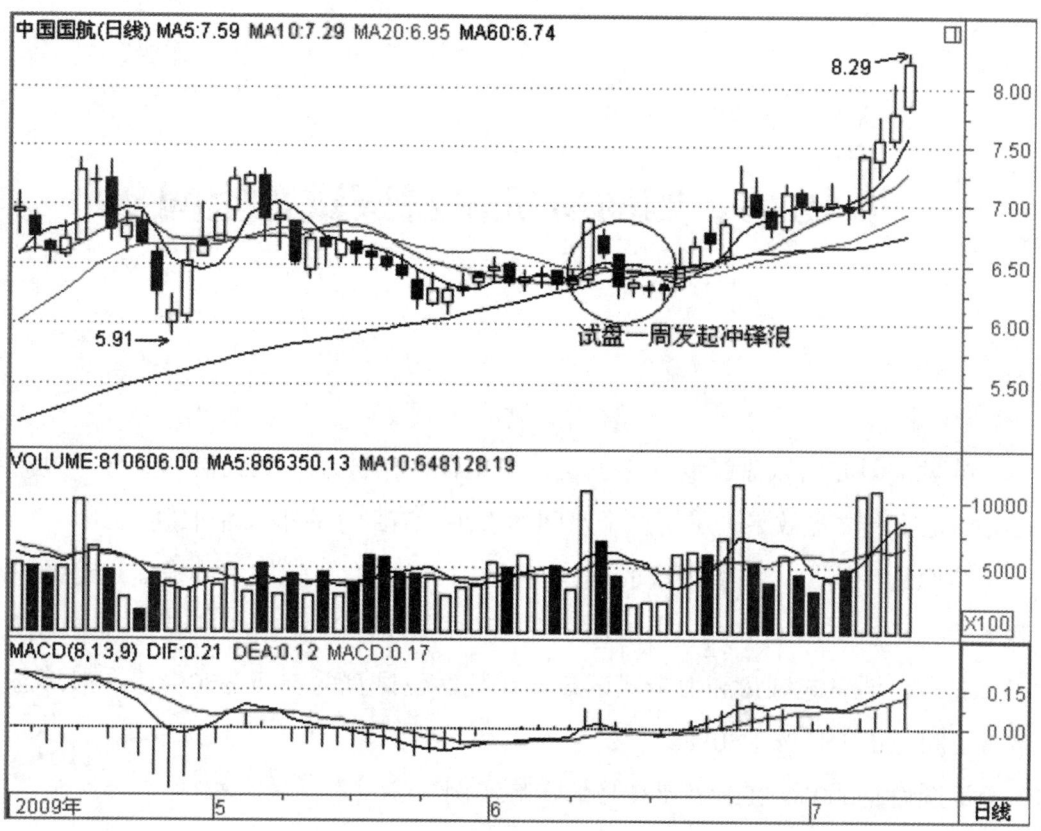

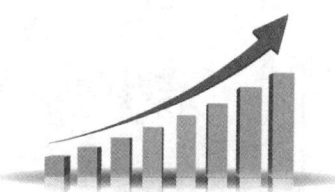

第49招　如何从价量观察试盘空间

试盘空间亦叫试盘幅度，它也是在一定范围内波动，做到恰如其分，过高过低均达不到试盘效果，了解这个空间的大小，有助于在股市中取胜。

其价量特征是：一般个股的试盘空间在10%左右。长期底部横盘走势的试盘空间在正负5%～15%，弱市中的试盘和庄家不参与操作的试盘，其空间在10%左右。消息式试盘和射击式试盘或在技术位试盘的空间在20%，一般形态试盘空间在正负15%～30%。

下图就是000560在2008年10月的走势实例。

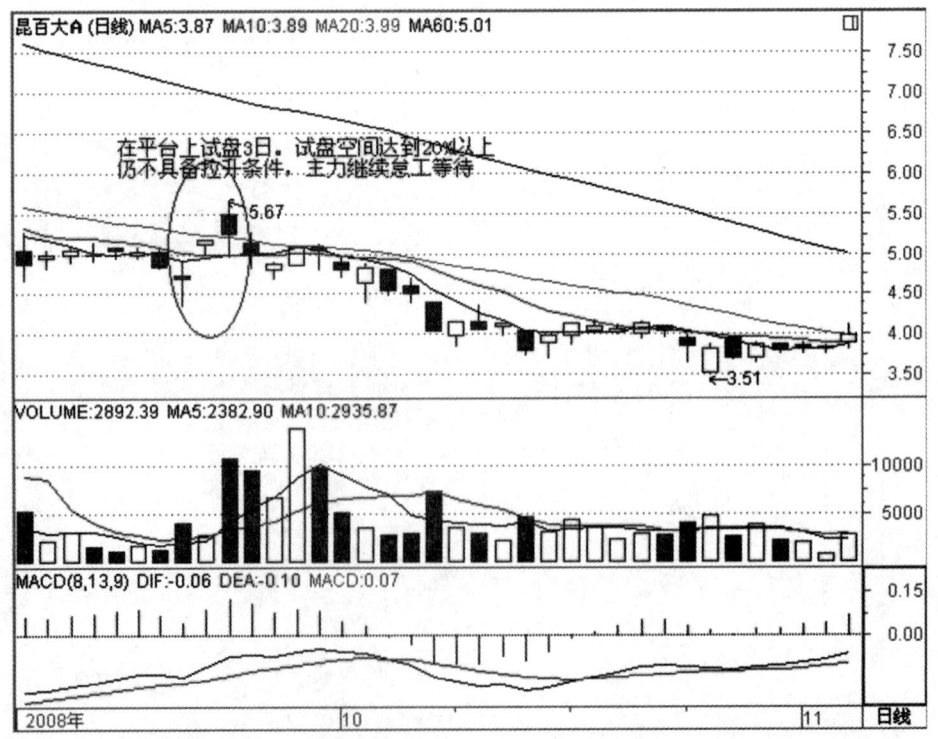

第50招　如何从价量观察识别多头陷阱

多头陷阱往往发生在行情盘整形成头部区域里，股价突破原有区域达到新的高峰，然后又迅速地跌破以前交易区域的低点（支撑位），这就是"多头陷阱"。更具体地说，是"多头陷阱"捕捉到了那些在股价最后上涨时买进的人，或者是在突破后买进的人，使这些投资人遭受损失。此时由于成交量已开始萎缩，但多数投资者对后势尚未死心，不愿杀跌出场，因而其形态完成时间相对较长。

多头陷阱的识别技巧有：

（1）成交量。随着股价的持续上涨，量能始终处于不规则放大之中，有时盘面上甚至会出现巨量长阳走势，盘中也会不时出现大手笔成交，给股民营造出庄家正在建仓的氛围。这时，庄家往往可以轻松地获利出逃，从而构成多头陷阱。因此，在辨别多头陷阱时，主要是看成交量是否突破支撑线。正常状况是：股价以高成交量在主要的上升趋势中到达了新的高点，然后以稍低的成交量回档，只要回档不跌破目标的支撑线，就认为是属于多头市场。如果成交量不大而且向下回档又跌破了支撑线，则应认为是多头陷阱了。

（2）技术面。在K线走势上往往是连续几根长阳线的急速飙升，突破各种阻力位和长期套牢成交密集区，有时伴随向上跳空缺口的出现，引发市场热烈兴奋的连锁反应，让股民误认为后市有上涨空间，从而使庄家顺利完成拉高派发目的。

（3）多头陷阱会导致技术指标上出现严重的顶背离特征。如果仅依据其中一两种指标的顶背离现象进行研判，仍然容易被庄家欺骗。这不仅需要我们反复验证，逐渐把握区分真伪的尺度，还要求我们注意研判多种技术指标，只有多种技术指标显示相同性质的信号、相互佐证时，判断的准确性才能得到提高。因为无论庄家如何掩饰或骗线制造多头陷阱，多种指标的多重周期的同步背离现象都会直接揭示出庄家的真实意图。所以，股民要注意观察多种指标是否同一时期在月线、周线、日线上同时发生顶背离。如是，就很容易构成多头陷阱，而且极有可能形成一个中长期的顶部。

多头陷阱的应对策略是：在盘头形态或尚未确认的中段整理时，可保持观望的态度，待支撑固定后再行做多。否则，多头陷阱一旦确立，必须在原趋势线破位后停损杀出，因为在以后的一段跌势中，放空的利润或许足以弥补做多的停损损失了。

下图就是000519在2008年7月的走势实例。

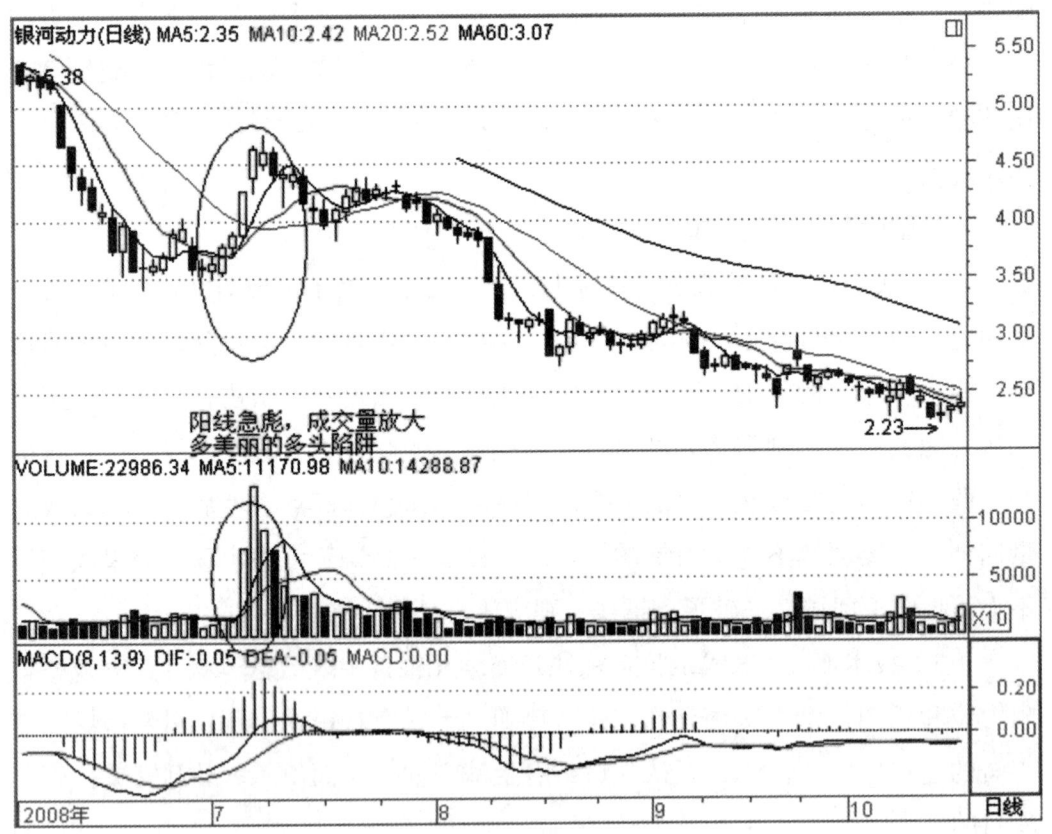

第51招　如何从价量观察识别空头陷阱

空头陷阱是指股价处于底部区域时，庄家刻意打压股价，造成向下的假突破，使市场产生恐慌气氛，待散户纷纷抛售股票其低价筹码落入庄家手中后，股价迅速向上拉起的操作行为。一般来说，"空头陷阱"形成后，几天内有一个中级波动（上升10%~25%），而有时是一个主要波动（上升25%~35%），在最低点抛货或犹豫不决没有进货的投资者，就成了陷阱的受害者。

空头陷阱是行情启动前的一种极端的假行为，一般出现在股价的底部或中部区域。庄家在炒作个股时，将更多地注重从技术形态上不让中小散户过多地分享牛股的利润。随着大量翻倍或翻几倍的牛股在市场中出现，使得庄家对利润的预期大大提高。为了达到一种暴利性的炒作，他们常会在操作中故意制造短线顶部的陷阱，让一些懂技术者在其回档过程中抛出股票。因为投资者害怕股价下跌被套，便在"头部"形成时先于庄家出局，可谁知"聪明反被聪明误"，原来这是一个假头部或阶段性小头部，很快又展开新一轮更为猛烈的升势。因此，为了实现坐庄目标，在盘中放量大幅单边下跌，有时无量单边下跌，刻意击穿一些重要技术部位，如成交密集区、轨道线、趋势线、移动平均线等，投资者普遍感到后市渺茫，多数投资者因极端看淡后市而不愿买多介入，故其形态完成也相对较长。市场出现恐慌气氛，筹码开始出现松动，终于使前期还算坚定的一部分投资者动摇意志。为了减少损失，多头投资者反手做空，纷纷卖出股票，使空头的力量更加强大，结果造成恶性循环、相互追杀的局面，从而使股价快速大幅下跌，这就是我们常说的"多翻空"、"多杀多"。

空头陷阱价量特征是：①在多头市场中，空头陷阱往往处于大回档调整后的盘整阶段；在空头市场中，往往出现在阶段性下挫之后的盘底阶段。②主要均价线的压力有越来越接近市场行情价格的趋势，原下跌角度逐渐从陡峭趋于缓和。这种情形只要未来有一根长阳线，则均线的反压系统将可能被克服。③量虽是萎缩，但中短期均量线有形成上翘之势，甚至可能略微形成W底态势。

空头陷阱以庄家是否建仓为分界线，可以划分为两类。一类是建仓前期的空头陷阱，这时的空头陷阱是以打压建仓为目的，通常下跌幅度大，下跌持续时间长。另一类是庄家建仓后属于震仓性质的空头陷阱，这类空头陷阱是为了清洗浮筹，抬高散户成本，减轻拉抬股价压力为目的。由于此时庄家已经大致完成建仓过程，通常不愿让其他资金有低位吸纳的机会。所以，这一时期的空头陷阱往往下跌速度快，但持续时间却比较短。

空头陷阱的识别技巧有：

（1）空头陷阱在K线走势上的特征往往是连续几根长阴线暴跌，贯穿各种强支撑位，有时甚至伴随向下跳空缺口，引发市场中恐慌情绪的连锁反应，从而使庄家顺利完成建仓和洗盘。

（2）从大盘的政策面和个股基本面分析是否有做空因素，如果这些方面没有特别的做空动能，而股价却持续性暴跌，这时比较容易形成空头陷阱。

（3）在成交量上的特征是随着股价的持续性下跌，量能始终处于不规则萎缩中，有时盘面上甚至会出现无量空跌或无量暴跌现象，这时往往会构成空头陷阱。因此辨别空头陷阱时，主要看股价在跌到一个新的低点时成交量的大小，如果破位时成交量较大，而且在上升时无法突破阻力线，则可基本上认定是一个空头市场。如果处于新的低价位上，成交量较小并且上升时又放量突破阻力线，则应认为是"空头陷阱"了。

（4）从形态分析上，空头陷阱常常会故意引发技术形态的破位，让投资者误认为后市下跌空间巨大，而纷纷抛出手中股票，从而使庄家可以在低位承接大量的廉价股票。

（5）空头陷阱会导致技术指标上出现严重的背离特征，但如果仅依据其中一两种指标的背离现象，仍然容易被庄家欺骗，所以要观察多个指标同一时期中在月线、周线、日线上是否同时发生背离。因为，无论庄家如何掩饰或骗线，多种指标的多重周期的同步背离现象都会直接揭示出庄家的真实意图。

空头陷阱的操作策略是：在盘底形态或筑底过程中，可保持观望的态度，待多头市场的支撑失守或者空头市场的压力确认成功后，再行放空。否则，空头陷阱一旦确立，必然在原趋势突破后介入做多，因为以后一段可观的涨势中做多的利润将远大于放空停损的损失。

下图就是600302在2009年3月的走势实例。

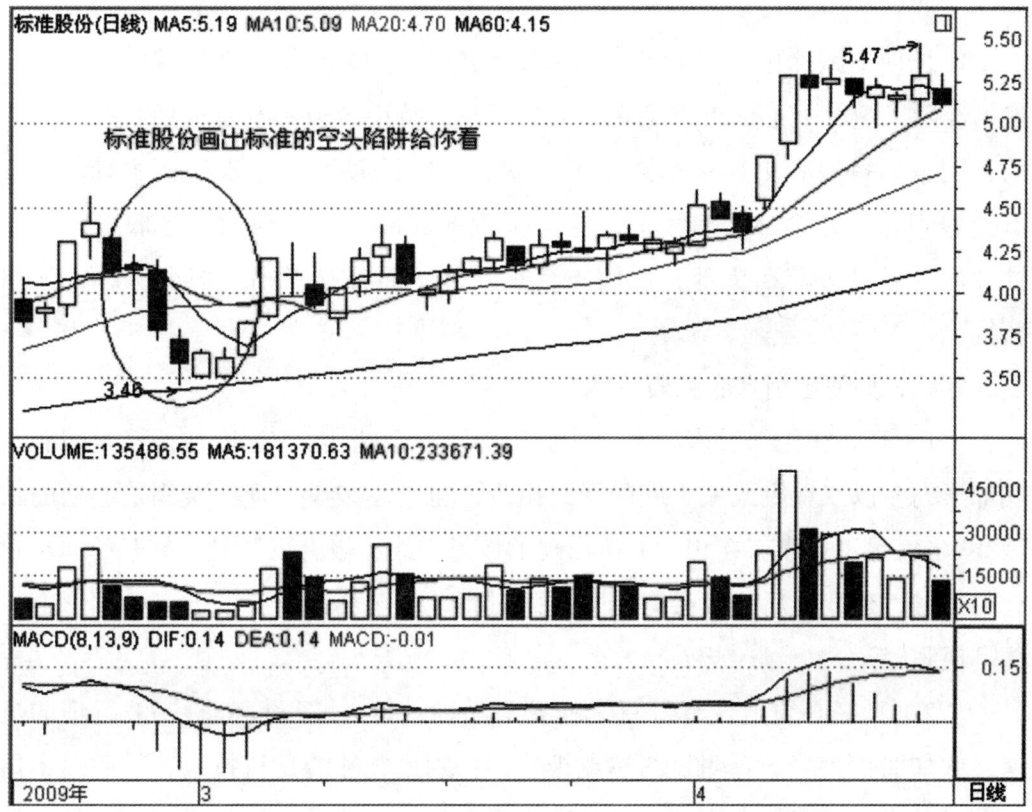

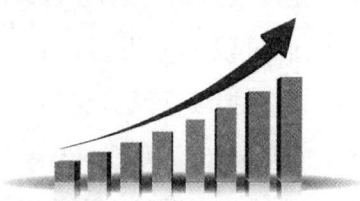

第52招　如何从价量观察区分真假底部

在长期下跌途中，突然出现一两根阳线，是最迷惑人的，不少人觉得既然已经跌了这么久了，也该见底了吧！于是，持币者迫不及待地加入抄底大军的行列。而持股者更加不愿意抛了：既然已经见底了，应该补仓才对，根本不会想到趁反弹逃命。实际上，这时出现的底部往往是假象，是假底。轻率抄"底"者没被套在头部，反倒被套在腰部，而补仓者则"旧恨未解，又添新仇"。

那么，如何区别真底和假底呢？

（1）真底往往经过多次下探才会出现，才会扎实。V形底往往多是假底，底部形态多以双重底或三重底的形式出现，也就是很少出现一次构筑成功的，因此V形底最不可靠。在相对低位出现的放量阳线，极有可能是庄家开始初步建仓的信号，建仓之后往往会有个打压的过程，甚至会创出新的低点，图形上往往呈现假底。

（2）真底必须出现有号召力的龙头品种。每一波行情都有一波行情的灵魂，假如股指大涨，有明显的热点板块，特别是领涨的是科技股、优质股、指标股时，出现的多是真底，而且见底之后出现的必然是一波大行情。而领涨的热点是杂乱无章、无号召力的品种，此时出现的多是假底。

通过以上分析，对底部认识可以得出一个大概的结论：①沉寂多时的股票，成交持续活跃，交易量明显增加。②换手率由不到1%逐渐增加至单日换手5%，甚至10%以上。③有人为刻意打压行为。④与大盘走势出现明显背离。⑤盘中持续出现明显大资金活动的迹象。

下图就是大盘在2008年下半年的走势实例。

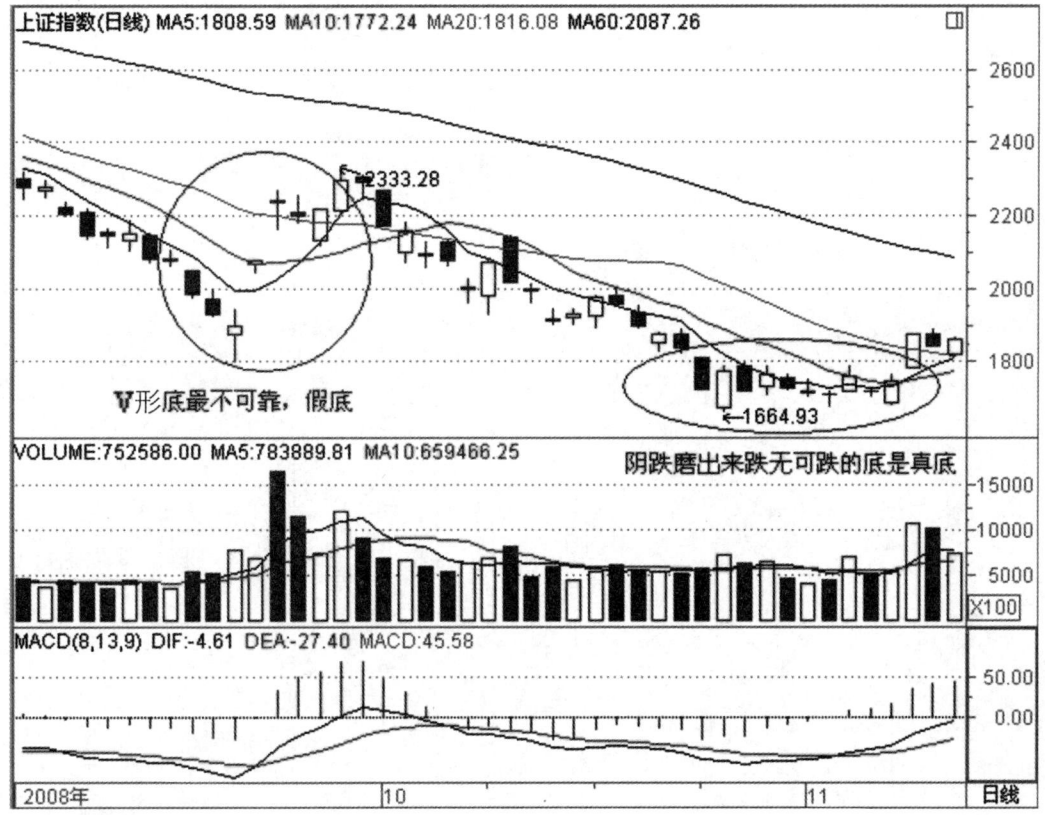

上证指数(日线) MA5:1808.59 MA10:1772.24 MA20:1816.08 MA60:2087.26

2333.28

V形底最不可靠，假底

←1664.93

VOLUME:752586.00 MA5:783889.81 MA10:659466.25

阴跌磨出来跌无可跌的底是真底

MACD(8,13,9) DIF:-4.61 DEA:-27.40 MACD:45.58

2008年　　　　10　　　　11　　　　日线

整理阶段价量观察

股价绝大多数时间处于整理之中，整理阶段的时间比上涨和下跌都长，实在让人心烦，但是这又是一个必经的阶段，因为股价是在涨涨跌跌中运行，而不可能一气呵成。所以我们对这个阶段要多一点耐心，以伯乐相马的心态去看它，掌握必要的相马招数，以免放过黑马甚至撞上狗熊。

第53招　如何从价量观察快速整理

庄家通过试盘发现，盘中抛单数量不多，且股价升幅不大，或庄家预先知道该股的某种利好，怕整理时间过长，延误拉升时机，因此经过短暂（一般10天左右）的整理后即转入下一阶段或直接进入主升段行情。一般出现在市场行情已经转暖，或热点板块已出现，或有重大利好题材，或庄家已吸纳足够筹码。

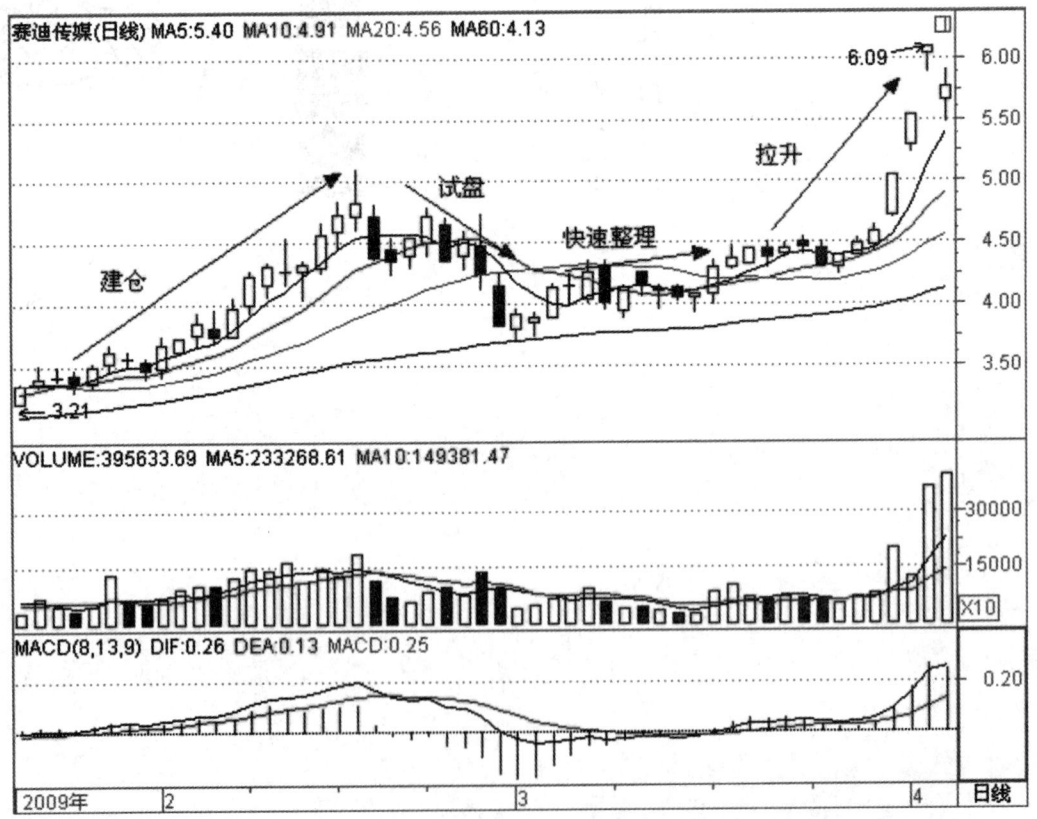

　　庄家完成建仓、试盘后，根据盘面反映出的信息，筹码稳定性好，盘面得到很好控制，其价量特征是庄家仅靠少量筹码就能划出自己想要的各种交易线。此时，庄家快速对一些不利因素进行整理，即可进入拉升阶段。

　　散户持股者可以在股价向上波动时，择高卖出；在向下滑落时，择低买进。但是快速整理的时间不会持续很久，操作难度大，尽量少操作为宜。持币者在股价放量向上有效突破时（持续3天以上），买入做多。

　　上图就是000504在2009年上半年的走势实例。

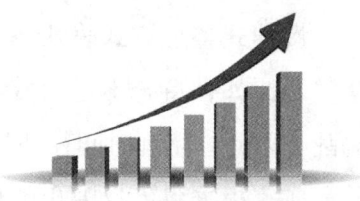

第54招　如何从价量观察慢速整理

　　慢速式整理方式表明庄家根基不实，准备不充分，有许多事情或环节尚待落实。比如，持仓不足、资金不够，或大势环境欠缺上升条件，或有其他大户捣乱。因此，整理时间往往较长，至少要几周、几个月，甚至更长时间。

　　庄家根据盘面反映出的信息，筹码有待巩固，盘面比较凌乱，庄家还需对这些不利因素进行耐心地修整，才能进入拉升阶段。若仓促急于拉升，可能会扰乱坐庄计划，甚至前功尽弃。

　　散户持股者可以捂股不动，庄家整理阶段是考验散户耐性的时候，尽量减少操作频率，以免陷入被动局面。持币者在股价放量向上有效突破时（持续3天以上），买入做多。

　　其价量特征是：庄家埋伏底部慢慢吸货，时间极其漫长，吸货结束后又向下制造空头陷阱，然后再通过向上试盘15%~20%，股价回落整理，在前期底位附近经过几周的充分整理后，成交量换手率达到30%以上后，展开拉升行情，股价涨幅较大。

　　下图就是601588在2009年1月的走势实例。

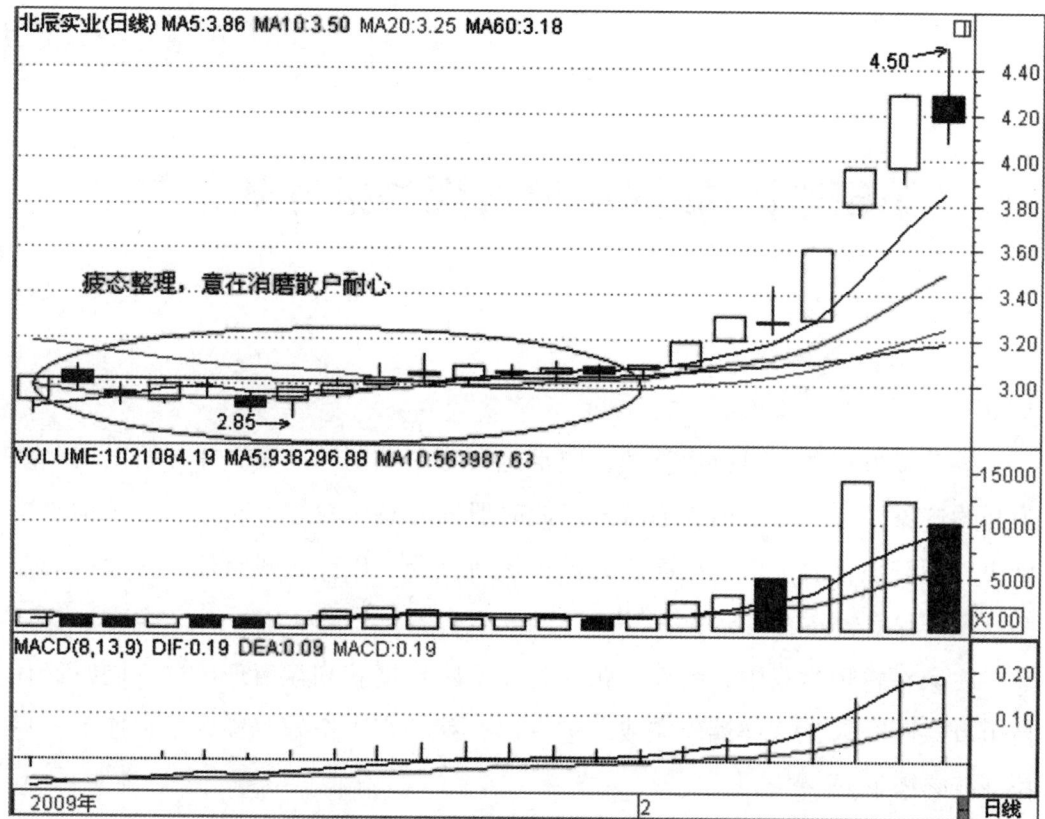

北辰实业(日线) MA5:3.86 MA10:3.50 MA20:3.25 MA60:3.18

疲态整理，意在消磨散户耐心

2.85→

4.50→

VOLUME:1021084.19 MA5:938296.88 MA10:563987.63

MACD(8,13,9) DIF:0.19 DEA:0.09 MACD:0.19

2009年　　　　　　　　2　　　　　　日线

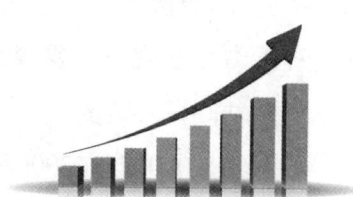

第55招　如何从价量观察推升式整理

推升式整理通过边拉边整理，通常是大势中短期已见底，并开始出现转跌为升的迹象，市场前景被普遍看好，此时股民心态比较好，对后市充满信心，惜售心理较强，股价慢慢推高容易被市场所接受。以此方式整理，一般出现在庄家控盘程度较高的情况下。

庄家在整理过程中，盘面一张一弛，不断地把获利盘清理出局，同时又让持币者果断介入，这样筹码完成一进一出，就相当于把筹码锁定了，庄家日后拉升就轻松了。

其价量特征是：这种整理方式的时间都不长，波动幅度也不大，一般在10%~15%的股价震幅，盘面上张弛有序，阴阳相间，量能适中。当股价一旦出现上升乏力，成交量异常放大时，应及时离场。持币者可以待股价回落到前期低点附近时，买入做多。

下图就是000021在2009年上半年的走势实例。

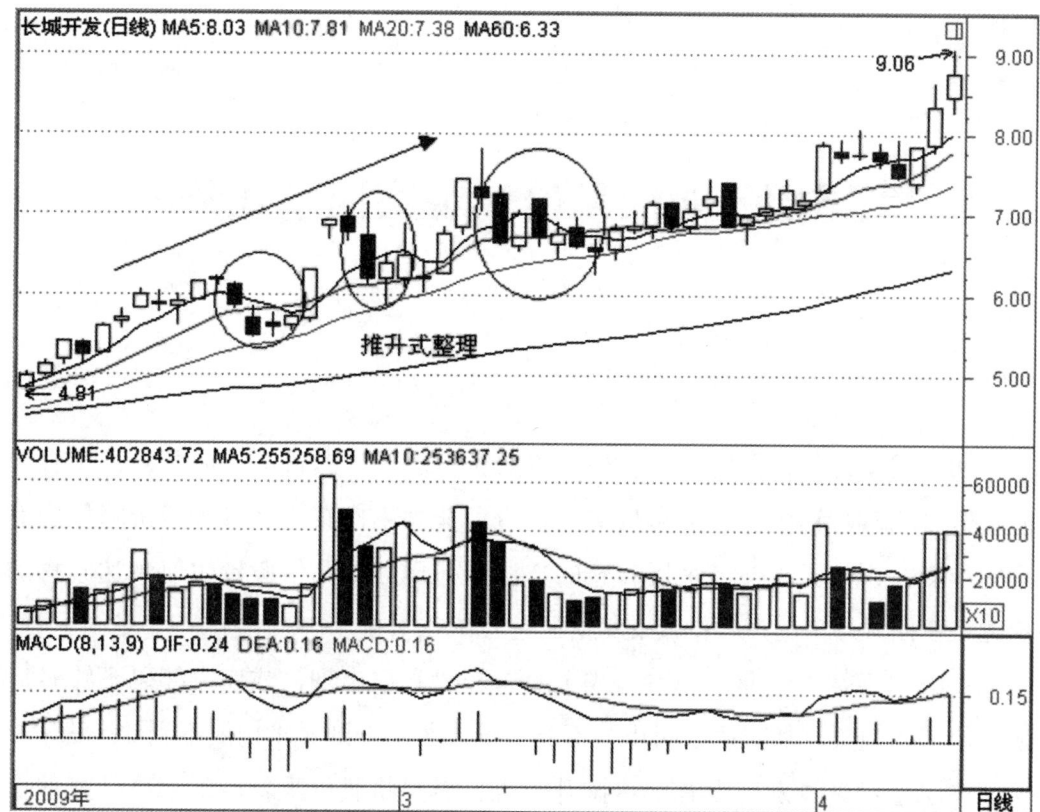

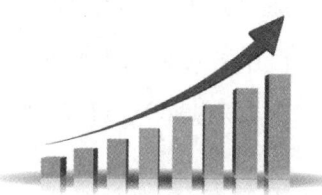

第56招　如何从价量观察回落式整理

回落式整理的价量特征是：庄家将股价拉高后，股价向下回落，庄家有可能在股价回落过程中，逐点小量买入；也可能先不作买入，等到股价降低到满意的程度，再作买入。或采用震仓的方法，打压股价，使股价快速到达满意的价位。在回落整理的过程中成交量必须适当缩量。

一般出现在大势向下调整，或个股有较大利空出现，或庄家筹码不够时。但无论哪种现象，都应适可而止，不能持续太久，否则又将构成不利的一面。

庄家经过试盘发现没有到达拉升时机，需要将股价重新放下来再行整理，进一步修整不利因素，等待时机成熟再行拉升。

散户持股者可以在股价冲高时卖出，在股价滑落到前期低点附近时再次买入。持币者可以待股价回落到前期低点附近时，买入做多。

下图就是601111在2009年上半年的走势实例。

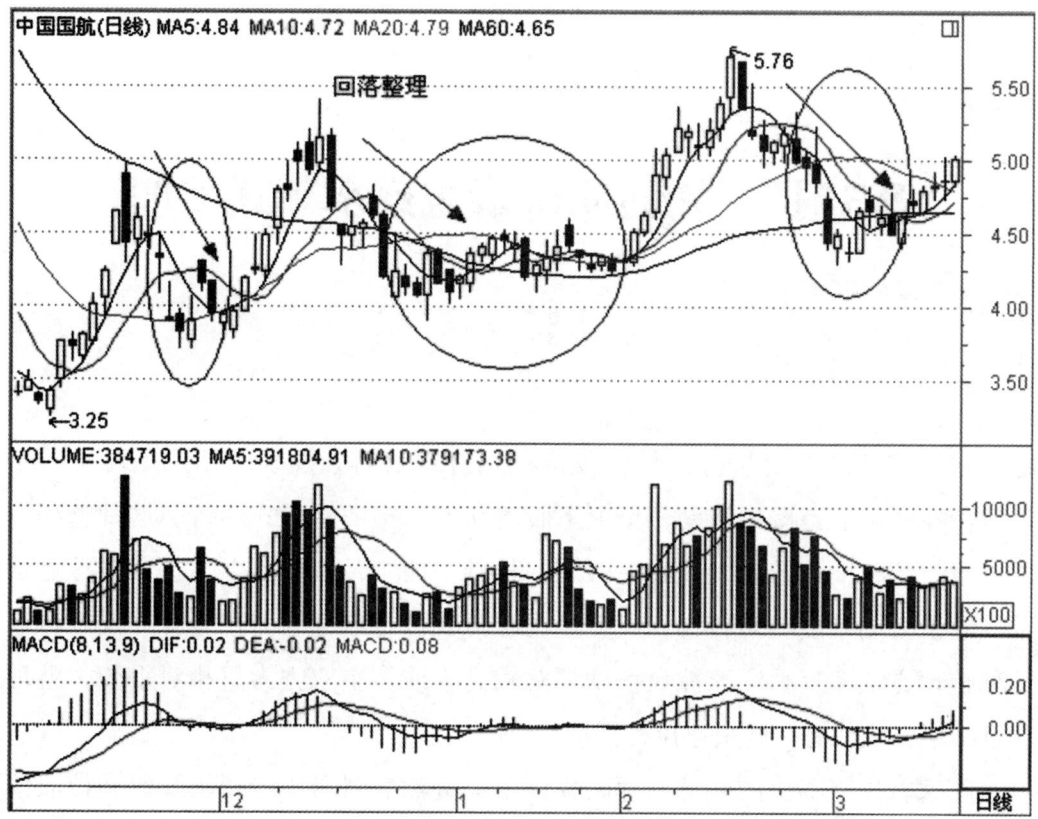

第57招　如何从价量观察水平式整理

水平式整理的价量特征是：股价在经过试盘后，发现未到拉抬时机，于是股价在一个小范围内波动，呈上下胶着状态，横向水平式运行。这种整理方式一般持续时间比较长，短则一两周，长则一两个月或半年以上。在整理过程中，股价波动幅度相对较小，成交量也维持在低量水平，偶尔有脉冲式放量。这种整理方式多反映庄家控盘程度相对较高，或多空双方力量相对平衡，整理一旦结束，往往有一波快速拉升行情。

庄家首先将盘中的一部分筹码锁住不动，然后对盘中的短线筹码和持股信心不坚定的散户进行清洗，达到以时间换空间的效果，减少因震荡带来的成本费用。

散户在庄家整理时，操作难度比较大，持股者认准股价所处的位置，坚定持股信心。持币者应掌握买入的时间技巧，因为这种整理方式的持续时间比较长，过早介入不仅可能被庄家缠住，且会影响资金利用率。最佳的买入时机是在股价放量向上突破，并得到有效确认后。

下图就是600837在2008年末的走势实例。

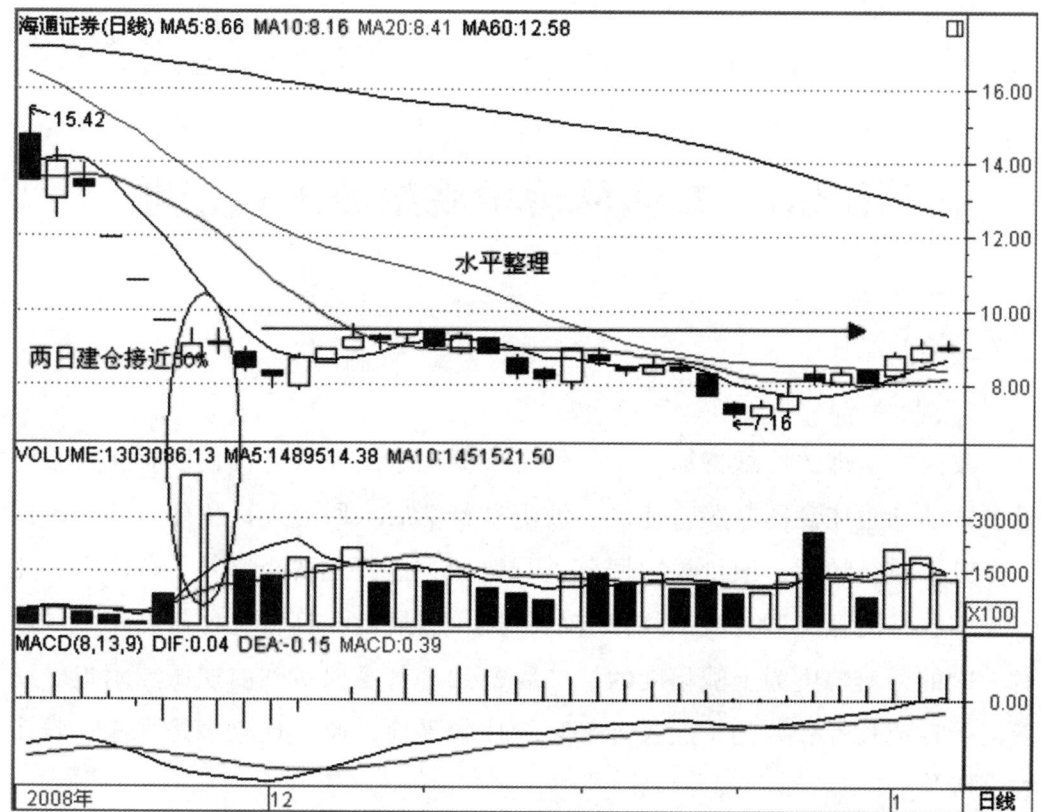

海通证券(日线) MA5:8.66　MA10:8.16　MA20:8.41　MA60:12.58

15.42

水平整理

两日建仓接近80%

←7.16

VOLUME:1303086.13　MA5:1489514.38　MA10:1451521.50

MACD(8,13,9) DIF:0.04 DEA:-0.15 MACD:0.39

2008年　　　　　　12　　　　　　　　　　　　1　　日线

第58招　如何从价量观察波浪式整理

波浪式整理的价量特征是：股价有节奏地呈波浪式运行，以时间换空间的方式达到坐庄意图。股价完成一波涨升行情后，回落进行整理，然后再向上拉升一波行情后，股价再次回落进行整理，盘面上波峰浪谷十分清晰，庄家操作脉络明显，股价波动规律容易掌握（但最后会打破这种格局）。一般每一次的回落幅度为上涨幅度的1／2～2／3，甚至回落到前期低点附近。一般发生在成长性较好的个股，外部环境比较平稳，此类现象多是强庄、长庄控盘所为。

庄家在股价经过几个来回的涨跌，形成明显的高点和低点后，故意促使散户把握股价的运行规律，并形成自己的操作定式。但最后当散户按照这个思维定式进行操作时，庄家根据盘面情况，彻底改变老手法。当散户抛出股票时，股价却一往无前地直线拉升，不再回落了，让抛离的散户深感悔意；当散户买入股票时，股价却一落千丈深幅下跌，回升无力了，让介入者亏损累累。

散户遇到波浪式整理走势，可以根据高点和低点适当进行波段操作，但仓位不宜过重。通常，后一个波浪的涨跌幅度等长于前一个波浪的涨跌幅度，相差一般不会大于10％，可以相互参考。据观察经验，前面3波的浪形规律性较强，准确率较高，4波以后的浪形其准确率不高，可能会出现变盘，应谨慎操作。

下图就是600962在2008年底到2009年上半年的走势实例。

国投中鲁(日线) MA5:12.33 MA10:11.93 MA20:11.81 MA60:11.79

13.48→

← 5.80

波浪式整理

VOLUME:259840.00 MA5:110438.13 MA10:92187.42

MACD(8,13,9) DIF:0.18 DEA:0.03 MACD:0.31

2008年　　12　　1　　2　　3　　4　　5　　6　　7　　日线

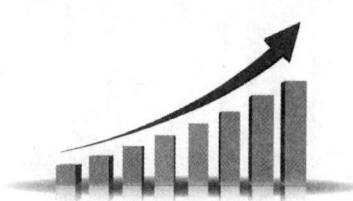

第59招　如何从价量观察整理时间

在整理阶段中，持续时间长短不一，少则一两天，多则几个月甚至半年以上。股价上涨一个台阶以后的整理，一般需要1～2个月，短期需要1～2周，时间较长的需3个月以上。股价上涨几倍以后的高位整理，时间在2～3个月，时间较长的需要半年以上。一个完整的形态整理时间在3~5个月，但旗形整理的时间较短。此外，如果整理时出现了大势暴跌或行业利空，这时通常会帮助整理，使整理时间缩短。对于长线庄家，为使下次拉升的幅度增大，整理时间相对会长一些。

下图就是000690在2008年底到2009年上半年的走势实例。

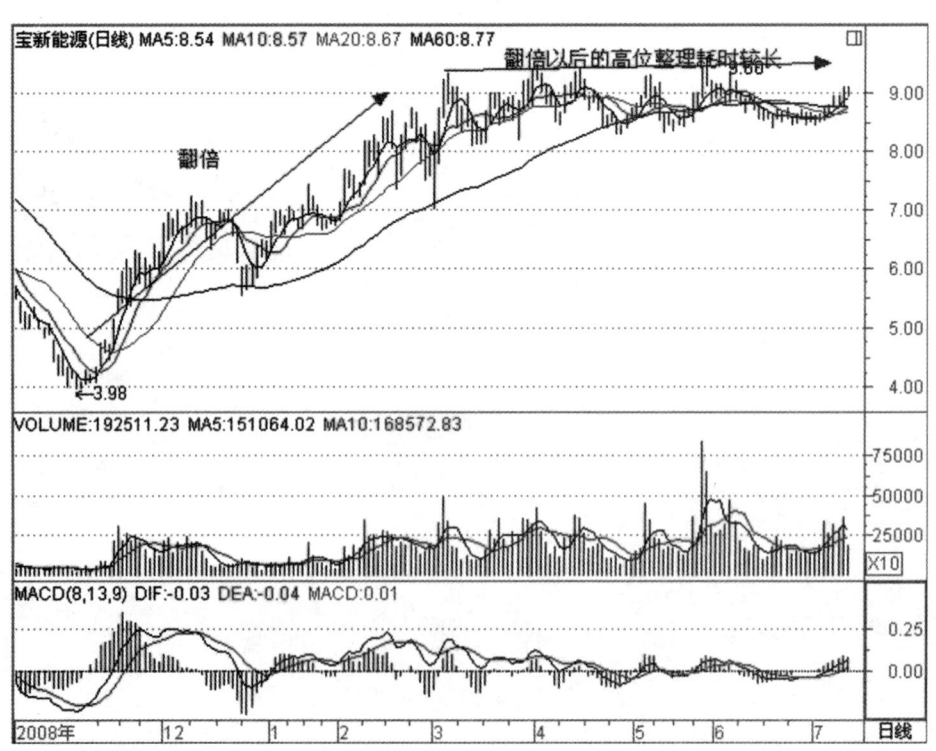

第60招　如何从价量观察整理空间

整理的空间非常好理解，简单地把它看作整理时所需要的震荡幅度就可以了。股价经过试盘后，如果以横盘方式强势整理，则整理幅度在10%左右；下跌方式整理的幅度在20%左右；以箱体方式震荡整理，则整理幅度在20%左右；如果以假头部形态的方式整理，则整理幅度在20%~30%；不断以大幅震荡上行方式进行边洗盘边整理的，整理幅度较大，可能达到50%左右。一个完整的形态出现的整理空间在30%～50%，如旗形、三角形、楔形等。

下图就是000695在2009年上半年的走势实例。

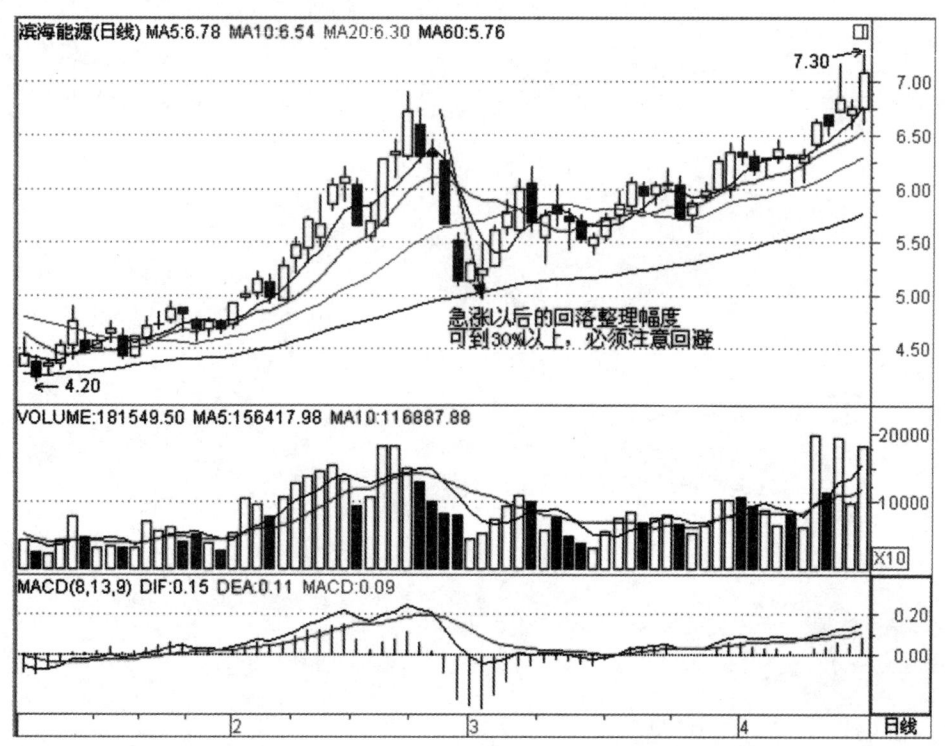

初升阶段价量观察

庄家经过建仓、试盘、整理阶段之后，将转入突破初升阶段，也叫离底阶段。这个阶段既是前几个阶段的必然延续，也是进入主升阶段的前奏曲，具有承前启后的作用，观察好这个阶段股票的价量特征对捂住长牛股非常有帮助。

第61招　如何从价量观察有效突破

有效突破，是指股价在一个相对平衡的市道里运行一段时间以后，突然单边朝一个方向运行。它经常出现在吸货或出货行情中。在吸货行情中，在盘面上大致有两种现象：一种是历经几次破位下跌后，股价在底部突然放量刻意向下压价，造成再次破位的势头，使经受深套的股民彻底绝望，这时似乎"聪明"了许多的散户，"止损"出局，可是不久股价不跌反涨，这是"悲壮"的割肉；另一种是股价跌到了底部，突然向上急拉10%左右，给散户"反弹出局"的机会，因为场内大部分散户已吊在高楼之上，死猪不怕开水烫，再跌一次又如何，于是给散户一份安慰，但股价单边走高，这是"喜悦"的割肉。同样，在出货行情中，在盘面上大致也有两种现象：一种是行情经过几波上扬后，股价在高位突然放量刻意向上拉升，形成再次上攻的势头，这时后知后觉者经不住诱惑而入场，可是不久股价不涨反跌，这是"贪婪"的套牢；另一种是股价涨到了顶部，突然向下急跌，形成洗盘或超跌假象，给散户"逢低吸纳"的机会，可是股价单边一路走低，这是"无奈"的套牢。这两种盘面现象，都被庄家的手法所诱。因此在实战中，投资者经常为突破是真是假而伤透脑筋，那么如何判断股价的有效突破呢？

其价量特征是：

（1）突破的首要前提是股价的位置和阶段。如果处于底部吸货区域、中途整理区域、庄家成本区域附近的，若向上突破其真突破的概率较大，若向下突破其假突破的概率较大。如果处于高位派发区域、远离庄家成本区域的，若向上突破其假突破的概率较大，若向下突破其真突破的概率较大。

（2）有效突破一般都建立在充分蓄势整理的基础上。充分蓄势整理的形式有两类：一类是我们常知的各类形态整理，如三角形整理、楔形整理、旗形整理、箱体整理等；另一类是庄家吸完货以后，以拖延较长时间作为洗盘手段，或者因等待题材或拉升时机，长期任股价回落下跌，股价走出了比形态整理时间更长、范围更大的整理。股价一旦突破此种整理，则往往是有效突破。由于这种整理超出了形态整理的范围，因而有时候是难以察觉和辨别的。

（3）在突破时成交量应有效放大，如果成交量过低，突破肯定不能成立，如果成交量特别巨大，股价位置又高，需提防庄家以假突破的方式出货。

（4）股价上涨必须有气势，突破后并能持续上涨，既然是突破就不应该磨磨蹭蹭，如果放量不涨就有出货的嫌疑。

（5）对庄家选择突破时机需要仔细研究，市道较好股价又不高的时候没有疑问，如果市道一般就需要结合庄家成本、股价位置、庄家类型及其控盘特点进行分析，在大势较好的时候前期走势不逆势的，在市道不好的时候突然逆势突破的，要提防庄家出货。

下图就是601766在2008年11月10日的走势实例。

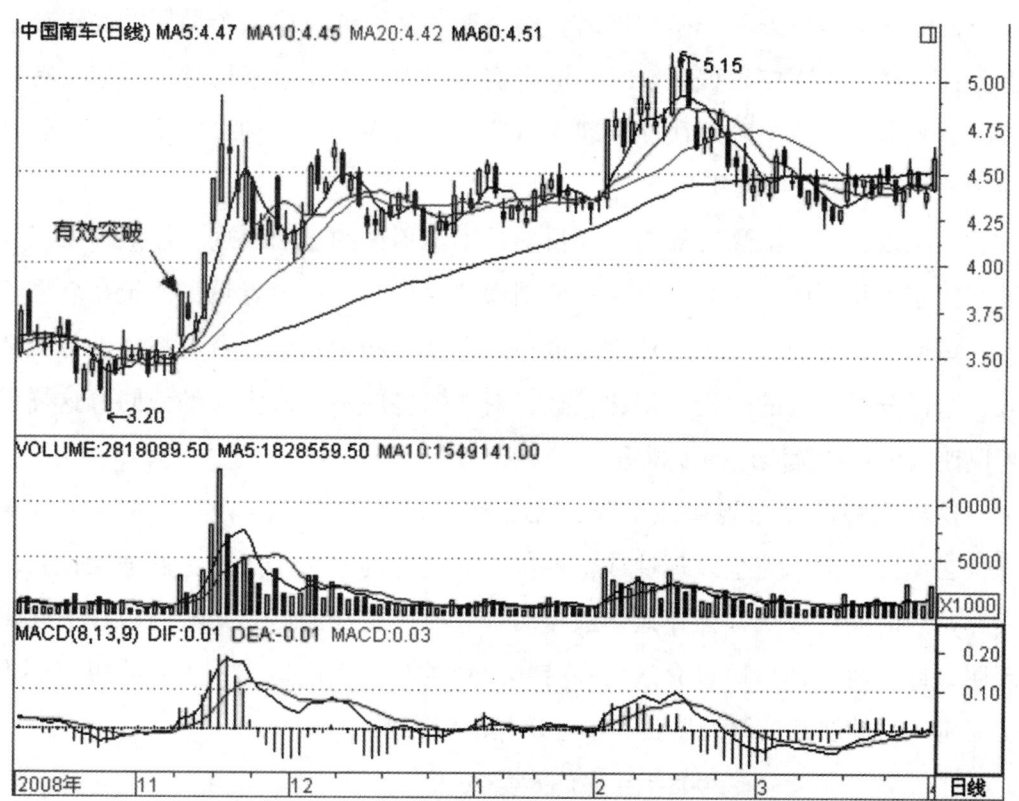

第62招　如何从价量观察盘升

盘升式方式在表现形式上不温不火，以缓慢上行的方式将股价推高，股价逐步脱离底部区域。

其价量特征是：

在日K线图上，常常以两阳一阴、多阳少阴或长阳短阴交替上升，或连续小阳和十字星式上行，盘中出现的跳空缺口都将被回补，涨多跌少，循环攀升。成交量呈温和状态，偶尔有脉冲式放量出现。在形态循环间，前后循环有时会重合，即股价出现第一个循环以后，第二循环又回到了第一个循环的高点或起点位置。显示庄家控盘程度较高、资金实力强大、炒作风格稳健，后市将有较大的上升空间（但主升期往往出现在行情的中后期）。这种操作手法，一般是中、长线实力庄家控盘所为。

庄家以夯实并抬高底部为主要目的，不温不火的盘面表现，使散户误以为没有庄家进驻或庄家实力弱小，从而消磨持股耐心。持币者见盘面走势软弱无力，短期无利可图，也不愿意进场操作。但让一些中长线投资者战略性分批介入，这部分投资者的眼光看得比较远，对庄家坐庄不构成太大的威胁，这样就可以使股价保持健康地向上推升。

这种走势的盘面规律性不强，在盘面上根本体会不到有实力强大的庄家埋伏在里面，散户完全以理性或悟性决定买卖行为。由于股价上涨速度比较缓慢，持续时间比较长，操作此类股票时，要有一定的耐心。短线可以在股价出现明显回落时，择机适量介入，在持续放量冲高时逢高退出；中长线可以不理会股价一时的涨跌，但如果获利丰厚还是落袋为安好。

下图就是000031在2008年年底的走势实例。

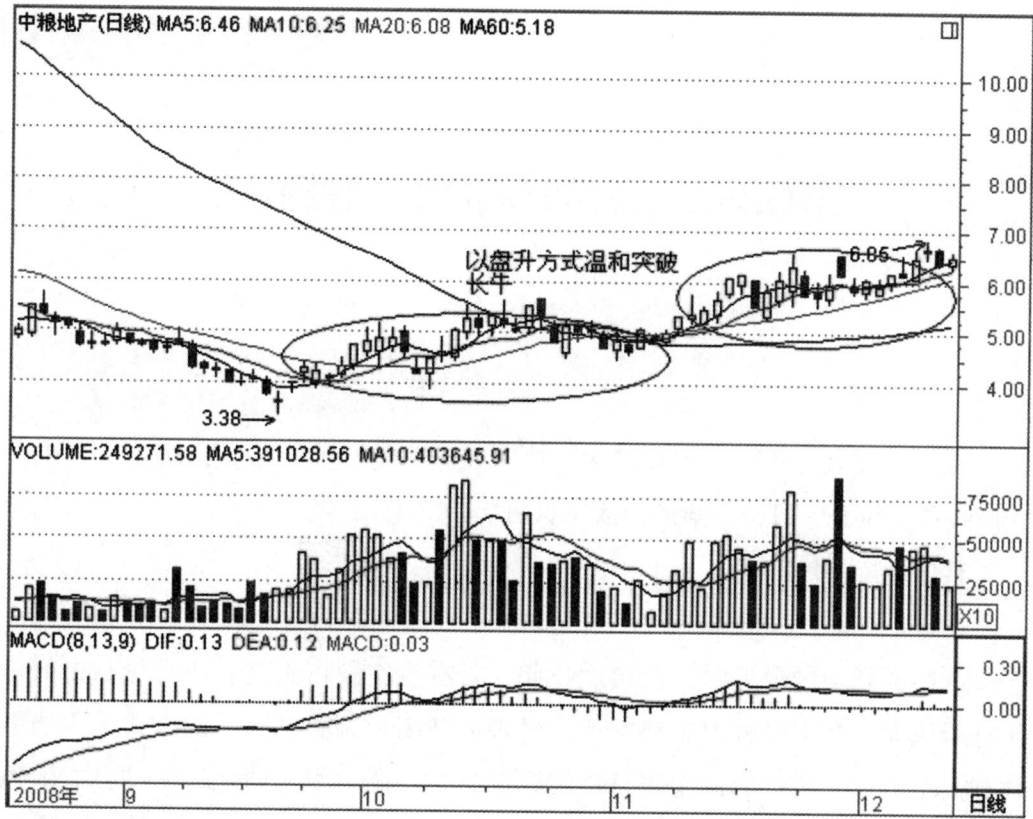

中粮地产(日线) MA5:6.46 MA10:6.25 MA20:6.08 MA60:5.18

以盘升方式温和突破长牛

6.85

3.38→

VOLUME:249271.58 MA5:391028.56 MA10:403645.91

X10

MACD(8,13,9) DIF:0.13 DEA:0.12 MACD:0.03

2008年　9　10　11　12　日线

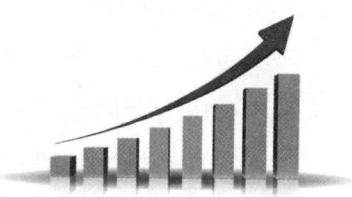

第63招　如何从价量观察拉升

拉升式比盘升式上涨凶猛得多。庄家在底部整理成功后，出现连续以中、大阳线往上拉升，股价明显脱离底部区域。

其价量特征是：

在日K线图上，宛如一天天往上砌的"红砖墙"，红霞漫天，势如破竹，当股价回调到均线附近时，会再度拉起，常有跳空缺口出现。成交量与先前相比有所放大。在当日分时走势图上，呈现低开高走、高开高走的方式，买档中常有大单出现，股价回调至当日均线附近时企稳向上，一波比一波高，有的强庄股干脆沿一条直线上升，不管风大浪急，我行我素。这种操作手法，大多是中、长线实力庄家控盘所为。

庄家通过拉升表现，吸引市场注意力，博得场外资金进场拉抬股价，为庄家减轻拉升压力。但庄家又不会把股价拉得太高，因此将股价拉升到一段距离后，停止拉升动作，让股价有所回落，或放缓拉升速度，对盘中的浮动筹码进行清理，也即进行洗盘后再行拉升。

散户在股价成功脱离底部，出现明显的放量过程时跟庄进入。由于上涨速度较快，持续时间较短，当股价出现滞涨时短期退出，等待股价回落时择机重新买入。通常是以均线附近作为回落位置的介入点，具体方法是：第一次到达此位置时，可重仓或加仓买入；第二次到达此位置时，可适量买入；第三次以上到达此位置时，待股价回升时减仓或退出为好。另外，股价呈缩量回落时，买入较为理想。若放量下跌，可能短线抛压较重，回落幅度较深，后市股价回升的幅度也大打折扣。

下图就是002106在2008年年底的走势实例。

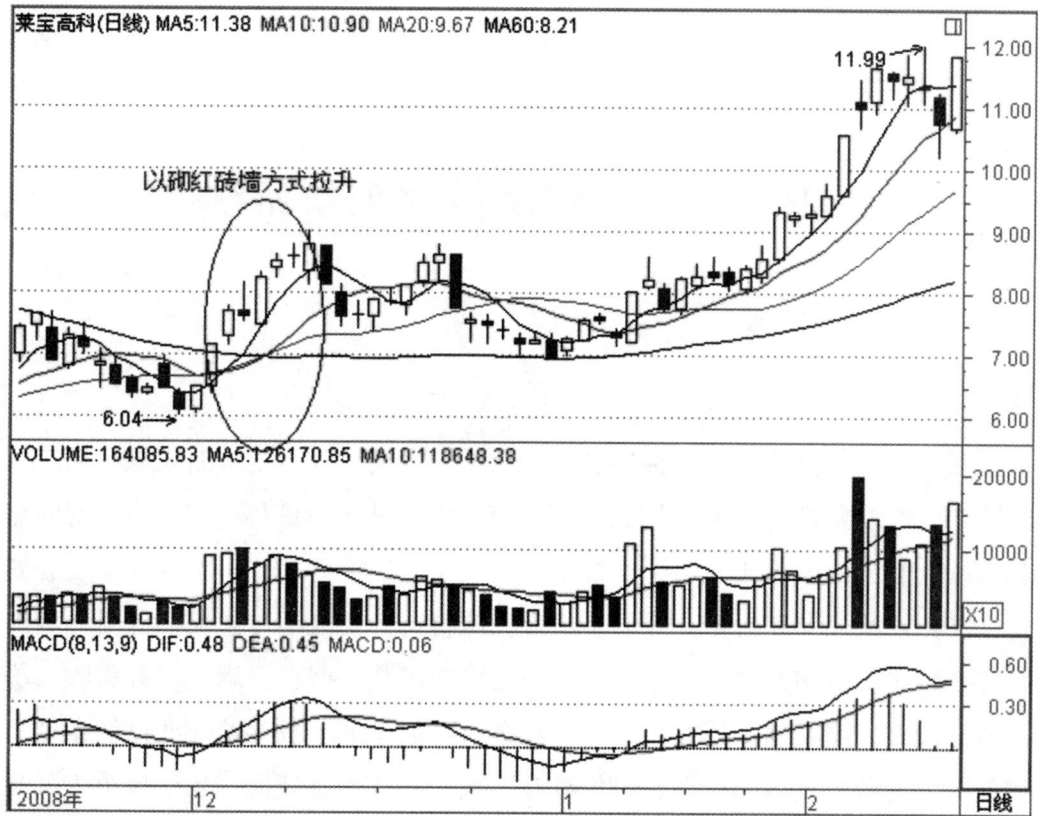

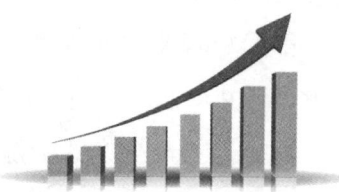

第64招　如何从价量观察暴涨

暴涨式比拉升式上涨更为凶猛，走势凌厉，势不可当，一路狂涨。在日K线图上，多以大阳线出现，或以"—"或"T"形式连续涨停，成交量出现明显且持续性放大。表明庄家实力非常雄厚，操作手法极其凶悍，不管大盘走势如何，义无反顾地大肆拉抬，让股价出现狂飙行情，使人不敢想象。此时，场内持股者见股价短期暴涨，担心股价上涨而可能出现的回调，因此见好就收，纷纷抛出股票，同时也计划在回落时重新买入。但庄家并没有给那些试图做"高抛低吸"的散户过多的机会，股价续升不减，令其深感懊悔；场外持币者因受暴涨刺激而耐不住寂寞，也纷纷进场抢购筹码，从而协助庄家以高举高打的形式完成一次全过程的初升阶段的炒作。一般而言，出现这种暴涨拉升的个股背后，都隐藏着突发性或潜在性的重大利好，并被庄家首先获悉，而市场中的众多投资者并不知晓，所以庄家提前将股价拉高一截。

这种走势与拉升式上涨的坐庄意图相似，所不同的是其操作手法更加凶狠蛮横而已。

散户在操作策略上，可以参考拉升式克庄方法进行买卖。但不同的是，暴涨式的股票5日均线上升角度比较陡峭，一般不会跌破5日均线，即使偶尔跌破5日均线，也会迅速被拉起。另外，涨升幅度也比拉升式上涨要大，但必须对短线的冲高回落提高警惕，因为这往往意味着短线调整。

下图就是000893在2008年11月的走势实例。

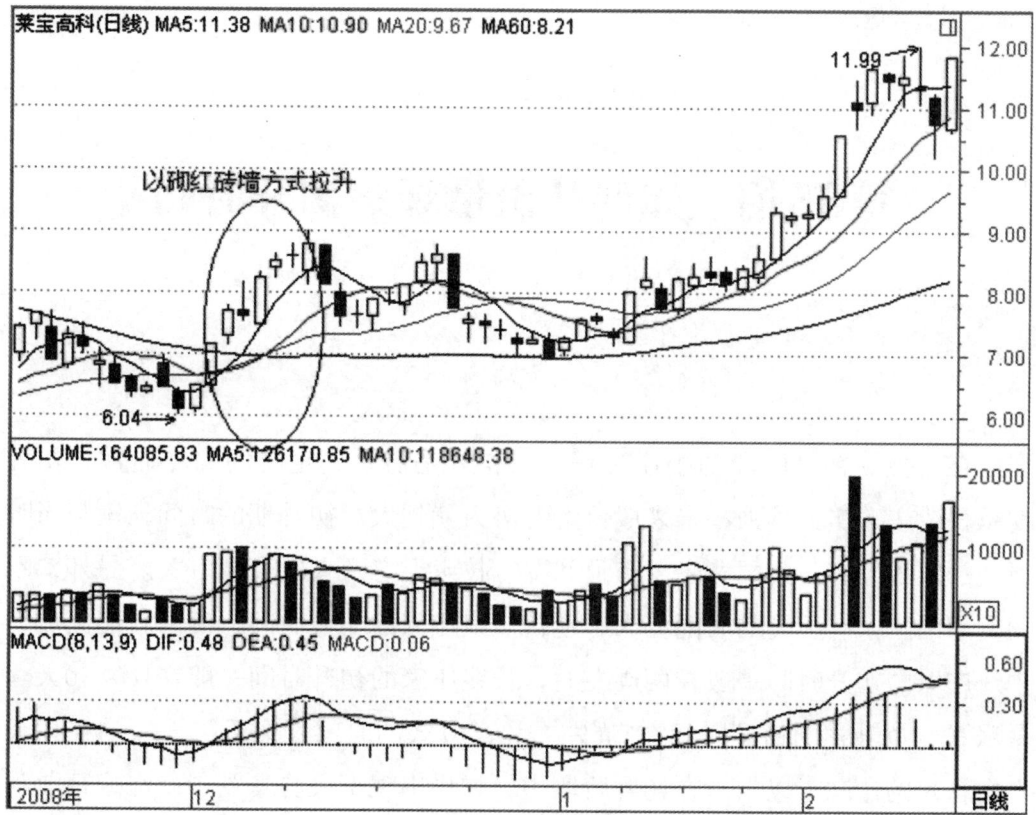

以砌红砖墙方式拉升

11.99

6.04→

莱宝高科(日线) MA5:11.38 MA10:10.90 MA20:9.67 MA60:8.21

VOLUME:164085.83 MA5:126170.85 MA10:118648.38

MACD(8,13,9) DIF:0.48 DEA:0.45 MACD:0.06

2008年   12   1   2   日线

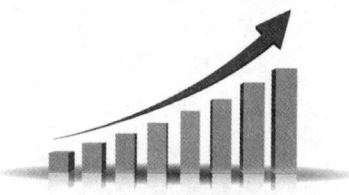

第65招　如何从价量观察初升时间

在有独立初升阶段的坐庄过程中，初升是需要一定时间的。通常，初升期越长，庄家实力越强，未来股价上升潜力就越大。初升期的时间长短与当时所处的宏观经济、公司背景、市道状况、技术形态及人气高低有关。另外，不同类型的庄家有不同的时间要求，通常短线庄家的初升时间一两天就能完成，中线庄家的初升时间一般在两周左右，长线庄家的初升时间一般在10～30天。暴涨式、拉升式的初升时间在1周左右；盘升式的时间长短不一，短的在10天左右，长的达30天以上。在初升阶段中，如果出现了大势暴跌、暴涨或行业利空、利多，往往会使初升时间缩短或延长。

第66招　如何从价量观察初升空间

初升空间就是股价在本阶段中所能到达的涨升幅度。由于初升阶段是第一次拉升，形成上升第一浪，其上升高度在起始阶段投资人是很难预料的，庄家对第一波的目标高度很多时候是随机决定的。通常，在初升阶段的涨幅较小。一般涨幅在30％以下。基本面向好、技术面支撑、庄家控盘高的个股，初升幅度较大，可能达到50％。暴涨式的空间在20％~100％，拉升式的空间在50％左右，盘升式的时间在10％~40％。了解初升空间的大小，对散户跟庄取胜大有裨益，可以帮助投资者避免盲目追高而造成短期被套的被动局面。

下图就是000949在2008年11月的走势实例。

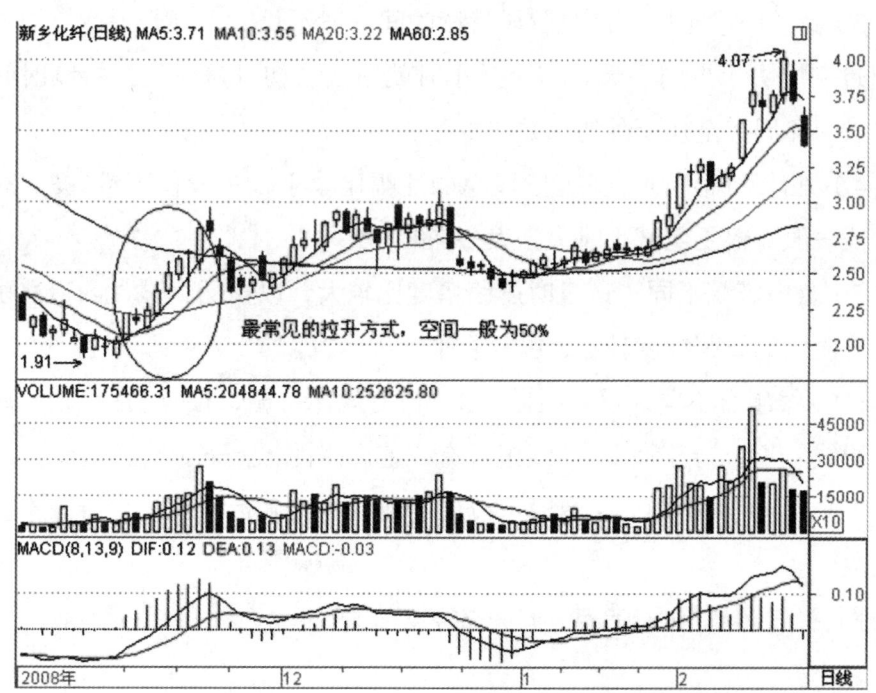

第67招　如何从价量观察区分初升与试盘

初升阶段与试盘阶段有相似之处。比如，此前都没有大幅涨升过；涨幅都不十分大，尤其是盘升式走势更为相似；都出现在底部区域。但深入分析不难发现其不同之处：

（1）盘面表现不同。试盘出现比较突然，事先毫无征兆，且来也匆匆去也匆匆。初升阶段股价却暗流涌动，来也姗姗去也姗姗，精明人已经发现其出现异动而跟庄介入。

（2）放量过程不同。试盘阶段成交量时大时小，或单日放量，一般持续性不强。初升阶段却出现明显的持续放量过程，且有一定的均匀性。

（3）持续时间不同。试盘阶段持续时间一般不长，多则几天或一周（一般很少超过一周），少则一天，甚至几小时就完成。初升阶段往往持续时间比较长，几天、几周甚至几个月的也并非少见。

（4）累计涨幅不同。试盘阶段总的涨幅比较小，一般在正负5%～30%。初升阶段一般涨幅要比试盘时大，大多在30%左右。

（5）盘内震幅不同。试盘时震荡幅度比较大，以全面测试盘内追涨杀跌情况。初升阶段的震荡幅度较小，往往在平缓中运行。

（6）K线组合不同。试盘时K线组合没有规律可循，很难用K线组合研判，且上下影线较长。初升阶段的K线组合有一定规律性，上下影线较短。

（7）市场性质不同。试盘时可以向上或向下突破运行。初升阶段本质上无下跌之说。

下图就是000651在2008年9~12月的走势实例。

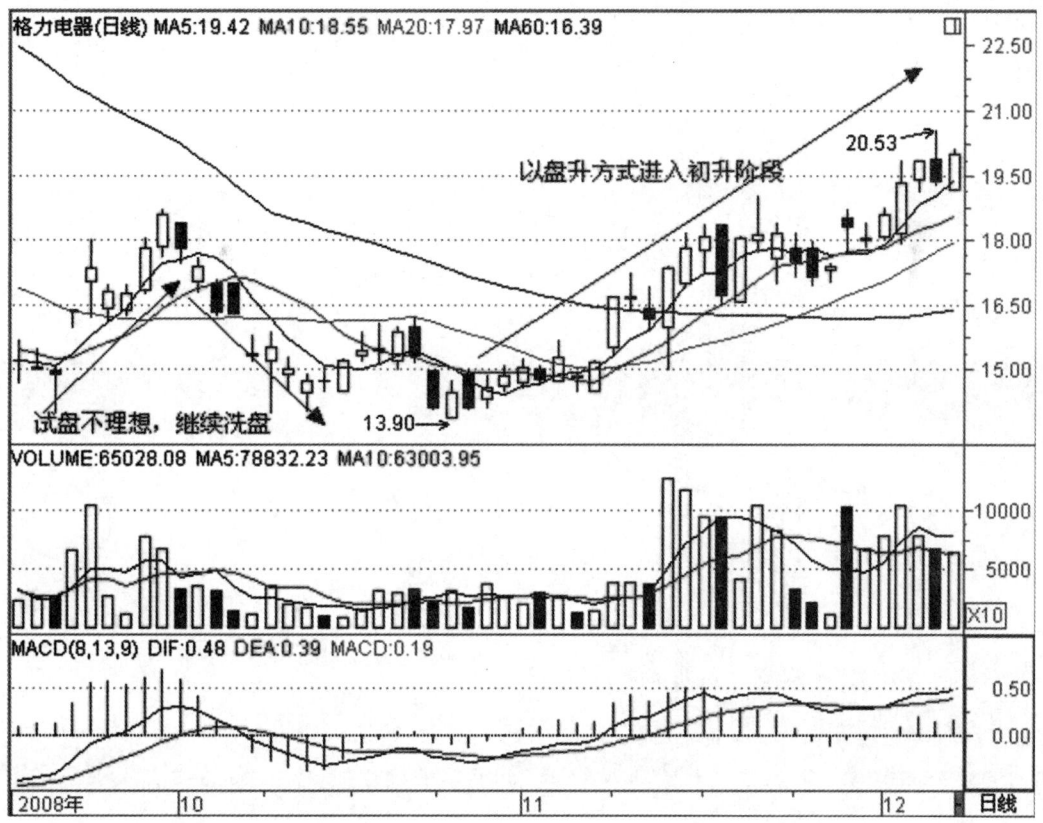

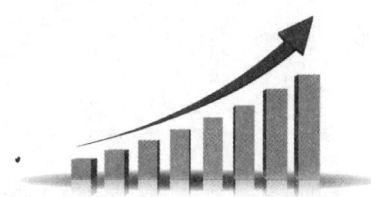

洗盘阶段价量观察

洗盘在坐庄流程中，多属主要阶段，中、长线庄家必须经过洗盘阶段才能完成拉升出货，经过充分地洗盘才能产生大"黑马"、大"牛股"。正所谓"不经历风雨怎么见彩虹"，能熬过洗盘阶段的人将迎来春天。

第68招　如何从价量观察假阴洗盘

假阴洗盘的价量特征是：股价在平稳的上升、横盘及下跌途中的末端，某日大幅高开（开盘价高出前一天收盘价很多，甚至以涨停板开盘），且开盘集合竞价成交量巨大（为了制造全天放量收阴的假象），然后瞬间股价回落到前一天的收盘价附近震荡，最后收盘时股价涨跌幅度不大，在日K线上出现一根高开的大阴线，即假阴线。

庄家通过高开低走的形式，收出大阴线，让散户产生阴阳错觉，从而使筹码得到充分的交换。

散户操作方法有以下几种：

（1）大盘连续下跌的后期，股价已连续下跌，散户套牢较深不肯再卖，因此成交量极度萎缩，股价再难下跌。此时庄家为了再收集一部分更廉价的筹码，往往做出假阴线。由于假阴线具有一定的威慑力，因此出现假阴线后会再有恐慌盘杀出，其股价还将下跌10%左右（时间为1～2周）见底。此时应果断杀入，此后股票大涨（大牛股）的可能性极大。

（2）股价缩量横盘，某日做出大假阴线，之后股价连续收阴（多阴）横走或微跌，是庄家洗盘拉升的前兆，当股价上行吃掉假阴线时可及时介入。

（3）股价缓慢上升途中的某一天出现假阴线，往往为庄家中途洗盘。经几日缩量调整后，仍将拉升，且成为大牛股的可能性极大。所以当股价将要包吃假阴线时，应果断杀入。

（4）缓慢爬升的股票，借助于大盘大跌进行放量连拉大阴线（往往跌到20日线附近）。一旦该股企稳并收大阳线包容吃掉放量阴线后，证明前面巨阴是洗盘，是快速拉升的前兆，应坚决介入。股价经过缓慢的爬升拉一涨停板，第二日高位震荡放量突破前期密集区，收出阴十字并留下跳空缺口，且在2～3日内不补跳空缺口，每日收盘价站稳5日均线之上（尤其是阳线包吃阴十字），证明前面阴十字为震荡洗盘，预示着后市还将拉升。

下图就是000729在2008年11月27日的走势实例。

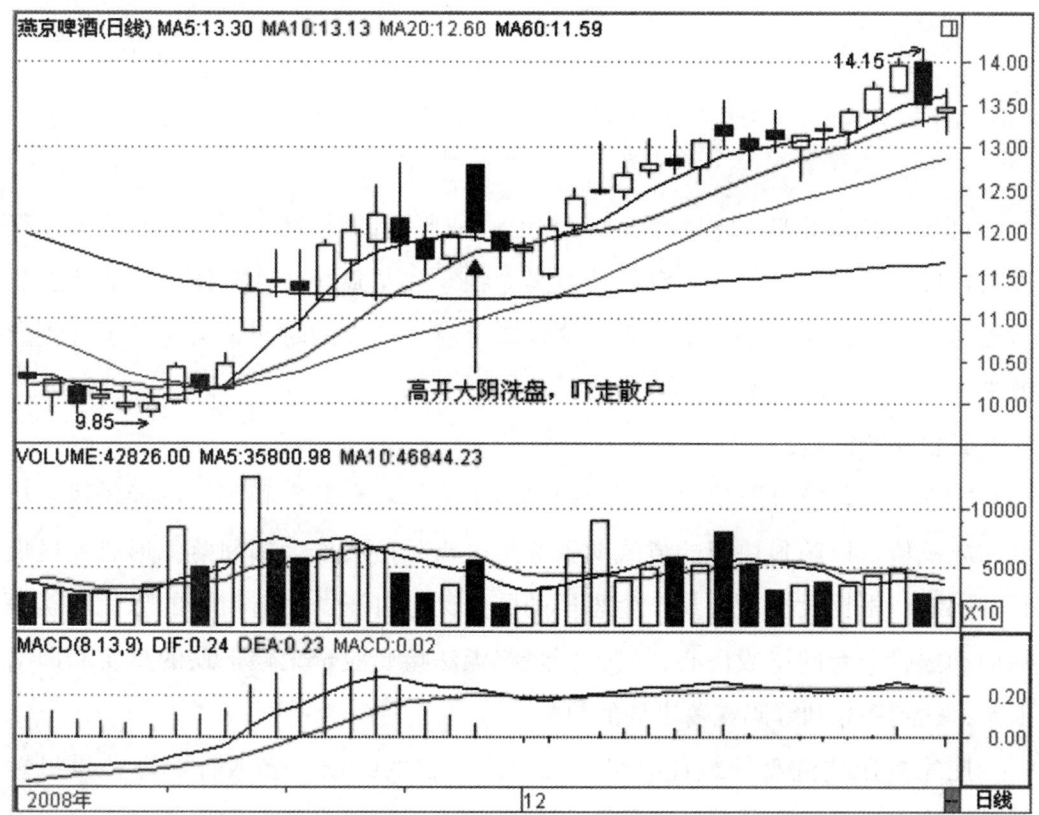

燕京啤酒(日线) MA5:13.30 MA10:13.13 MA20:12.60 MA60:11.59

14.15

9.85→

高开大阴洗盘，吓走散户

VOLUME:42826.00 MA5:35800.98 MA10:46844.23

MACD(8,13,9) DIF:0.24 DEA:0.23 MACD:0.02

2008年   12   日线

第69招　如何从价量观察打压洗盘

打压式洗盘也叫回档式洗盘，这是一种典型的洗盘方式，整个洗盘过程以大幅回落为主。打压式洗盘的特点是"快"和"狠"，其打压股价的速度非常迅速，而且打压手法非常凶狠。这样既节省了洗盘的时间，又达到了洗盘的效果。

其价量特征是：

庄家在大幅拉升股价之后，盘中积累了大量获利盘，利用投资者较强的获利回吐欲望，以凶狠快速的方式向下突然砸盘，使股价大幅回落，形成一根长长的阴线。根据投资者容易产生恐惧的弱点刻意打压，制造市场的恐慌气氛，从而动摇投资者的持股信心，使他们最终无法接受股价大幅下跌的事实而抛出股票，达到将获利筹码震荡出局的目的。

庄家打压式洗盘的最佳时机是在大市调整的时候，多数针对那些投机性强，没有实质性投资价值，短线升幅过大的个股。因为这些股票本身不确定因素就多，投资者的持股信心容易产生动摇，股价的回落，极易使跟庄者产生"大势已去"的错觉，继而迅速将手中的股票获利了结出局。但一般在低位停留的时间（或天数）不会太长，一般在一周内甚至第二天跌势就停止了，让前日抛股者莫名其妙。

中长线投资者可以不理会股价的一时涨跌起落，免得从马背上摔下来。短线投资者应根据移动平均线、成交量、阻力位和支撑位等技术要素进行综合分析，比如，股价放量上涨远离移动平均线时，预示洗盘将要出现，为短期卖出时机；当股价缩量回落到移动平均线时，预示洗盘将要结束，为短期买入时机。

下图就是000698在2008年年底的走势实例。

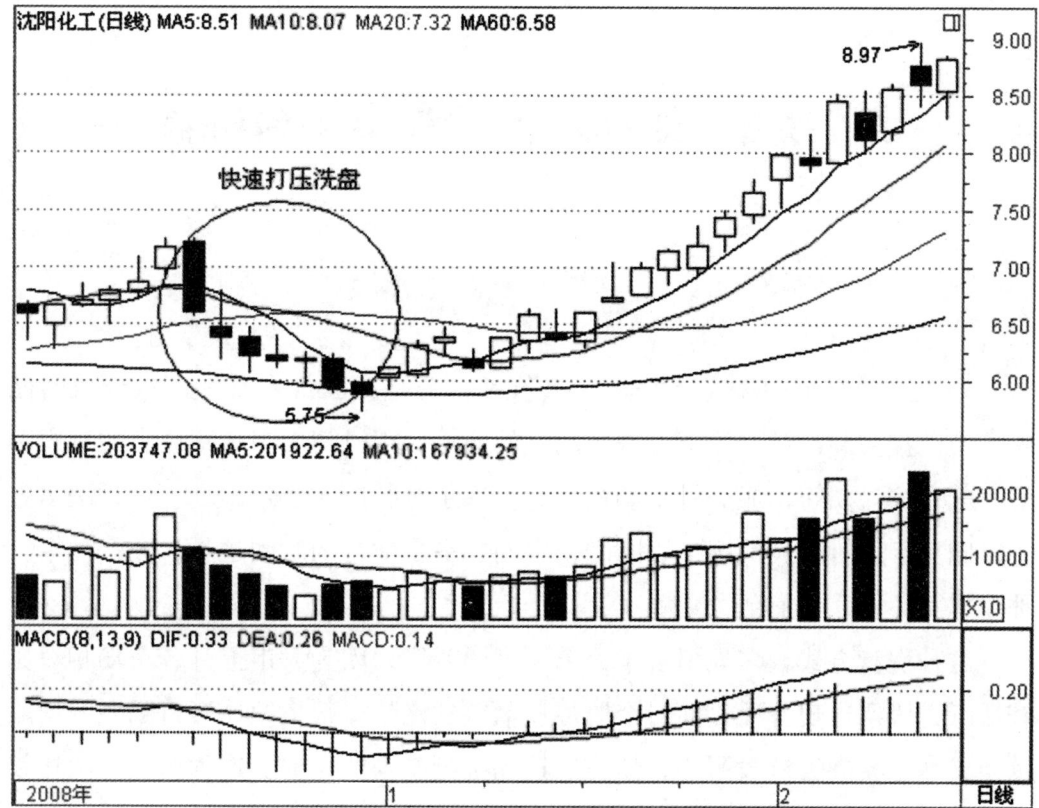

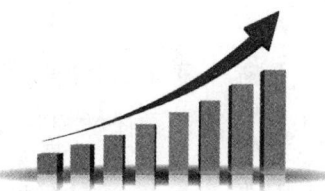

第70招　如何从价量观察平台洗盘

平台式洗盘也叫横盘式洗盘，其价量特征是：股价在某一区域形成时间较长的横盘格局，针对投资者缺乏耐性的弱点，用时间去消磨跟庄者的意志和信心。在横盘期间，成交量呈萎缩状态，偶尔有脉冲式放量出现。这种洗盘方式，侧重于用时间去消磨，以时间换空间，平台横行的时间越长，波幅越窄，洗盘越彻底，后市涨幅就越大。

这种洗盘方式较多地出现于大市上升的时候，因为大市上升，市场相对比较活跃，股票出现普涨，面对个股牛皮盘整的走势，很多跟庄者有强烈的换股欲望，往往会失去持股耐心，使庄家达到洗盘震仓的目的。这种试盘方法比较适合于绩优股，由于这类股票的市场口碑好，为投资大众所喜爱，所以持股心态比较稳定。如果运用打压方式洗盘的话，可能会给散户逢低买进的机会，造成庄家筹码损失。

庄家主要是防止降低市场平均持仓成本。庄家将股价维持在一个较高的价位上进行洗盘，让散户将所持的筹码在这个平台内完成充分自由换手。庄家将股价控制在一个很窄的范围内，形成长期的牛皮沉闷走势，从而消磨散户的持股信心，同时又让一些眼光远见的投资者进入，这样就能完成筹码换手，提高市场平均成本了。

散户在股价放量滞涨时，择高先行退出；在股价缩量整理时，保持观望；在放量突破时，再度买入。对于向上突破平台走势的个股，重点应注意：第一次放量向上突破平台时，可重仓或加仓买入；第二次放量向上突破平台时，可适量参与；第3次以上放量向上突破平台时，谨防假突破，应做好随时退出的准备。

下图就是002249在2009年5~6月的走势实例。

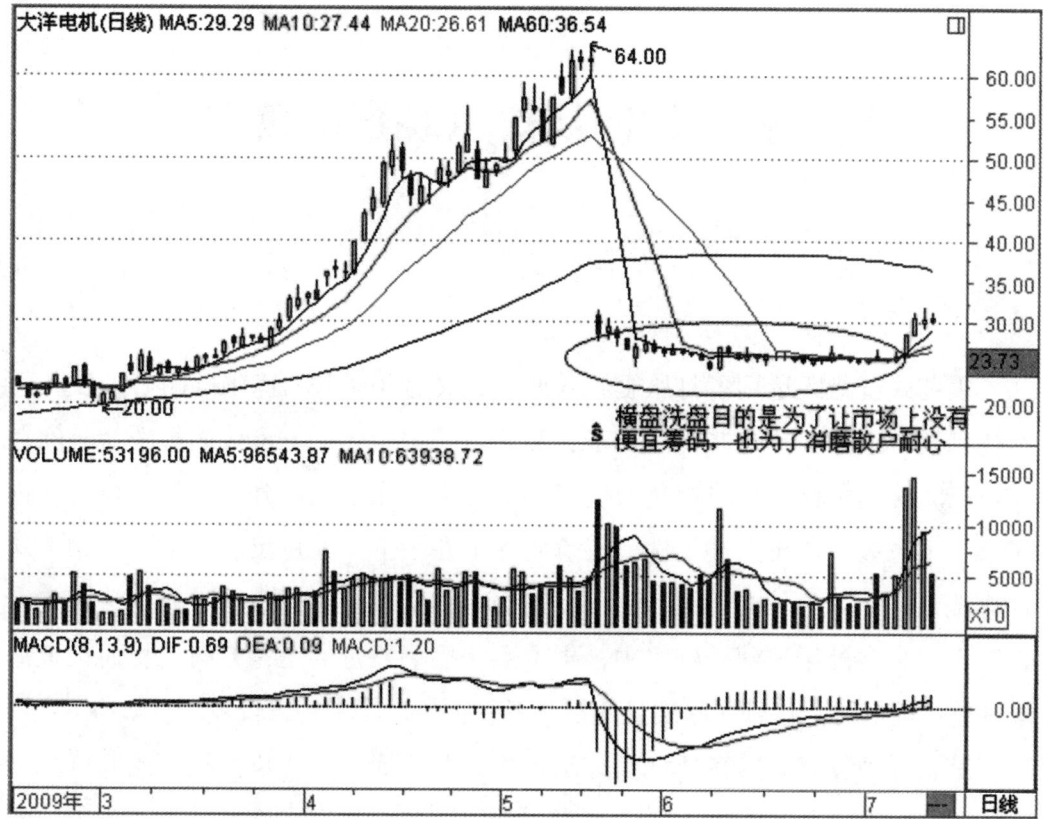

横盘洗盘目的是为了让市场上没有
便宜筹码，也为了消磨散户耐心

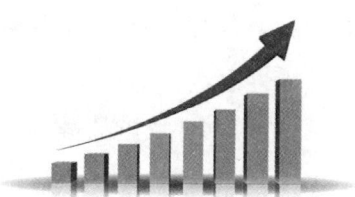

第71招　如何从价量观察震荡洗盘

震荡式洗盘既运用了打压震仓的原理，又运用了长时间消磨耐心的技巧，是洗盘最常用的手法。其优点在于：和平台式洗盘相比，可以缩短洗盘时间；和打压式洗盘相比，可以避免低价筹码的损失。庄家利用开高走低、拉高、再压低、再拉高，股价上冲下洗，将筹码集中在手上，通过反复上下震荡的方式进行洗盘。在股价长时间频繁上下震荡中，扰乱投资者的跟庄步伐，让跟庄者捉摸不定，常处于追涨杀跌之中，根本无法搞清股价的运行方向，从而被迫离场观望，能够忍受这种庄家洗盘的投资者往往是市场中的佼佼者。

其价量特征是：震荡式洗盘方法较为温和，成交量比较活跃，使股价维系在一个区域之内上下震荡，在日K线图上阴阳结合，起伏不定。经常出现如三角形、箱体形、旗形、楔形等典型的洗盘整理形态。虽然庄家会故意制造股价走势的疲软假象，但一般不会有效击穿重要的技术支撑位，否则容易引发一轮大的恐慌性砸盘，对庄家尤其是实力较弱的庄家来讲是极为不利的。

这是根据散户追涨杀跌心理而进行的洗盘方式。散户买进股票后，遇到了横盘或打压走势，这时买入的计划发生改变，心理上容易产生失衡，经过庄家的盘面诱导战术，往往选择割肉出局。可是，股价没有下跌多少又开始上涨了，此时场外散户又入场了，但股价没有上涨多少又开始下跌了，弄得投资者迷惑不解，买也不对，卖也不对。庄家采用这种反复震荡的洗盘方法，不断诱导散户追涨杀跌，成功提高市场平均持仓成本。

散户遇到这种走势时，多看少动为宜。在先前底部介入者，若耐不住震荡的话，可择高先行退出，在股价放量突破盘整区域时，重新考虑介入。或者成交量不断扩大时，设法在低价买进股票。

下图就是000698在2006年下半年的走势实例。

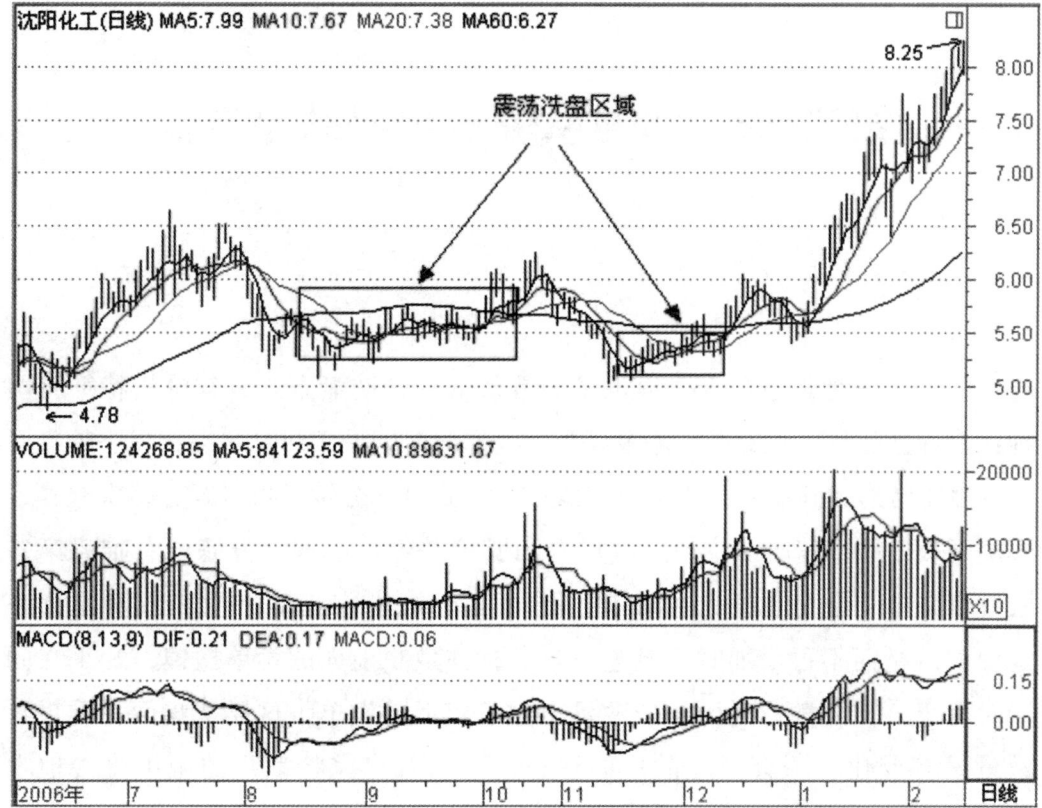

第72招　如何从价量观察跌停洗盘

跌停式洗盘是最令人恐惧也是最有效的一种洗盘方式，其价量特征有两种：一种盘面是，股价以跌停板开盘，大部分时间处于封盘状态；另一种盘面是，以正常形式开盘后，股价直奔跌停板，封盘几分钟后再打开，多次跌停，多次开板，尾市稍向上拉动。散户看到股价跌停，心理十分悲观，唯恐第二天继续跌停，于是也抢先在跌停板价位挂卖单杀出。庄家待散户卖单达到一定程度数量而不再增加时，迅速将自己挂在散户前面的卖单撤掉，几乎在同一时间里，又在散户后面挂出数量与撤单相近的卖单，这样从盘面上看封盘数量没有变化，不会引起散户的注意。然后，庄家将散户的抛单慢慢地吃光，封盘被巨大买单打开。这时持币者见打开封盘，股价开始往上拉抬，也加入买盘行列。不久，股价又向下跌停。庄家如此反复多次进行，盘中浮动筹码得到很好的交换，从而达到洗盘的目的。若洗盘还不够充分的话，则第二天可能还会如法炮制。

这是根据散户看到股价跌停而产生的恐惧心理所采取的洗盘方式。庄家通过股价的深幅下跌，制造极度恐慌的盘面，把散户逼到墙角边，使其被迫交出筹码。

持股者可以择高先行出局，免得因洗盘造成利润缩小而影响操作心态。持币者可以等到股价真正企稳回升时买入。

下图就是002176在2009年2月的走势实例。

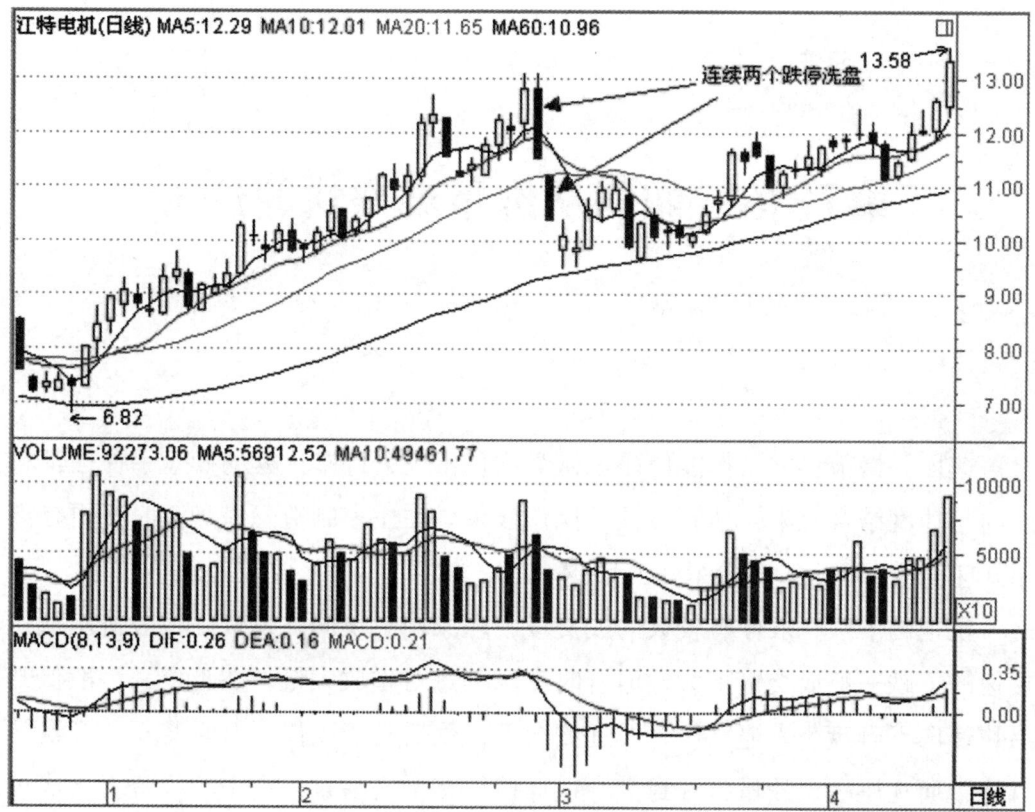

江特电机(日线) MA5:12.29 MA10:12.01 MA20:11.65 MA60:10.96

连续两个跌停洗盘

13.58

6.82

VOLUME:92273.06 MA5:56912.52 MA10:49461.77

MACD(8,13,9) DIF:0.26 DEA:0.16 MACD:0.21

日线

第73招　如何从价量观察快速洗盘

　　速度快慢节奏的掌握能使庄家做盘增色不少，许多优秀的操盘手往往都将时间与速度结合起来，达到最佳的操作效果。在庄家制造恐慌盘面时，更是离不开速度这个概念。其价量特征是：

　　快速的下跌一般伴有较大的成交量，庄家用大单向外发货，将股价压低；慢速的下跌一般成交量不大，但有时庄家刻意对敲放大量；在盘上，一般低开后快速向下砸盘，直逼跌停，或逐波向下，最后封于跌停，有时甚至一开盘就跌停，而在尾盘又放量打开封盘，这样持续多个交易日，给中小投资者造成极度恐慌。

　　这是根据散户的恐惧心理所采取的洗盘方式。庄家运用速度概念，通过快速下跌走势，制造极度恐慌盘面，吓唬散户抛出筹码。而且快速下跌又打乱了散户的操作计划，在手忙脚乱中抛出股票。

　　散户持股者可以在放量冲高时择机先行出局，持币者可以等到股价真正企稳回升时买入。

　　下图就是002008在2009年初的走势实例。

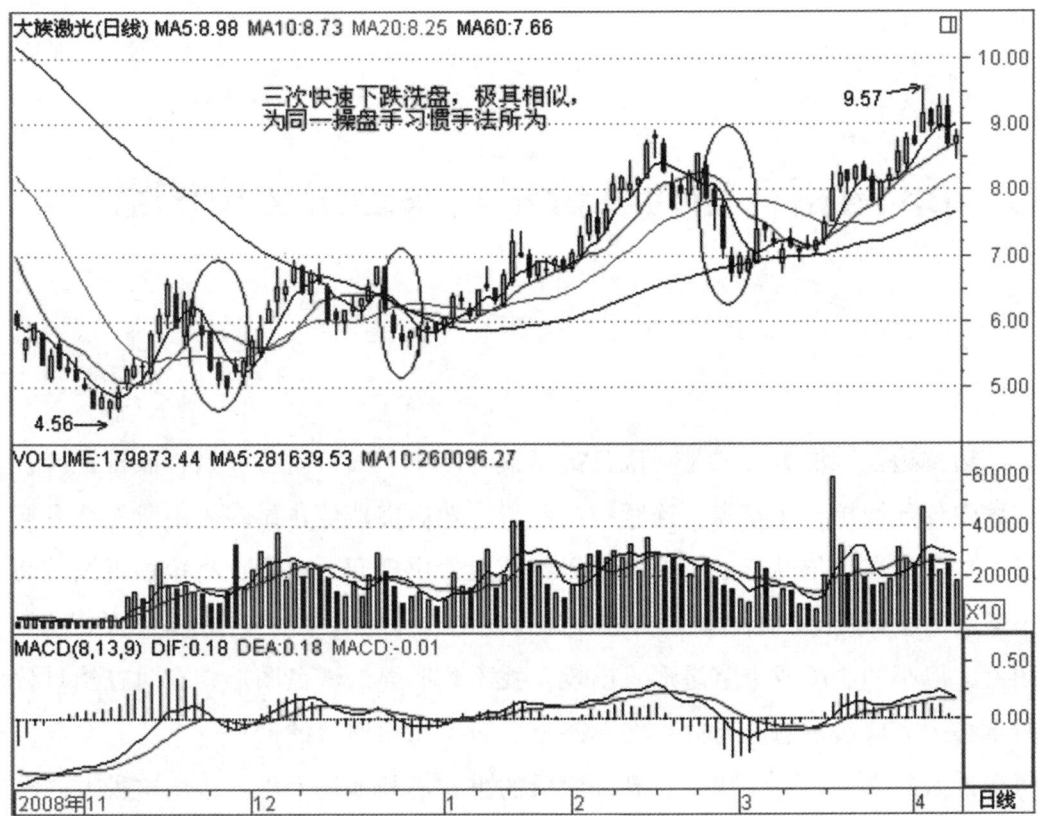

大族激光(日线) MA5:8.98 MA10:8.73 MA20:8.25 MA60:7.66

三次快速下跌洗盘，极其相似，
为同一操盘手习惯手法所为

9.57→

4.56→

VOLUME:179873.44 MA5:281639.53 MA10:260096.27

MACD(8,13,9) DIF:0.18 DEA:0.18 MACD:-0.01

2008年11　　12　　1　　2　　3　　4　　日线

第74招 如何从价量观察边洗边拉洗盘

边洗边拉的洗盘方式是将洗盘寓于拉升之中。其价量特征是：股价在拉升过程中伴随回档，庄家先是连续拉高股价，然后突然停止做多，由于短线升幅过大，庄家在高位抛出一小部分筹码，使股价出现回落走势，将短炒者及信心不坚定的浮筹震出。这种洗盘方式庄家采用的是化整为零的操作策略，在日K线图上，以小阴小阳或十字星形式出现，找不到明显的洗盘图形，有时在当日分时走势中完成边拉边洗行为。在形态上，股价每次回落的低点一个比一个高，每次拉升的高点也一个比一个高，股价的重心不断地往上移。采用这种方式洗盘的庄家，其实力都比较强大，控筹程度比较高，时机上多数出现在大势向好的环境之中。

庄家在洗盘整理过程中，盘面一张一弛，不断地把获利盘清理出局，同时又让持币者果断介入，这样筹码完成一进一出，得到充分交换，同时锁定长线筹码，为庄家日后大幅拉升股价减轻压力。

散户在股价远离短期移动平均线、乖离率（BIAS）偏大时，可择高先行退出；在股价接近短期移动平均线时，可择低介入。也可以根据上升趋势线或轨道线进行买卖判断，当股价触及上升趋势线或轨道线的上沿时，卖出做空为宜；当股价触及上升趋势线或轨道线的下沿时，买入做多为宜。

下图就是002078在2009年上半年的走势实例。

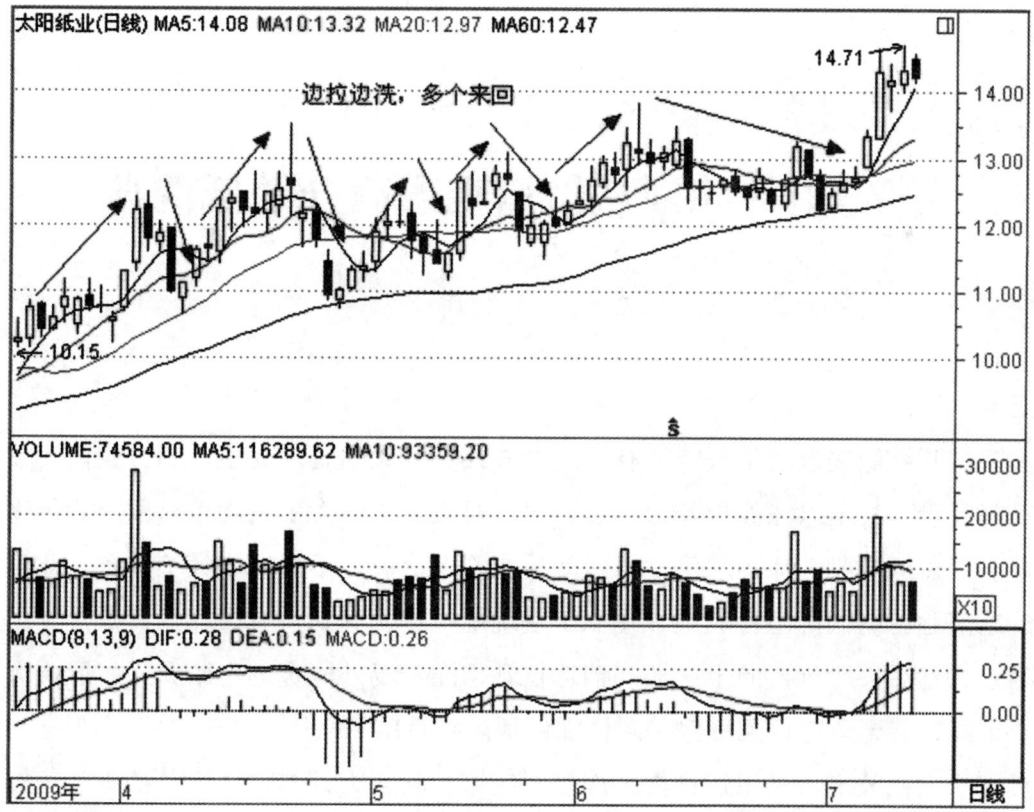

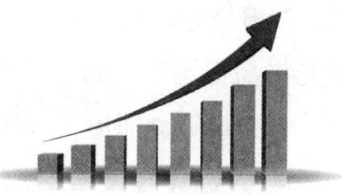

第75招　如何从价量观察高开杀低洗盘

高开杀低洗盘的价量特征有：洗盘方式是以大幅震荡为主基调，股价大幅跳高开盘，甚至以涨停板开盘，然后通过对敲方式，大手笔卖单杀出，股价逐波下探，但是股价却不跌停，不然就是在跌停价位，不断产生大笔买盘，此时缺乏信心者仍低价抛售股票，庄家于是统统吃进，等到没有人愿意再低价卖出为止。然后，股价再向上一档一档地拉升，随着场外资金的不断介入，股价大幅走高，甚至急速拉到涨停并封住涨停板。在日K线图上，出现"T"形形态，成交量大幅放出。采用这种方式洗盘的庄家，其实力都非常强大，操盘手法极其凶猛。

这是根据散户见好就收的心理而进行的洗盘方式。庄家通过一波涨升行情后，展开洗盘动作。如果抛压不大，没有砸盘出现，浮动筹码得到充分交换，就能提高市场平均持仓成本，日后拉升也就不会遇到大的阻力。如果抛压较大，有大量砸盘涌出，表明盘内筹码出现松动，就会造成洗盘失败的处境。这种洗盘方式要恰到好处，既让获利盘出局，又让跟风盘介入。

这种洗盘方式一般前期股价都有较大的升幅，保守的投资者还是出局观望为好。虽然不排除后市有更为猛烈的拉升行情出现，但这种走势难以把握。如果洗盘回调幅度较深的话，可以在低位大量成交时，少量介入。

下图就是002084在2007年5月8日的走势实例。

海鸥卫浴(002084) 2007年05月08日 星期二 PageUp/PageDown:前后日 +:切换

海鸥卫浴 分时 均线 成交量

33.76	3.81%
33.58	3.27%
33.41	2.72%
33.23	2.18%
33.05	1.09%
32.87	1.09%
32.70	0.54%
32.52	0.00%
32.34	0.54%
32.17	1.09%
31.99	1.63%
31.81	2.18%
31.63	2.72%
31.46	3.27%
1078	1078
924	924
770	770
616	616
462	462
308	308
154	154

09:30   10:30   13:00   14:00   操作▲

第76招　如何从价量观察固定价位洗盘

固定价位洗盘的价量特征有：股价基本维持不动，但成交量未见明显缩小。经过一波拉升行情后，庄家将股价维持在这个价位上，或打压到某个理想的价位后，挂出巨大的买入单和卖出单，使股价维持在一个狭窄的空间里，由散户自由交换筹码，这样股价久盘不动，大部分短线客忍耐不住而抛出股票，而让看好后市的投资者进场接走这批筹码，这样筹码就会得到交换。

庄家采用不参与的方式进行洗盘，以时间换取空间，当盘中筹码按兵不动时，预示洗盘将要结束，股价将展开新一轮攻势。

散户在股价成功摆脱盘局后介入，过早买入容易受庄家折磨而影响操作情绪。

下图就是000629在2009年3~4月的走势实例。

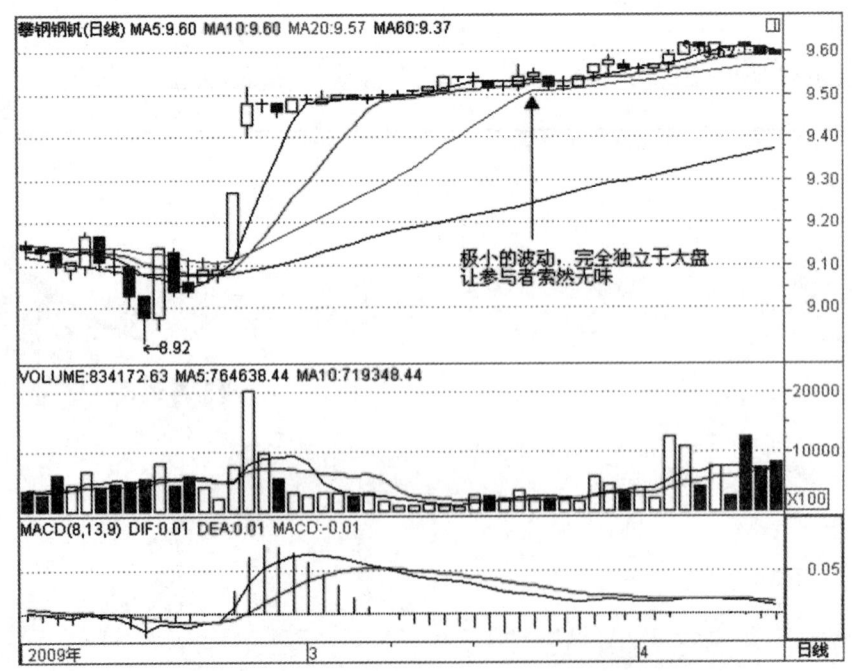

第77招　如何从价量观察对敲放量洗盘

对敲放量洗盘的方式多用于有重要利好支持的个股类型。其价量特征是：短期拉升到一定高度后，散户就会担心股价回调，庄家借机对敲，使股价于相对高位放出巨量，有时再玩点其他手法，如高开低走（阴线），使散户误以为庄家出货，或加强做差价的欲望，从而纷纷抛出股票。

这是根据高位放量会跌的传统经验所采取的洗盘方式。庄家通过对敲放出巨大的成交量，造成庄家出货的错觉，尤其是放巨量收阴线时，效果更佳。

当股价远离短期移动平均线、乖离率（BIAS）偏大时，可择高先行退出；在股价接近短期移动平均线时，可择低介入。

下图就是000657在2009年5月21日的走势实例。

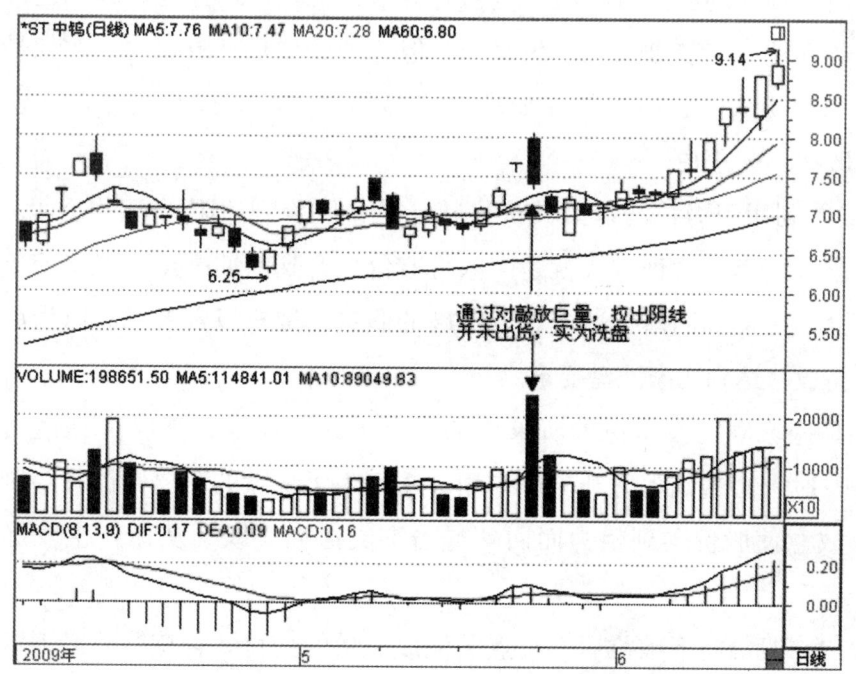

第78招　如何从价量观察技术位洗盘

庄家利用关键技术位即阻力位（线）或支撑位（线）进行洗盘，如短期移动平均线、趋势线、颈线位、重要技术形态、成交密集区、重要心理关口等。当股价向下突破这些重要技术位置，或股价上行时受到这些重要技术位置阻力时，必然会引起一部分技术派人士的恐慌而出现抛盘，促使庄家加快洗盘进程。通常有两种操盘手法：

（1）利用支撑位洗盘。其价量特征是：股价到达支撑位附近时，得不到支撑位的支撑，而向下破位式洗盘。伴随庄家建仓任务的完成，成交量在低位出现明显的规则或不规则的放量，必有部分投资者留意到这些盘面变化而跟庄进入。此时，凶悍的庄家有时不经过初升行情，就直接选择向下破位进行洗盘，让你信心动摇，美梦破灭在幻想之中。但这种破位是有限度的，尤其是大势尚好时，风险更大，极有可能在低位造成筹码损失。破位的幅度以建仓成本而定，一般在15%左右。

（2）利用阻力位洗盘。其价量特征是：股价到达阻力位附近时，受到阻力而回落式洗盘。这种方式就是庄家将股价拉升到前期高点或成交密集区附近时，刻意向下震荡回落，造成难以突破的假象，散户投资者见此以为后市无戏而放弃持股，达到庄家洗盘要求。

这是庄家利用技术位置所采用的洗盘方式。通常，当股价到达这些重要技术位置时，会遇到阻力和支撑作用。庄家为了洗盘的需要，往往会制造虚假盘面，故意使股价受到阻力而回落或击穿支撑而下跌，从而产生较好的洗盘效果。

散户在股价向下破位后，重点关注成交量的变化。若持续放量下跌，说明还有下跌空间；若缩量阴跌，说明股价走势疲软。最好的介入点是在放量向上突破后，经回抽确认成功时介入。

下图就是000657在2009年3月的走势实例。

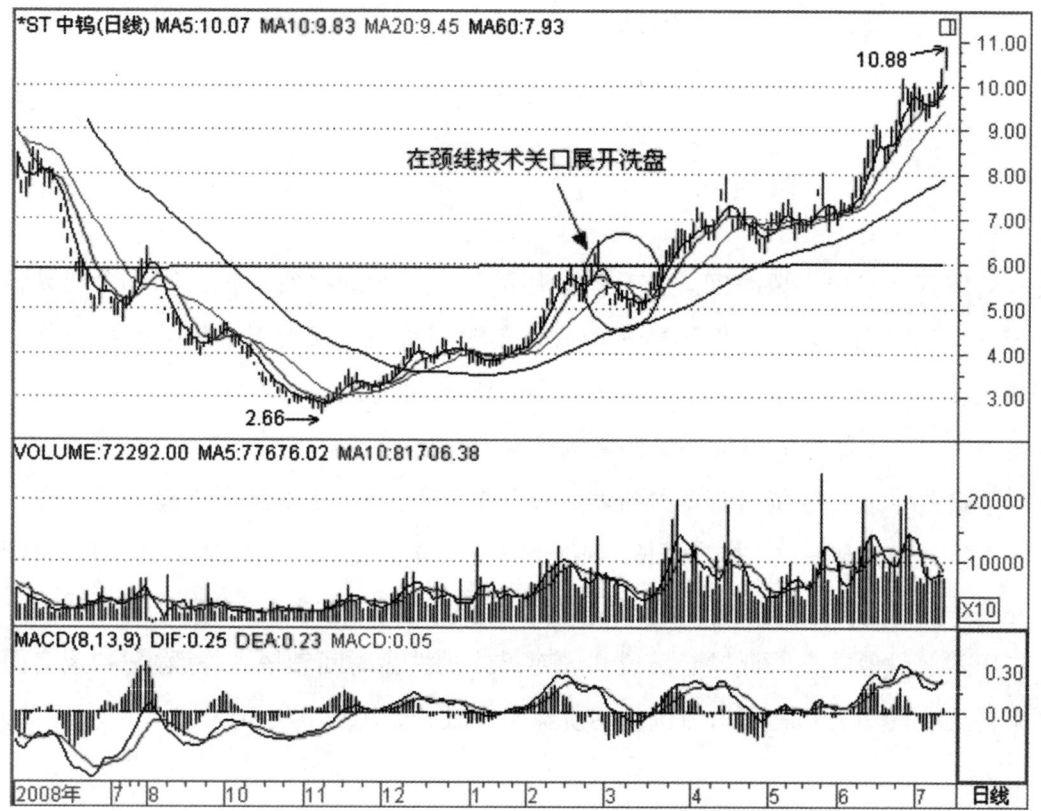

第79招　如何从价量观察洗盘时间

庄家洗盘也需要时间。初升阶段后的洗盘，时间一般不长，以10个交易日为宜。若时间太短，一般不能洗彻底；若时间过长，又会引来新的散户吃货。如果庄家压价时，散户惜售不出货，说明洗盘即将结束。盘子一旦洗干净就应迅速拉升，不给别的机构提供补货的机会。

此外，底部吸货过程中的洗盘，K线洗盘两三天，K线组合洗盘一周左右，形态洗盘短的则1个月左右，长的则3个月至半年。拉升过程中的洗盘通常需1周左右，而快速洗盘只需要两三天，以形态方式洗盘的则需3周左右。在方式上，打压式、跌停式、杀低式、破位式、对敲式的洗盘时间较短，一般需3~7天，而平台式、震荡式和利用阻力位式的洗盘时间较长，需要10~30天。

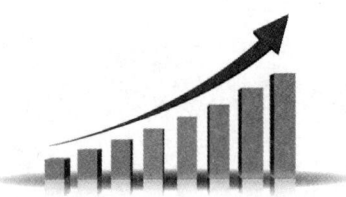

第80招　如何从价量观察洗盘空间

　　洗盘空间亦即洗盘所需要的震荡幅度，在底部吸货阶段的洗盘，回落幅度可以等同于吸货的空间（跌落到前期最低价位附近）。股价脱离底部后的洗盘，回落幅度是拉升幅度的1／3或1／2，如果前期是多重底部形态，则回落位置是形态顶部最高价位或者比其略低的价位附近，最低不低于前期最低位，使底部进货的散户有小的获利空间，以便于他们出货。

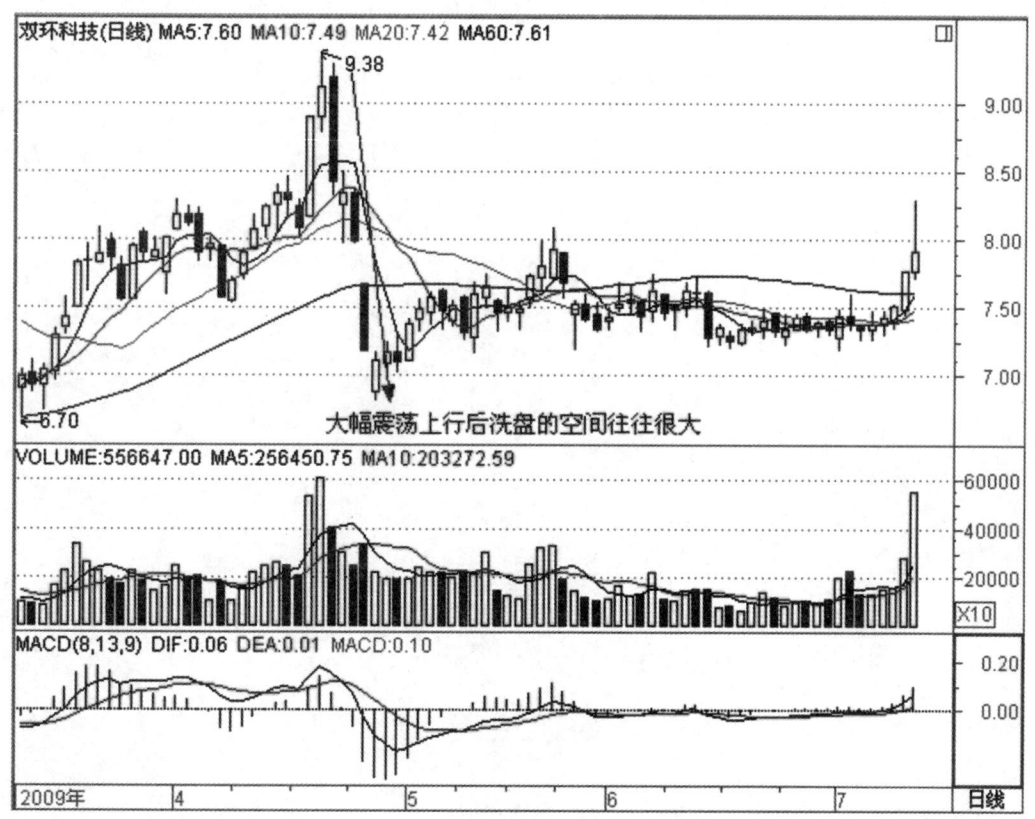

　　股价经过充分整理后再次快速拉升过程中的洗盘，一般也以快速洗盘为主，洗盘幅度在10%以内。以大幅震荡上行方式进行边洗边整理的，洗盘整理幅度较大，可能达到50%左右。采用打压式、跌停式、杀低式、破位式、对敲式的洗盘空间占15%～40%，而平台式、震荡式和利用阻力位式的洗盘空间占10%～20%。

　　上图就是000707在2009年7月的走势实例。

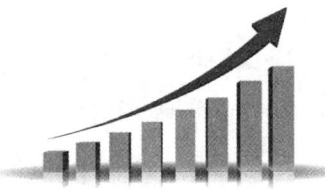

主升阶段价量观察

经过建仓、试盘、整理、初升、洗盘等阶段后，主力必须把股价拉到预定的价位后才能获利派发出货。这个主升阶段股价一改底部盘整状态，勇往直前冲破一切阻力上升，是令散户心潮澎湃的阶段。但一切高收益对应的是高风险，如不适可而止必有坐电梯般上上下下的感受。可见，对主升阶段进行分析研究十分必要。

第81招　如何从价量观察急速拉升

采取急速拉升方式的主力一般实力雄厚，在低位收集了大量筹码，达到高度控盘。操作手法较凶狠，主力并不在乎剩余筹码的威胁，如果中途下马，立即就会后悔。这样既可以节省资金，缩短拉升时间，又可以打开上升空间。

其价量特征是：在日K线图上，常常连续拉出大阳线，或连续出现涨停板，甚至连续跳空高开，这些向上跳空缺口，在短期内一般不会回补，形成一波"井喷式"行情。在拉升过程中，成交量也同步放大，但以跳空涨停形式出现时，成交量反而见小，这说明庄家高度控盘了。这种方式多出现在小盘股或中盘股，通常具备投资价值或有特大的利好题材作为支持，市场基础良好。急速式拉升的股票，一般都是市场中的"黑马"，投资者的追涨意识十分强烈。

庄家急速拉高，一气呵成，产生坐庄利润，在高位实施出货；同时引发市场关注，诱导跟风盘介入，帮助抬轿拉高；三是若有重大利好支持，可防止消息泄露或来不及拉升而影响坐庄利润。

这类个股启动前有一个低迷期，成交量出现萎缩，此时应跟踪关注。当股价出现放量向上突破，或者以很小的成交量就能把股价拉到涨停且封盘不动时，就应立即跟庄进入，这是最佳进场时机。如果此时没有发现或没有来得及介入，而接着股价一开盘就涨停，根本无法买进时，也不必着急。这种拉升方式，由于速度快、涨幅大，庄家很难在高位一次性完成出货任务，通常股价有一个回落整理过程，或在高位维持平台整理走势，然后展开第二波拉升。若是回落整理，可以在股价回落到5～10日均线之间买入；若是平台整理，可以在平台放量向上突破时买入。

　　下图就是601168在2009年3~4月的走势实例。该股自2009年3月起进入主升浪，在日K线图上，常常连续跳空高开，或拉出大阳线，这些向上跳空缺口，在短期内一般不会回补，形成一波"井喷式"行情。表现的是庄家要脱离成本区的急迫心情。

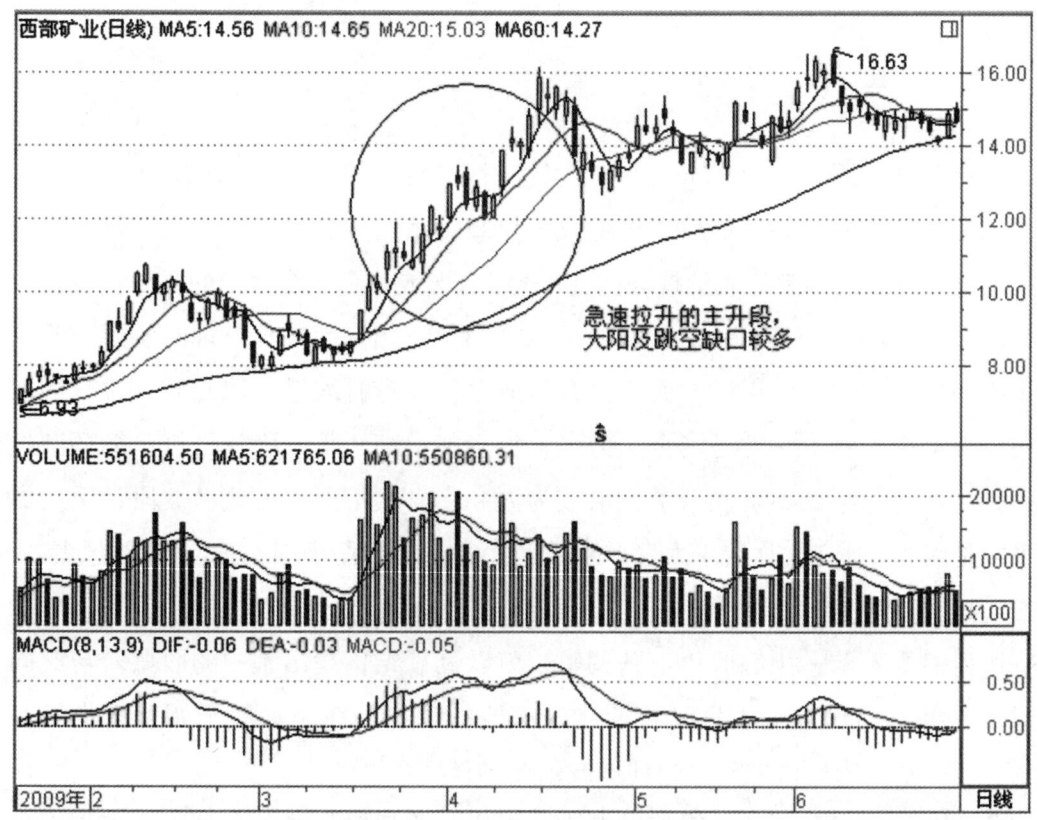

急速拉升的主升段，
大阳及跳空缺口较多

第82招　如何从价量观察台阶式拉升

台阶式拉升的价量特征是：庄家将股价拉高一截后，就横盘整理一段时间，在此赶出一部分散户后，再把股价拉高一截，然后又横盘整理一段时间。如此反复进行，不断把股价拉高，在K线组合形成一个一个向上的台阶形状。在日K线图上，拉升时以大阳线、"一"或"T"形出现，横盘整理时阴阳交替，小阴小阳排列。在成交量方面，拉升时放量，横盘时缩量。用此方式拉升的主要有三类庄家：第一类是资金实力强，控盘能力高，采取稳扎稳打，循环渐进的方式拉高；第二类是操盘手性情较为温和，喜欢不温不火地做波段；第三类可能是因为保密工作做得不太好，跟风盘太多，因此采用这种方式赶走跟风者。

这种拉升方式能够起到边拉升边清理短线获利筹码的效果，短线散户看到股价滞涨不前，担心股价下跌调整，就获利了结，卖出手中的股票。与此同时，一些先前没有买入且又长期看好该股的散户，在庄家展开调整时借机买入。这样对庄家后市拉升，起到推波助澜的作用。

散户持股者若不是短线技术高手，可以一路持股到底，在第三个整理平台区域，当股价放量冲高回落或收出放量阴线时，可以考虑卖出。若是短线技术高手，可以进行短线操作，这样可以提高资金使用率。具体方法是，当股价有一段升幅后，在股价放量冲高回落、或收出放量阴线、或高位十字星时卖出；在股价经过一段横盘整理后，持币者在放量向上突破时重新买入。据观察经验，前面3级平台的规律性较强，准确率较高，4级以后的平台准确率较低，可能会出现变盘，应谨慎操作。通常，一个台阶的涨升高度在30%左右，一个平台的整理时间在20日左右。但不同风格的庄家，不同类型的个股，其拉高的幅度和横盘整理的时间都不相同。

　　下图就是000534在2009年上半年的走势实例。该股自从2009年2月以急涨方式站上5~6元的平台以来，逐渐数量整理，但又不跌破该平台，在横盘整理时阴阳交替，小阴小阳排列。在成交量方面，拉升时放量，横盘时缩量，在第一个平台上震荡一段时间后发力站上6~7元的平台，如此反复向上。

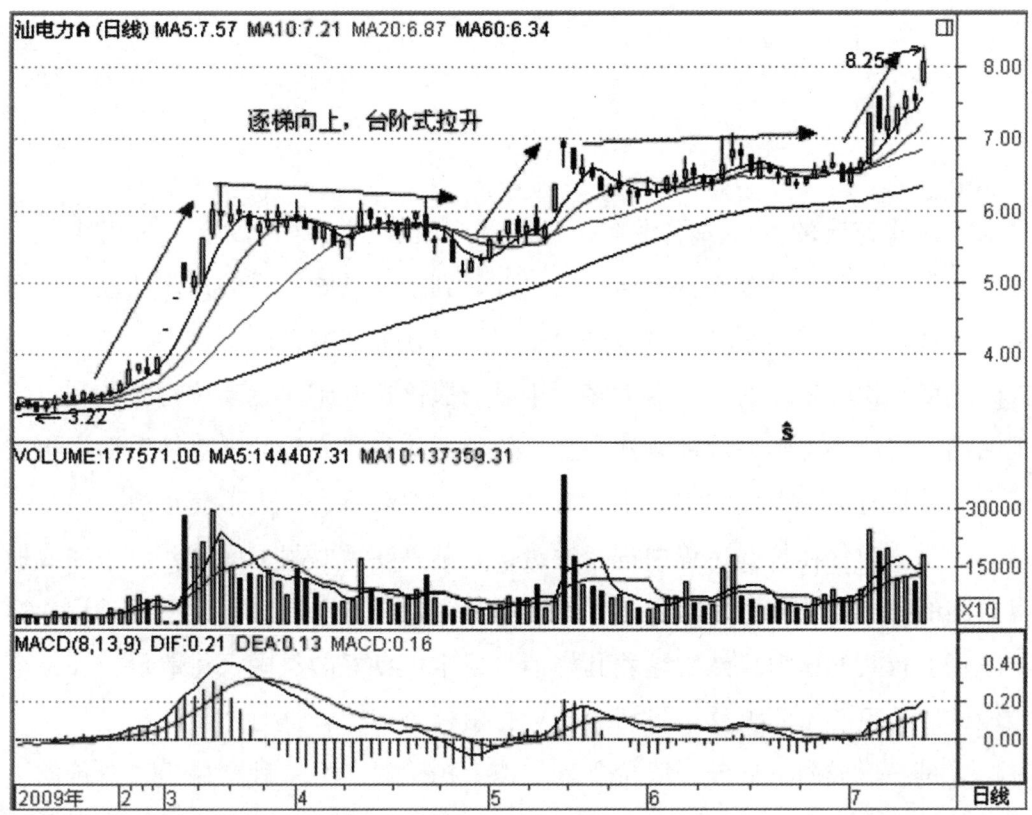

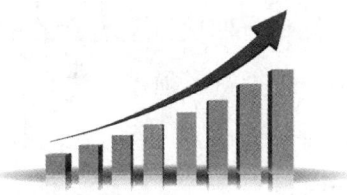

第83招　如何从价量观察波浪式拉升

波浪式拉升的方式多发生在大盘股及中盘股中，在市场中表现出十分稳健的姿态，比较容易被投资者所接受，并达到推波助澜的目的，多数庄家乐意采用这种方法。采用这种方式拉升时，当股价在加速爬升的过程中，由于短期拉升速度太快，累计的获利盘太多，于是当股价拉升到一定高位时，获利盘蜂拥而出，庄家不得不释放部分获利盘，股价回落经过充分的洗盘换手后，再进行下一波拉升。一个大波浪之中，有许多小波浪组成，即大浪套小浪，浪中有浪。此手法通常在拉升过程中进行洗盘，尤其是在重要阻力区域，以小回或横盘震荡的整理走势来消化阻力，并完成散户由低成本向高成本换手的过程，尽量减轻上行时的压力，然后趁着利好消息或市场良好的氛围再将股价拉高一个波段，股价重心不断上移。最后股价会打破这个规律，这时产生两种结果：一种结果是，形成向上突破，股价进入加速上扬阶段。另一种结果是，股价向下调整，结束波段式拉升行情。

波段式拉升呈盘旋形式上行，有一次盘旋、二次盘旋、三次盘旋，但很少见到有四次以上盘旋的例子。此外，从盘旋时间看有短盘旋、中盘旋、长盘旋，故投资者须多加注意。价量特征是：在日K线图上，股价拉升时以大阳线、"一"或"T"形出现，股价回落时阴阳交替，常有大阴线出现。在成交量方面，拉升时放量，回落时缩量。

这种拉升方式也反映出庄家的一些弱点，可能是庄家实力不够，控盘程度不高，支撑不住获利盘的抛压，因此只能选择在大势良好的情况下，采取循序渐进、稳扎稳打的方式推高股价。

这种拉升方式的坐庄意图与台阶式拉升的坐庄意图相似，都起到边拉升边清理短线获利筹码的效果，所不同的是这种方式的股价回落幅度比较大，波浪起伏比较明显，洗盘换手的效果也十分充分，有利于后市的进一步发展，同时庄家也加入高抛低吸行列之中。

由于这种方式的波浪起伏比较明显，运行规律容易被散户掌握，高抛低吸比较容易。在股价出现放量冲高回落，收出长上影线的阴线、黄昏十字星等，可以考虑卖出；在股价经过充分整理后，出现明显的止跌信号时，如放量大阳线、早晨十字星等，可以考虑买入。通常，后一个波浪的涨幅，等长于前一个波浪的涨幅，相差一般在10%左右，可以相互参考。据观察经验，前面3波的浪形规律性较强，准确率较高，4波以后的浪形其准确率较低，可能会出现变盘，应谨慎操作。需要说明的是，这里的波浪浪形不是艾略特波浪理论中的浪形，应严格加以区别。

下图就是601111在2009年上半年的走势实例。该股在2008年11月启动了一个小波浪，12月份又启动了一个波浪，然后横盘至2009年2月，此后两个波浪比2008年的波幅大，且一浪高过一浪。尤其是4月初的波浪应该说是形态比较理想的。这种一浪接一浪的形态就是我们说的波浪式拉升。

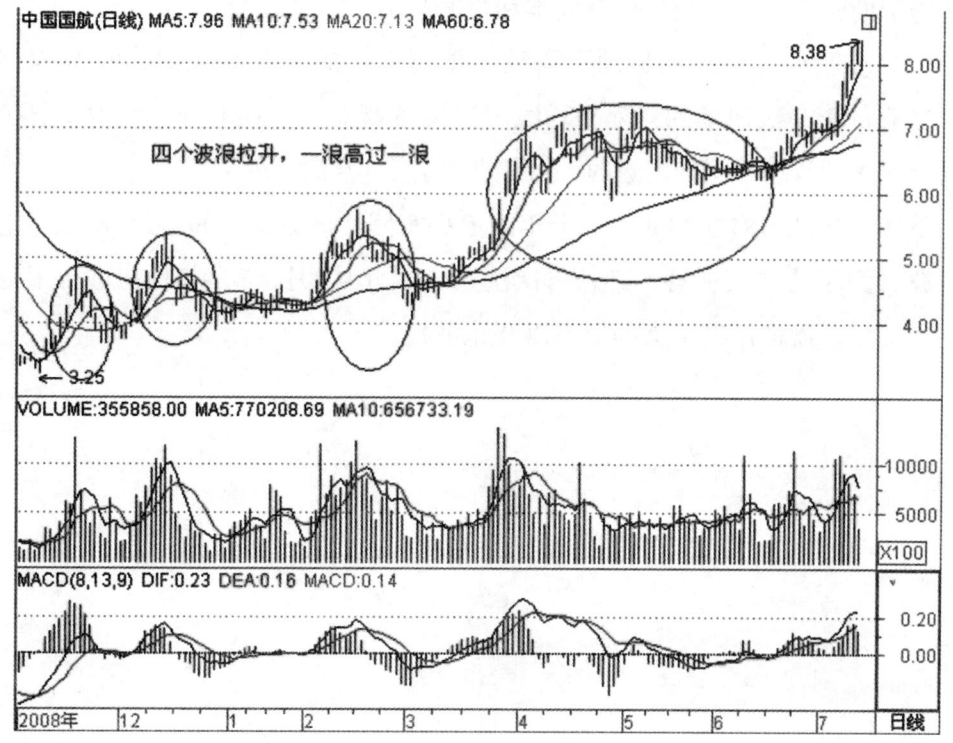

第84招　如何从价量观察洗盘式拉升

洗盘式拉升的价量特征有两种：一种是股价拉升到阶段性高点后，放出巨额成交量，走势上形成阶段性顶部。由于庄家在暗处，一般人很难分辨是最终顶部还是局部小顶，从而被洗出局。另一种是股价向下回落，跌破某一个被大众公认的技术位置，造成出货假象，破位之后的股票即使再次被拉升，也会被误认为是反弹，因此被骗出局。最终发现庄家锁仓不动，以较小的成交量就能创出新高时，为时已晚。

庄家通过洗盘的手法迫使先前底部介入的散户出局，让长期看好该股的散户进场帮助庄家抬轿，减少拉升成本和拉升阻力。

散户在股价远离短期移动平均线、乖离率（BIAS）偏大时，择高先行出局。当股价第一次回落到移动平均线附近时重新介入。在上升过程中，股价三次以上回落到移动平均线附近时，可能要变盘，应谨慎做多。

下图就是002181在2009年上半年的走势实例。该股在2009年2月份强势上涨了一波，为了清洗获利盘，必须再次洗盘，因此从2月下旬到3月初进行了猛烈的下跌洗盘，盘中作出了头部形态以吓跑散户。

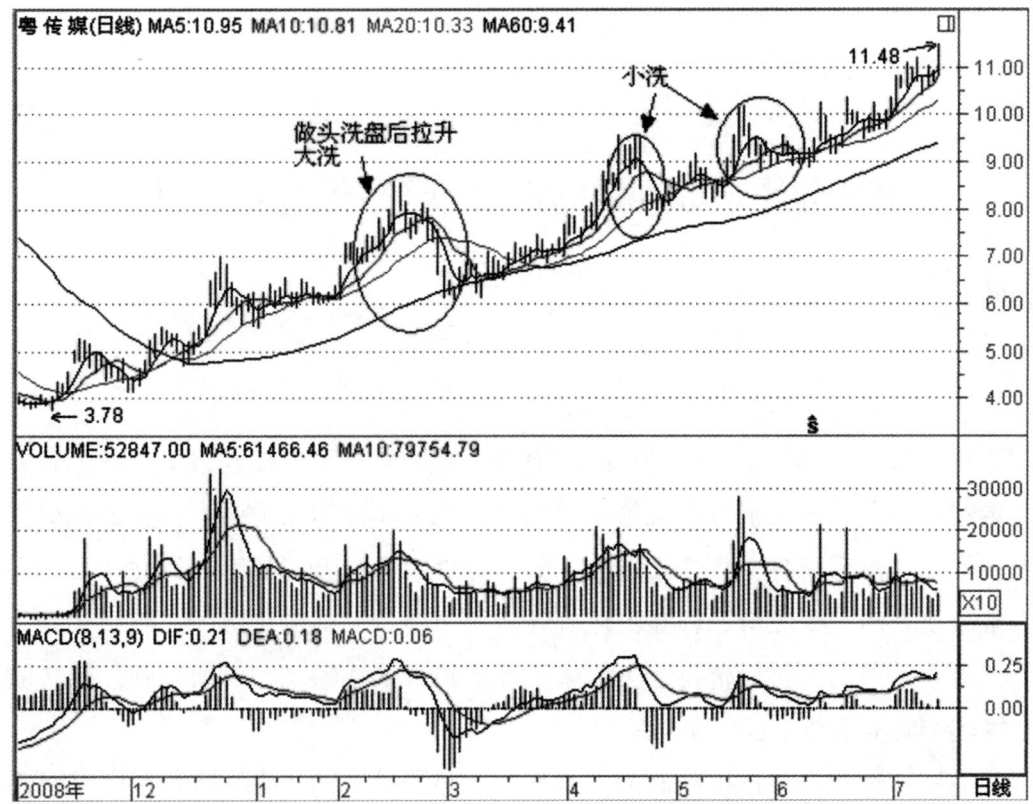

粤 传 媒 (日线) MA5:10.95 MA10:10.81 MA20:10.33 MA60:9.41

11.48

做头洗盘后拉升
大洗

小洗

← 3.78

VOLUME:52847.00 MA5:61466.46 MA10:79754.79

X10

MACD(8,13,9) DIF:0.21 DEA:0.18 MACD:0.06

2008年 12 1 2 3 4 5 6 7 日线

第85招　如何从价量观察推进式拉升

推进式拉升的价量特征是：庄家沿着一定的斜率直线拉高股价，在当日分时走势图上，表现为下方有大量买单出现，以显示庄家实力强大，为避免股价出现下跌，然后一分一秒地把股价一分一分地往上拉升；拉升一段时间后，还常常故意打压一下股价，凶猛的庄家还放下"鱼钩"式的走势，以吸引买盘去逢低吸纳，然后又将股价拉上去。采用此法拉升的庄家实力一般较强。出货时往往还会有上市公司题材配合。

庄家通过拉升股价以稳健的上升步伐，吸引更多的买盘资金加入，帮助庄家拉高股价。打压股价是为了让短线获利散户出局，让看好后市的散户入场，以完成筹码交换，提高市场平均持仓成本。

推进式拉升的累计涨幅是很大的，散户入场后要保持良好的心态，不要频繁操作。上涨过程中出现的小幅震荡，是正常的盘面现象，没有出现异常波动，上涨行情就没有结束。当股价出现冲高回落，以大阴线报收时，应当引起注意。

下图就是600075在2009年1月20日的走势实例。该股拉升采用的就是推进式拉升，没有大幅度的向下震荡，而是逐级上推，这样稳健的上升步伐，告诉散户的信息是庄家投机行为较少，有利于吸引更多的买盘资金加入，帮助庄家拉高股价。

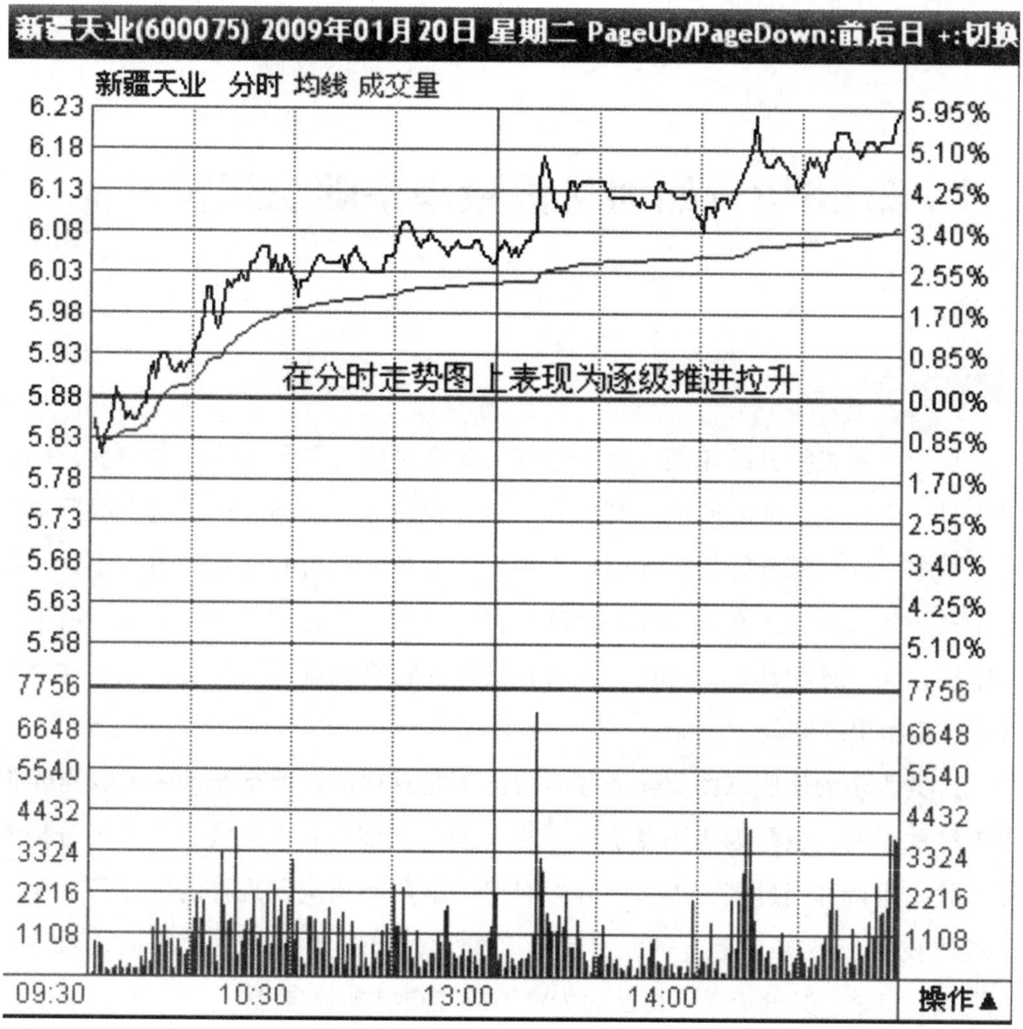
新疆天业(600075) 2009年01月20日 星期二 PageUp/PageDown:前后日 +:切换
新疆天业 分时 均线 成交量
在分时走势图上表现为逐级推进拉升
09:30
10:30
13:00
14:00
操作▲

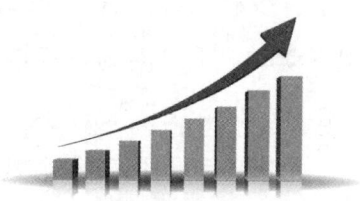

第86招　如何从价量观察随意式拉升

采用随意式拉升的庄家，其资金实力非常雄厚，筹码达到高度控盘，操纵股价时不讲章法，随心所欲，其拉升的目标价位非常之高。由于这类股票散户持筹不多，绝大部分筹码落在庄家手中，庄家拉升股价时遇到的阻力不大，所以庄家想怎么炒就怎么炒，随心所欲地控制股价。大胆的散户完全是"搏傻"式跟进，无法预测其目标价位。或者是被快速拉高的暴利效应所诱惑，在高位接下庄家抛出的筹码。

这类股票的坐庄意图原先入驻时可能不是这样的，原本想炒一把就走，但由于种种原因，或是因为操盘手法不当，使自己被套其中，或是因为过分地看好该股，所持筹码过多，等等，导致自己不能顺利出局。现在的坐庄意图是，在高位硬撑着不放，能出多少货就出多少货，最终实在撑不了的话，就选择"跳水"自杀。其处境是不得已而为之，只能自己拯救自己。

由于这类股票涨跌没有什么章法和规律，操作难度比较大，最好是观赏为上，少碰为佳。若是底部已经介入，倒是可以持股不动，等到壮马变成老马跑不动时，下马离场。若是中途出现大幅调整时，可以择低少量介入，试探性操作。

下图是600617国新能源在2013年的走势实例。从图中我们可以看到强庄完全控盘，以11个涨停将股价大幅拉升。后市又以连续上涨–回调的形式，将股价拉升到23.98元。庄家手法老练，随意拉升股价。

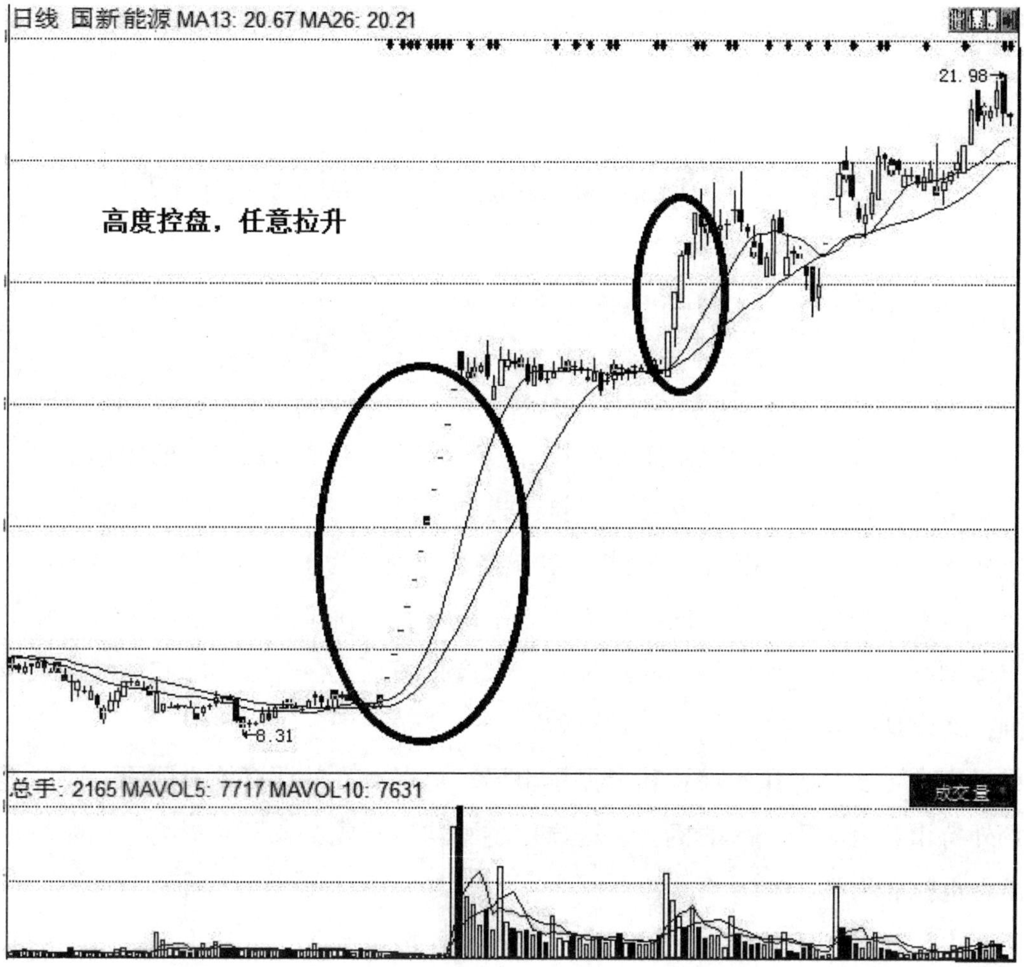

日线 国新能源 MA13: 20.67 MA26: 20.21

21.98

高度控盘，任意拉升

8.31

总手: 2165 MAVOL5: 7717 MAVOL10: 7631

成交量

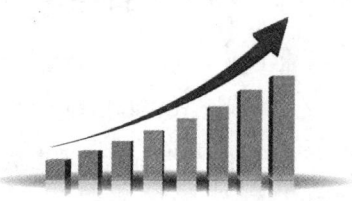

第87招　如何从价量观察复合式拉升

复合式拉升方式，就是庄家在拉升过程中，并不是采用单一的操作手法，而是结合多种多样的操盘方式，对自己进驻的股票进行拉升。其价量特征是：成交量时大时小，日K线阴阳交替。经验老练的庄家为了赶走跟风盘，在拉高手法上也新招迭出，让普通散户投资者弄不清到底是在拉高，还是在出货。使散户增加判断难度，说它是急速式拉升，又像是随意式拉升，判断它是波段式拉升，又像是洗盘式拉升，影响操作效果。

庄家主要是想让底部获利者提早出局，免得对日后拉升构成威胁，同时让场外持币者有一个介入的机会，这样市场平均持仓成本就不断提高，庄家日后出货也就顺利了。

由于这种拉升的盘面比较复杂（看起来比较凌乱），散户难以把握。细心的散户可以将它分割成几个大的阶段，然后再去寻找它的规律，这样就容易把握了，只要掌握各种拉升方式的操作策略，就能在复合式拉升的股票中得心应手地操作。

下图就是600683在2007~2008年的走势实例。该股庄家采用的就是复合式拉升手法。股价见底后，步入牛市通道，整个坐庄过程比较复杂。先是以波浪式推高股价，经过短暂调整后，以急速拉升方式上涨。其间又经深幅调整，再度拉起（洗盘式）。在这里庄家使用的是多种方式的复合式拉升手法。

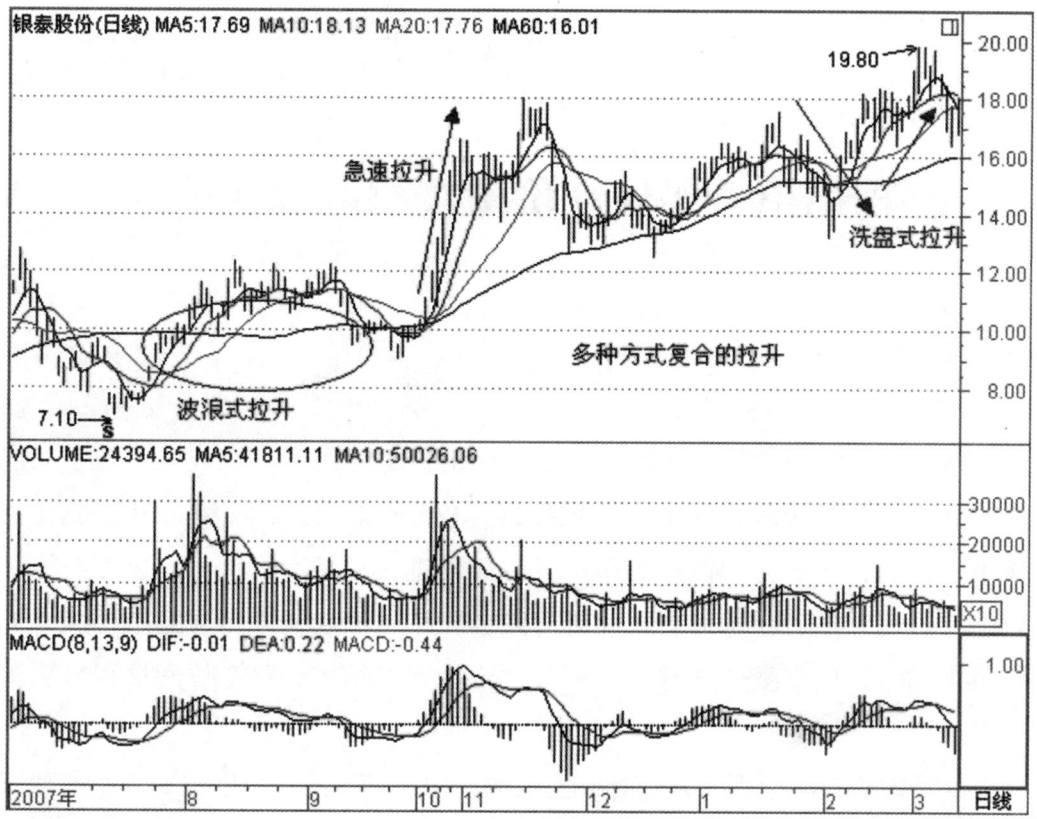

银泰股份(日线) MA5:17.69 MA10:18.13 MA20:17.76 MA60:16.01

急速拉升

19.80

洗盘式拉升

波浪式拉升

多种方式复合的拉升

7.10

VOLUME:24394.65 MA5:41811.11 MA10:50026.06

MACD(8,13,9) DIF:-0.01 DEA:0.22 MACD:-0.44

2007年   8   9   10   11   12   1   2   3   日线

第88招　如何从价量观察圆弧式拉升

　　圆弧式拉升的价量特征是：庄家在底部吸足筹码后，步入上升通道，但升势尚处于初升阶段，其速度比较缓慢，K线阴阳相间，交替上升，成交量较小。然后，在推力和惯性的作用下，股价进入正常运行轨道，速度与能量也趋之合理。最后，行情进入冲刺阶段，股价越涨越快，角度越来越陡，势头越来越猛，成交量越来越大。不久，行情宣告结束，整个拉升过程呈圆弧形上升。

　　这种方式在刚刚进入拉升时，上涨速度比较慢，上涨幅度也比较小。随着股价逐步脱离底部，成交量也出现温和放大，也吸引不少多头资金跟进，为庄家起到推波助澜的作用。当股价进入拉升的中后期时，上涨速度开始加快，进一步刺激多头买盘人气，使股价涨势达到了高潮，人气狂热，市场沸腾，这也是行情快要结束的标志。

　　庄家在起涨底部阶段，放缓上涨速度是为了不让底部介入者有更多的利润，尽量让浮动筹码在底部自由交换，使市场平均持仓成本向高处转移。中后期的快速拉升，是引发更多的买盘资金加入，帮助庄家拉高股价，实现胜利大逃亡。

　　这种拉升方式的累计涨幅较大，散户入场后要保持良好的心态，不要频繁操作。可以忽视上涨过程中出现的小幅震荡，当股价出现异常波动，股价冲高回落，有大阴线产生时，考虑卖出。持币者可以在股价回落到均线附近时，买入做多。

　　下图就是000428在2009年1~2月的走势实例。该股庄家采用了圆弧式拉升方式。在初入升势时，庄家让股价在低缓的上升通道中慢慢爬行，盘面呈现小红小绿，多空拉锯，微幅震荡的走势。这可能是因为股民的信心一下子未能恢复过来，不敢盲目追涨。随着势道坚实后，散户开始逐步追进，增加了股价推升的力量，使股价越走越快，形成圆弧形上升走势。

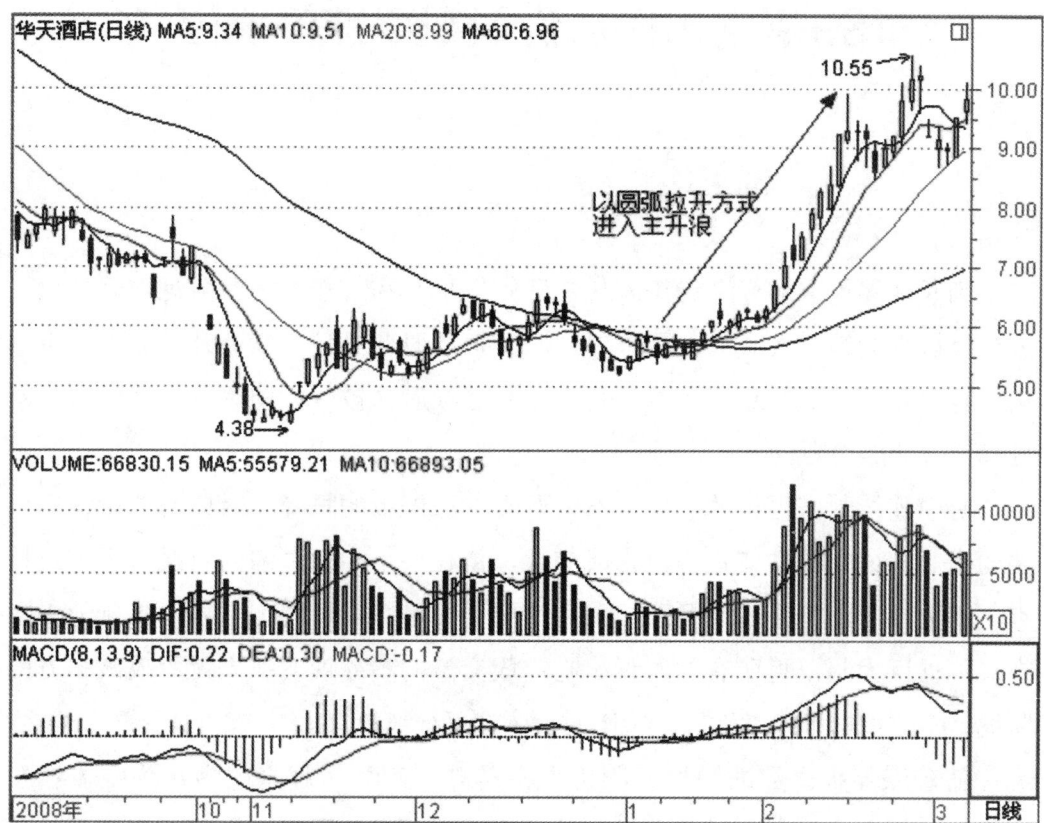

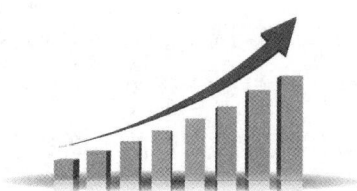

第89招　如何从价量观察涨停式拉升

判断涨停股票的未来走势。封住涨停板早，在封涨停板后抛盘立刻减少，成交量极度萎缩，且有巨大买单封住涨停板的股票具备延续上升的能力，可继续持有。相反，那些封涨停板较晚，封涨停板后又被巨大抛单打开的股票，其延续上升的能力则较弱。

对于连续封涨停板的股票，不仅要看封涨停板的早晚，封单的数量，更重要的是观察成交量的变化。只要成交量保持在一个相对萎缩的状况就可继续持有。因为在封涨停板的情况下，每一笔成交的手数均可视为空方的打压，多方在买一处巨大封单将所有的抛盘统吃。成交量的萎缩说明空方无力攻破多方的防线，多方占据了绝对优势，这样的股票就可继续持有。

随着涨停板次数的增加，股价大幅飙升，获利盘越来越多，为空方积蓄了足够的做空能量。此时成交量若放大说明获利盘已涌出，空方对多方开始攻击，在盘面上表现为每一笔成交的手数较前突然增加且连续出现，买一处巨大封单快速减少，甚至将涨停板打开导致股价向下急挫。此时多方也会顽强抵抗，放出巨大买单，将股价重新拉回涨停板。若一天中涨停板几次被打开，同时伴随着成交量的不断放大，说明多方上攻之势已到强弩之末，应及时抛出持股获利了结。

对于涨停的股票不仅要判断其是否具备持续上升的能力，还要判断庄家的意图。如开盘不久就封住涨停，涨停后成交量急剧缩小，每笔成交手数仅几十手，在买一处有巨量封盘，看似一切正常。但在买二处也挂有大买单却耐人寻味。如果这只股票真的被市场看好，投资者追涨买进决不会为了"省"一分钱而在买一巨单之后去排队。那么买二处的买单就可能是庄家故意堆放的，其目的就是显示该股大受市场追捧的"火爆"场面，以吸引投资者跟风买进。这时，庄家在涨停板的位置采用不断撤下先前打入的买单，让出机会给排在后面追涨散户的买单，将股票卖给散户，同时（几乎在同一时间内）再重新输入买单以维持巨大的封盘量，继续吸引散户跟进。在价格一致时间优先的交易原则下，源源不断地将股票卖出。由此可判断股股强劲上涨趋势是虚假的，庄家要出货。

封盘后可能出现两种现象：缩量涨停和放量涨停。

（1）缩量涨停。股价的运动从盘中解释，即买卖力量的对比，如果预期较高，没有多空分歧，则形成无量空涨。缩量涨停有时说明市场抛压较轻或已控盘庄家拉抬轻松，有时也有股民看好后市而惜售的成分，往往容易形成连续涨停。但是如果是被爆炒过的大牛股，一旦进入下降通道，上方远离套牢密集区，下方远离庄家成本密集区，缩量涨停多为出货的中继形态，第二天大多低开低走，投资者要小心持股。

（2）放量涨停。尤其在前期小头部处的放量涨停，一方面说明庄家做多意愿坚决，并不惜解放所有的套牢盘以示其志在高远；另一方面也显示了庄家雄厚的资金量和强大的实力。只要未远离庄家成本密集区放量涨停往往会形成一波大行情。但比前一类可能上涨幅度要稍逊一等，因为有一部分看空的抛出，但看多的更多，始终买盘庞大，拒绝开板。其原因：一是庄家有超凡实力；二是阶段性板块热炒；三是个股潜在重大利好；四是庄家融资期限较短，需速战速决。

无论是缩量涨停还是放量涨停，在其涨停后不出现大抛单就是好品种！只有在突破成交密集区和前期头部回抽（洗盘兼测支撑强度）确认时，一定要求缩量。尤其创新高后缩量说明满盘获利无抛压，洗不掉的是庄家筹码，为高控盘庄股。一个从未涨停过的股票很难想象能走多高。

下图就是000809在2009年7月的走势实例。2009年3月该股放量站上10元台阶后就一直在10元附近的平台上震荡，5月底庄家进行最后一次打压，为了不让市场上捡到便宜筹码，随即又拉起到10元以上。稍后几日即展开缩量涨停拉升的主升浪。

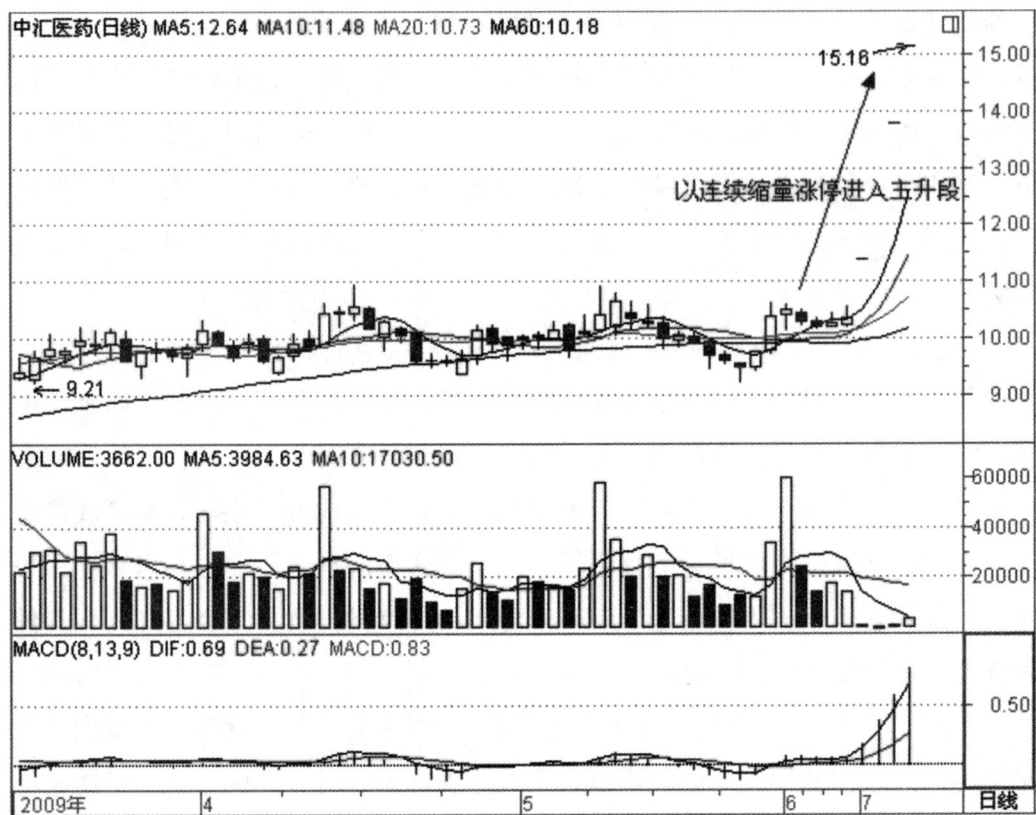

中汇医药(日线) MA5:12.64 MA10:11.48 MA20:10.73 MA60:10.18

以连续缩量涨停进入主升段

15.16

9.21

VOLUME:3662.00 MA5:3984.63 MA10:17030.50

MACD(8,13,9) DIF:0.69 DEA:0.27 MACD:0.83

2009年 4 5 6 7 日线

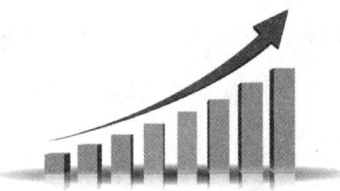

第90招　如何从价量观察拉升时间和空间

相对于建仓、整理、派发阶段来说，拉升的时间周期最短，拉升幅度的大小以及时间的长短，是体现庄家实力与操盘风格的所在。同时，拉高是庄家获利的关键，在庄家的操作中具有决定性意义。一般短线行情在1～2周，中级行情1个月左右，长庄股在3个月左右，个别大牛股的升势可能超过1年以上。

通常，底部盘整结束后将股价拉升到一个台阶进行整理只需15天左右，其间没有震荡的可能在7天左右。以震荡爬升方式上行的上升周期，需要1～2个月。一个波段或台阶的拉升时间在15天左右，但总的持续时间较长，需要3～6个月，甚至1~2年。为出货而快速拉升的持续时间较短，中途没有震荡或震荡幅度小的，需要20天左右，中途有震荡且幅度大的，需要2个月左右。拉升时间通常与拉升性质、拉升方式、上涨速度、调理方式有关。

拉升时间与上涨角度也有关系，30度角上涨的持续时间最长，可维持几个月甚至一年以上；45度角上涨的持续时间适中，一般在1～3个月；60度角上涨的持续时间最短，行情在几天或几周就结束。可见，角度平坦（但不低于30度角为宜）的上升速率维持时间较长，角度陡峭（特别是超过60度角）的上升速率维持时间较短，因此，股民遇见"井喷"式行情，不可恋战。

拉升空间是指股价经过底部的充分换手并洗盘，且脱离底部庄家成本区域又进行过多次充分整理后，股价向顶部区域的快速挺进，是股票上涨最为疯狂的阶段（收益最高、最快，特别适合短线高手操作）。拉升空间就是庄家拉升股价所需要的幅度。

股票拉升幅度较少的在30％以上，一般的在50％以上，幅度较大的超过100％甚至200％以上，超级大牛市可能达到4～5倍以上。通常，一只庄股的整体涨幅不小于1倍，流通盘较大的，在80%左右。基本面较差又无可以看好的理由的，在60%~80%。小盘股、热门股的涨幅预期较高，可能达到2-3倍，甚至4~5倍以上。庄家坐庄手法不同，其拉升幅度也有别：快速拉升的幅度在80%甚至2倍以上；一个波段或台阶的拉升幅度在30%左右，但总的幅度在1倍以上，推进式或复合式的拉升幅度在股价的1倍左右。股票拉升的空间，取决于个股炒作题材、市场人气、股价定位、技术形态、股本大小、筹码分布、庄家成本和庄家获利目标等，其中庄家的意愿是决定性的。

　　股票拉升幅度也可以参考股票的最低价确定，从底部最低价起算，可以按涨幅的80%、100%、150%或者200%以上分别确定拉升可能到达的价位。

　　下图就是600783在2008~2009年的走势实例。股价从11月起以30度角温和上涨，持续时间较长，到2月份以后以70度角加速赶顶，最终在2月份达到高点，涨幅达到5倍。

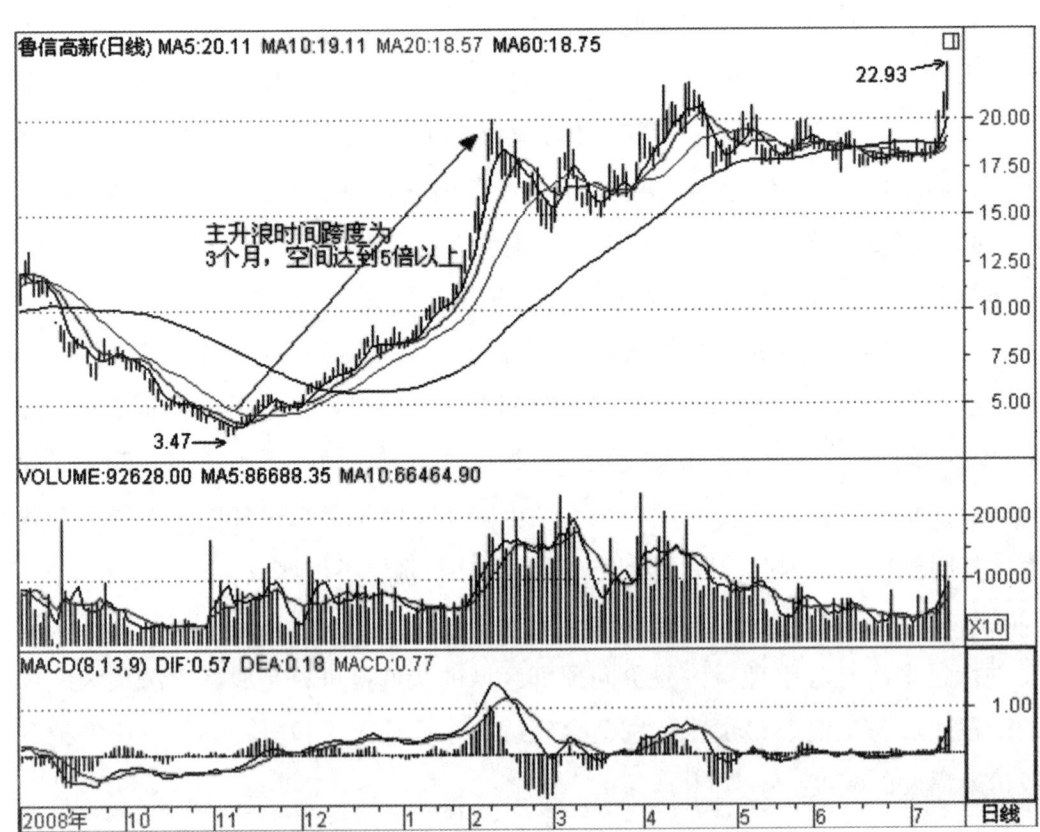

出货阶段价量观察

建仓、试盘、整理、初升、洗盘、主升都是手段，赚钱派发筹码才是最终目的。出货阶段是主力的关键阶段，任何一个主力，只有把筹码派发出去，才能把纸面富贵变成真金白银。因此，股谚云："会买的是徒弟，会卖的是师傅"。学好卖出的一招非常重要。

第91招　如何从价量观察快速拉高出货

　　庄家利用大势狂热、人气旺盛之际，快速拉抬股价，展开主升段行情，令散户追涨跟进。成交量急剧放大，连续多日换手率超过10％。此时市场已失去理性，很多散户会丧失警惕，把风险抛于脑后，唯恐失去买入赚钱的机会，而不断追高买入。庄家就在众多散户疯狂汹涌扑近之时，在有满意的盘面收益后寻机出货。此时很快形成一个结实的顶部，这种顶部一旦反转，一时半会儿难以解套。果断的人及时"断臂"离场，尚可减少损失；迟缓者将深陷泥潭，不能自拔。

　　这是庄家利用散户暴富心理所采取的出货方式。一些在前期底部没有介入的散户受此影响，蠢蠢欲动，最后盲目追进。有的散户自以为是技术高手，认定后面还有第二波行情，因此没等股价下调多少就重仓买进，谁知行情一去不复返。

　　散户持股者在庄家什么时候停止拉升，就在什么时候坚决离场。这种拉升方式，如果得到惯性和外力作用可以持续上涨，一旦上涨动能中止，股价滞涨就会出现大量抛盘，再也无法展开续升行情。这种走势通常是短线庄家所为，持币者在中后期千万不能介入，就连后面的反弹也不要抢。

　　下图就是600127在2008年5月的走势实例。该股有强庄入驻其中，在借大势反弹之机，股价快速拉升派发，换手率多日在15％以上，让追进者个个套牢。

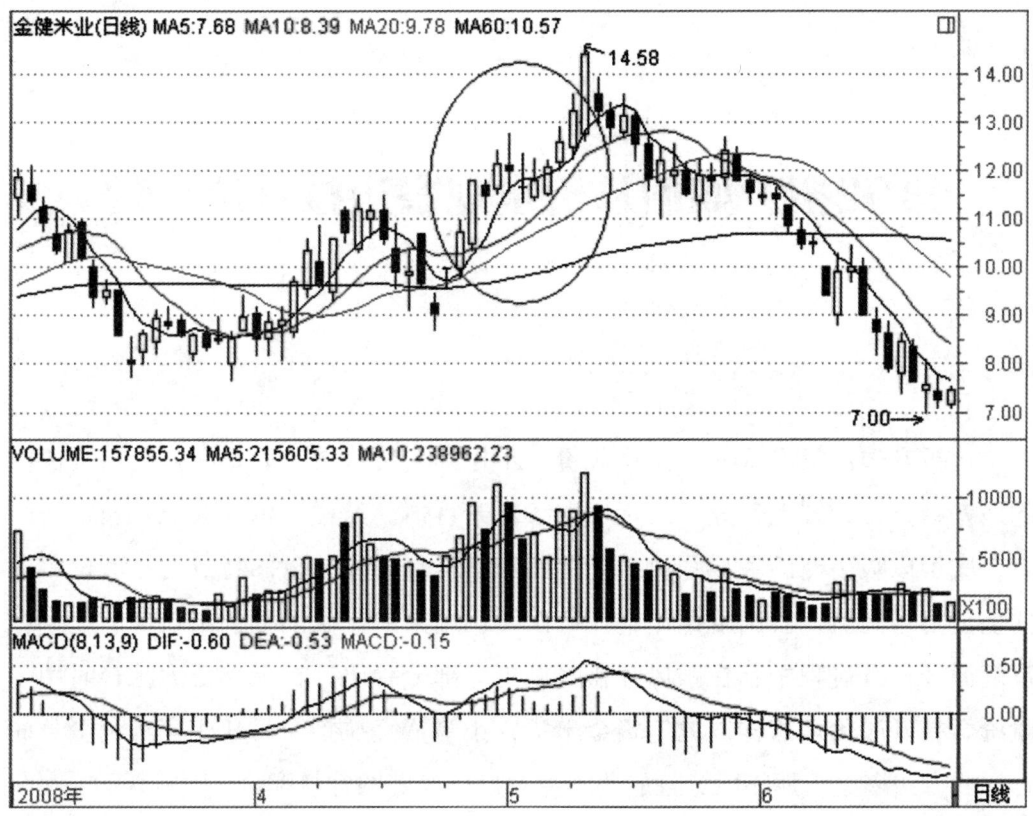

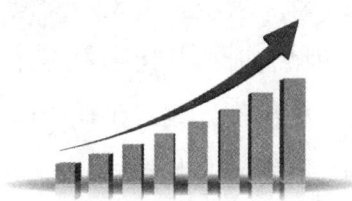

第92招　如何从价量观察边拉升边出货

边拉升边出货方式并不是将股价一步拉到出货价位，而是在接近出货价位的地方，开始减缓上升速率，走出继续攀升行情。这样，可以既稳定长期持股者，又可以吸引新的散户跟风，顺应庄家出货目的。其盘面特点是，股价每次向上创出新高后，就出现回调，在每次回调结束后，又向上创出新高。庄家在反复循环拉升过程中，在跟风旺盛时抛出一部分筹码，在上档压力减轻时用少量资金拉升股价。这样以大笔资金出货，小笔资金拉抬，可让庄家顺利全身而退。此方法多见于强庄股，且股票本身有后续较好的题材配合。

庄家通过这种稳健的走势，增强散户的持股信心，散户看到股价重心不断上移，就淡化了风险意识。庄家正是利用散户的这种心态，一边拉升股价，一边抛售股票，让散户心甘情愿地接走庄家抛出的筹码。这是最隐蔽、最高明的一种出货方式，在整个过程中很少出现放量情况，不少散户以为庄家没有出局，直到股价出现大幅下跌时，还不知道怎么回事。

低位持股者在股价拉高后，涨势明显趋缓时减仓，股价明显回落时清仓。持币者不参加高位爬坡，在这里风险大，收益小。

下图就是600742在2003年1~2月的走势实例，庄家在整个主升段里选择了一边出货一边上拉股价的方法，做了较大的拉高行为，庄家把股价拉到出货价位8.5元附近，进行横盘整理，实施峰前派发。然后庄家开始减速向上，给人一种蓄势向上的感觉，因此庄家即大笔资金出货，小笔资金拉抬。最终成功出货。

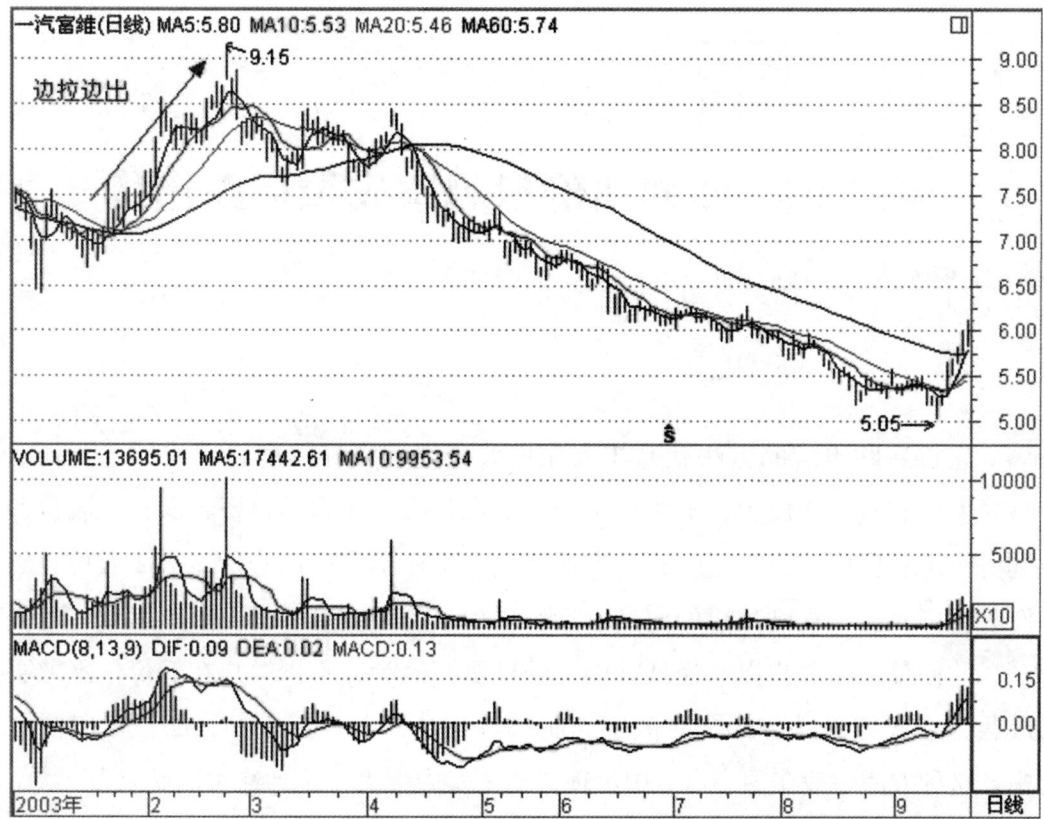

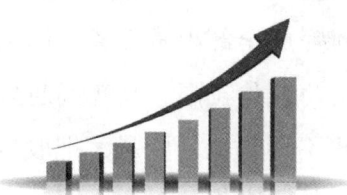

第93招　如何从价量观察先拉后跌出货

　　先拉后跌出货的方法就是庄家先把股价连续疯狂拉高，形成加速上扬的格局，成交量不断放大，上攻势头十分猛烈，吸引众多的投资者参与，股价远远高于出货目标价位。这时，庄家就在盘中迅速出掉一部分货，造成股价自然滑落。当股价下跌到理想的出货目标价位后，止跌企稳，盘面上形成"庄家洗盘"的假象，给散户以"逢低吸纳"的良机。因为，不少散户在低价位不敢买股票，在股票下跌一部分时敢于大胆买进，从而落入庄家设置的技术陷阱之中。这种方法一般在中小盘股中出现，庄家实力强大，达到绝对控盘能力。

　　这是庄家根据散户对比效应所采用的出货方式。如果庄家只将股价拉升到出货价位区就停止拉升，并开始实施出货计划，虽然可以出掉一小部分，但很难完成全部出货任务，因为大多数散户不敢在最高价位接单。因此，庄家就极力将股价拉高，且越高越好，在高位能出多少货就算多少（这是额外利润），出不了货也不要紧，把股价放下来就是了。散户看到股价下跌了一大截，与前面的最高价一对比，股价低多了，觉得在此价位买入便宜、合算，因此纷纷买进，可谁知道这里就是庄家的理想出货区域。这样散户被大蒙一场，庄家则顺利而退。比如，庄家5元左右的成本仓，计划涨一倍到10元左右出货。在股价涨到7元、8元的时候，散户将股价与5元相比，觉得股价高了，不买。庄家就将股价拉升到13元以上，然后股价回落到10元左右。这时散户将股价与13元相比，觉得便宜了，买入。这样筹码就不断地流入到散户手中，资金不断地流入到庄家的账户中。

　　散户持股者在股价出现冲高回落或高位收阴线时，卖出做空。持币者尽量不做下跌过程中的小幅反弹，因为反弹幅度远远小于下跌幅度。若是技术高手，可以少量参与，这样即使被套，也不碍大事。

下图是002406在2013年8～10月的走势实例。8月初，庄家在利好消息配合下，拉动股价不断上攻，9月中以10.49元见顶后股价回落，在日K线图上出现一座山巅。接下来该股在短期均线下方进行了数日调整，再继续上涨，制造了庄家试盘的假象。观望的跟风盘忍受不住股价快速上涨的诱惑纷纷入场，庄家则不知不觉地将筹码转觯到中小投资者手中，乘机出货。

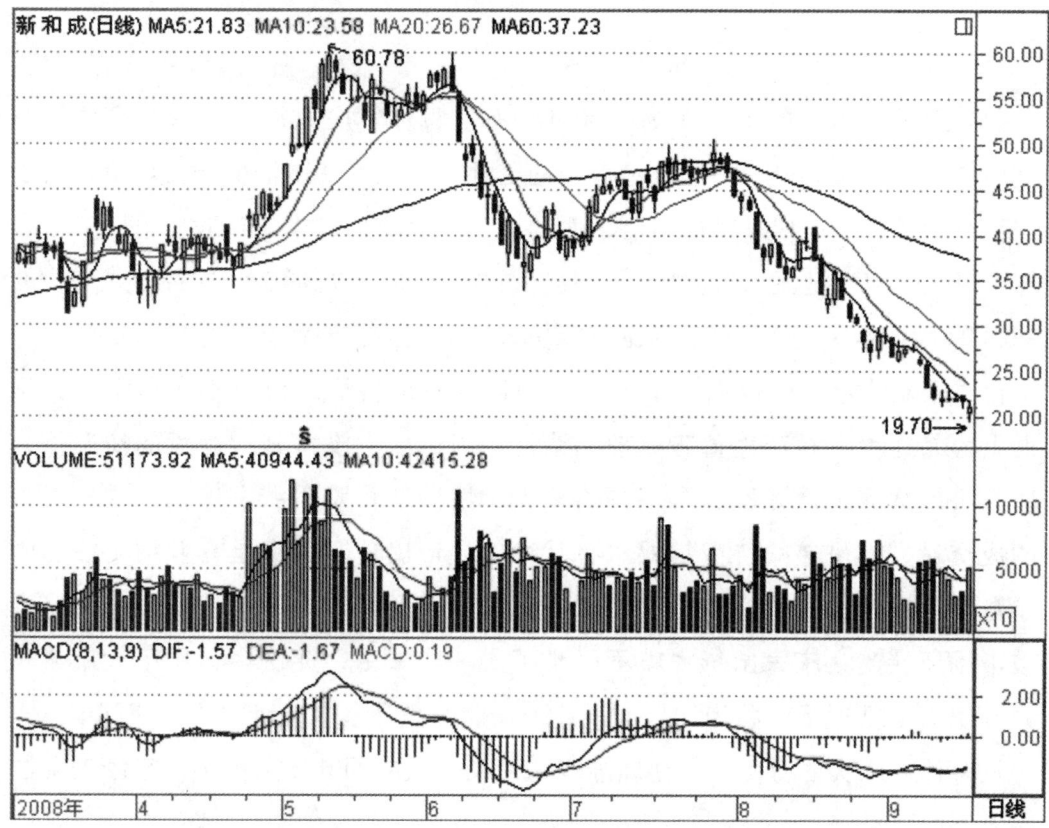

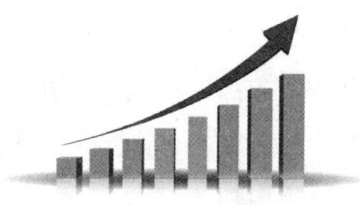

第94招　如何从价量观察高位平台出货

　　高位平台出货的手法较为隐蔽且具有欺骗性，庄家往往制造在高位震荡整理的假象，给散户一种安全、稳定的错觉，而庄家从中悄悄分批出货。由于庄家持筹较多，很难一次性出清，而继续拉升会增加成本，让股价下跌又不合算，可能会引发抛盘出现。因此，股价在高位构筑平台形态，这种方式出货的利润高、风险小，操作起来也比较容易，基本上不需要什么操作技巧。同时，平台式派发的隐蔽性较强，不会显露明显的头部特征，市场不容易觉察，反而更容易让投资者产生蓄势整理的错觉。当市场中没有其他抛盘的情况下，庄家可以从容进行派发，要多少给多少，慢慢地将筹码派发出去。这种走势的成交量方面呈递减特征，偶尔有脉冲式放量出现。通常是有业绩支撑的中小盘股，股价在高位横盘是"理所当然"的，随着时间的推移，这个价格会被市场所接受，庄家出货也就不困难了。一般来讲，此法多运用于大市累积升幅不大的情况下，因为如果大市处于长期的盘升之中，盘中积累获利丰富，一旦有什么风吹草动，抛压立即涌现，带动个股的回吐压力增大，庄家便无法完成出货目的。

　　这种出货方式主要是坚定持股者的信心。行情从熊市转换为牛市、股价从底部发展到顶部，出现过不少横盘后向上突破的走势，这给坚定持股信心的散户更丰厚的回报，给在横盘时出局的散户留下不少的悔意。这时出现横盘走势，持股信心也十足了，无形之中帮助庄家在高位锁仓，同时也为庄家暗中出货立下大功。

　　高位横盘出货比较温和，但杀伤力比较大。从技术特征看，如果股价涨幅较大，庄家有可观的利润，在横盘初期放过大量，又有该股的某些传言，就可以认定庄家在出货了。横盘后可能出现的变盘位置是，当股价接近移动平均线，5日、10日、30日三条移动平均线黏合在一起时，在7个交易日左右可能会发生突破走势。

下图就是002057在2006年9~12月的走势实例。该股走势中，股价在高位维持平台走势，庄家在震荡中悄悄减仓，以达到出货的理想境界，当庄家手中筹码所剩不多时，股价便迅速下跌。

第95招　如何从价量观察反复震荡出货

　　股价经过长期上涨后，获利盘已十分丰厚，随时都有抛售的压力，庄家如果此时在高位维系平台出货，往往因承接获利盘的回吐反而吃进更多的货，因此庄家采取反复震荡法出货。在高位区反复制造震荡，让散户误以为是强势整理，在震荡中打低股价，然后再展开反弹拉升，引诱投资者在低位回补，庄家于震荡反弹中慢慢分批派发。庄家加大震荡的幅度，增加派发的空间，拉得越高，跌得越惨，反弹空间也就越大，庄家出货也就越多。

　　震荡出货的特点是：①在高位震荡的这段时间里，庄家偶尔也会拉一下股价，显示庄家未撤走之势。但此时庄家的整体策略以派发为主，这段时间的成交量时大时小，但整体没有缩小，反而有增长趋势。②若庄家出货较多，在外浮筹很多，这时高位护盘就显得很吃力，在关键时刻，还有摇摇欲坠之感。③若遇大势不好或庄家货出得差不多时，高位震荡之后就放弃守卫，向下破位，股价应声而落。

　　这是根据散户追涨杀跌心理所采取的出货方式。股价拉升到高位后，在人气旺盛时，庄家就不失时机地出货。由于庄家出货造成抛压增加，必然造成股价回落。当股价下跌到一定幅度时，庄家开始主动护盘，防止股价进一步下跌破坏技术形态。使股价重新拉起，人气得以维持和恢复，庄家又开始出货。经过下跌和反弹，出货和护盘，股价就形成了震荡走势，庄家也就顺利完成出货了。在震荡过程中，庄家也在高抛低吸做差价。

　　散户判断庄家震荡出货的一个重要标志是，熊长牛短。庄家在一个区间内反复出货和护盘，由于卖得多、买得少，就形成熊长牛短走势。股价下跌时速度较慢，时间较长，这是庄家谨慎出货造成的，为的是利用有限的空间尽量多出一些货。股价上涨时比较迅速，持续时间比较短，这样拉升可以节约控盘成本。另外，看成交量和震幅，通常庄家出货会造成大的成交量和股价大幅下跌，如果持续出现带量且震荡幅度较大的K线，则表明庄家在出货，散户就采取紧急回避措施。

下图就是002018在2009年2~4月的走势实例。股价炒高后，庄家在高位采用反复震荡的方式出货，在出货接近尾声的时候，则放弃护盘而向下打压，行情步入熊市征途。

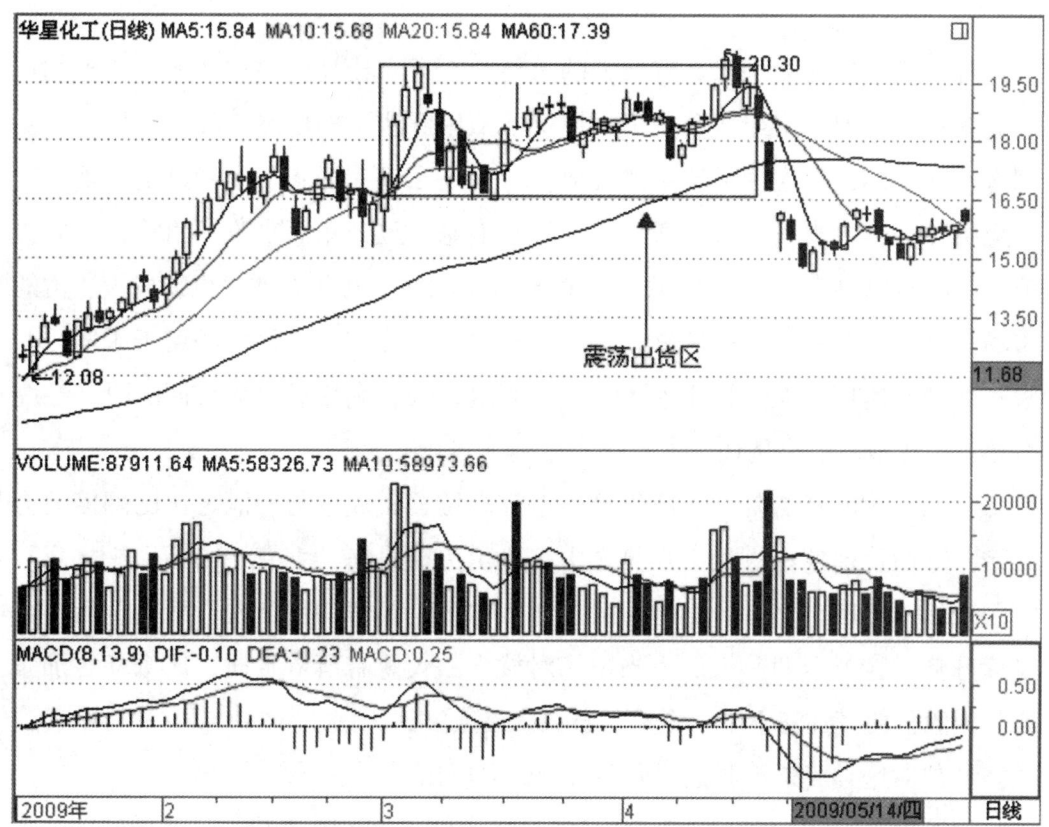

第96招　如何从价量观察打压跳水出货

打压跳水出货的手法具有很大的杀伤力，意在让高位追进者无机会出逃。一般庄家在持筹不多或获利颇丰的情况下擅用此法（即使打低几个价位仍有利润）。同时，也往往预示着牛熊转势，迫使庄家迅速撤庄。或者是由于重大利空隐患存在，并被庄家首先所获知，担心消息一旦公布而来不及出货，因此提前不计成本地出货。在日K线图上，连拉数根阴线，对股票本身也造成极恶劣的市场影响，人气一时难以恢复，需要一段时间的修整。这种方法由于派发时间短，下跌迅速快，大部分庄家无法全身而退，唯有利用后市大市回暖时，拉高自救，完成最后的出货任务。

打压出货的特点是：①股价已炒至较高位置，成本与利润之比已翻倍甚至几倍。②股价前期一直处于强势之中，股价勇往直前，大有一去不回头之意。③刚开始打压股价之时，必须使股民认为它只是短暂的回调洗盘而已，后市会延续升势。④打压两三天后，当市场对放出的大量有所警觉时，庄家却更加狠心打压股价使其加速下滑，令前几日买入者套牢，无法出局。

散户对这类股票不要抱太大的希望，果断出局。

下图就是002060在2008年1~4月的走势实例。该股的走势就是这样的例子。该股庄家大幅拉高股价后，用打压跳水法派发，散户动辄深套，整个出货过程十分顺畅。

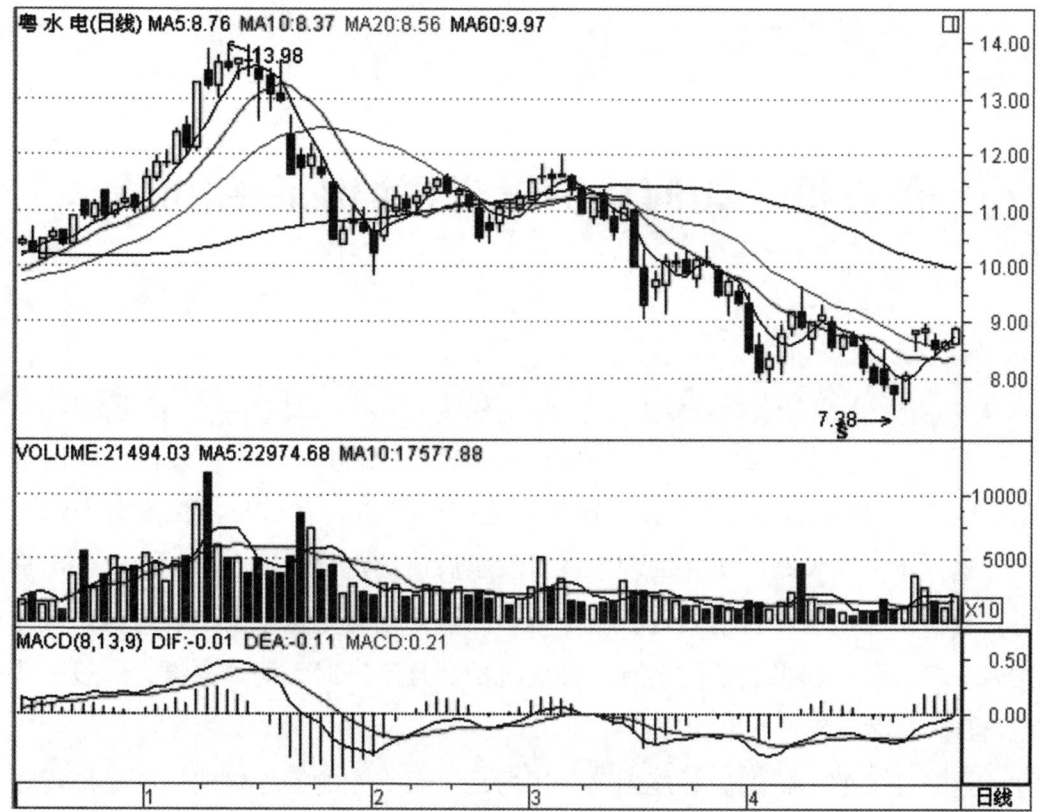

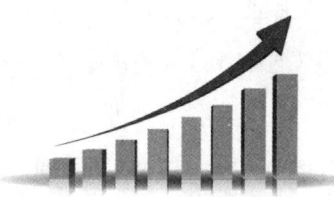

第97招　如何从价量观察绵绵阴跌出货

事实上在多数情况下，许多股票庄家是以较温和的成交量慢慢阴跌出货的。这种出货手法隐蔽性较强，庄家不搞突然袭击，在散户不注意时悄悄出货，这样不易引发跟风出货的现象，对股票后市的走势也留有余地。这种出货方式与震荡调整蓄势行情表现相似，很难区别，稍有不慎就会出现失误。区分两者关键在于：如果股价前期有过较大拉抬，且下跌时无明显支撑，一般可认定出货。反之，则可判断为震荡整理。

这是庄家的一把"温柔之剑"，用的是以柔克刚的操作策略。庄家出货时量不大，跌幅也不大，这样散户容易承受。经过一点一滴的磨炼，散户的承受能力变强了。同时，又给散户产生缩量整理、缩量洗盘的感觉。运用这种方式庄家每天出的货不多，久而久之，在不知不觉中把筹码全部派发出去。

散户持股者在股价放量冲高时离场，若没有来得及卖出，可在股价回调到30日移动平均线附近出现反弹时，逢高了结；若无反弹产生，无论亏损多少，都应坚决斩仓离场。持币者对股价跌跌不休的股票，不应过早介入，免得被套。股价在底部出现大幅波动，成交量温和放大，说明股价离底部不远了，这时可以适当考虑买进。

下图就是002059在2008年7~10月的走势实例。该股庄家就采用无量阴跌法出货，股价见顶后一路走跌，成交量大幅萎缩，交投十分沉闷，均线呈空头排列，期间尚无像样的反弹。表明盘中得不到大资金的关照，庄家撤退坚决，散户越套越深。

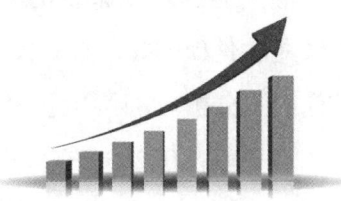

第98招　如何从价量观察除权派息出货

由于除权派息前可能引发市场抢权行情，除权派息后造成技术指标和成交量柱状图的失真，故在除权派息后往往经过一段时间的横盘整理，给市场以该股已经筑底成功，准备再次放量上攻的错觉。同时，庄家偶尔用小幅拉升动作，形成填权之假象，此时散户追高杀入，正符合庄家出货意图。

庄家采用此法：一是除权派息历来被市场当作题材操作，给散户留下炒填权的想象空间；二是除权派息后股价比价较低，高价股就变成低价股了（复权后股价仍然在高位，远高于庄家成本价），容易被散户所接受。通过这种手法，庄家实现顺利出货。

散户遇到除权派息的个股，在观察图形时应将日K线图复权起来进行分析（钱龙软件Ctrl+R为前复权，Ctrl+T为后复权），以免造成技术失真，然后综合其他因素分析。

下图就是002032在2007年下半年到2008年上半年的走势实例。该股庄家就采用除权派息法出货。股价除权后庄家放量出货，在买盘减少时，股价维持横盘走势，造成蓄势待发的假象，正当散户纷纷入驻时，股价便重新开始下跌。

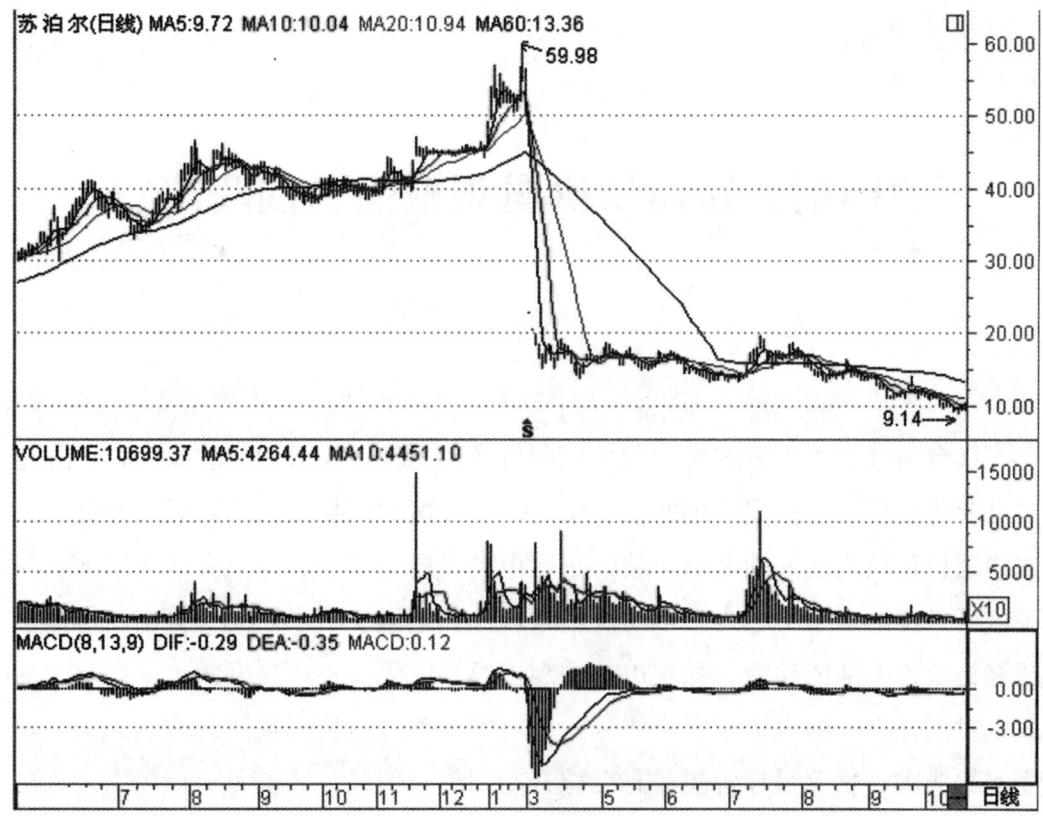

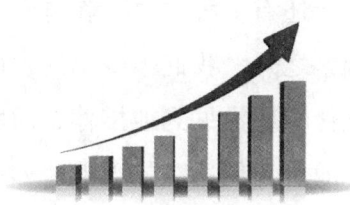

第99招　如何从价量观察借台演戏出货

借台演戏的出货方式是利用个股题材或消息来激发人们的想象力，让你得出目前价位仍会有很多升幅的错误结论，误导散户跟风介入，最后深套其中。这些题材包括高送配的突出业绩（符合市场投机胃口）、重大资产重组或置换（市场永恒的话题）、介入市场热炒领域（如基因、纳米、光谷等），等等。题材是股价上涨的动力，纵观市场中众多黑马，无一不以良好的市场题材为后盾。对此，理性的投资者应具体分析题材的力度、对公司实质影响、二级市场庄家的成本、估算目标价位、有无拉升空间等。但是，我们目前市场上理性的投资者太少了，所以庄家的派发难度不是很大。

还有一种方法，就是利用股评来帮助高位派发。在目前市场中，排除水平因素之外，我们不难发现，确实有个别"专家"职业道德水准有问题。股价在低位时，没见到他推荐，而股价翻番之后，他能搜罗出一大堆利好消息足以支撑股价再创新高的理由。如果这时真的信了他，买入所荐个股时，却发现自己很快变成套牢一族。在此，要提醒投资者一定要形成一整套自己的投资方法，将专家的意见仅作参考，无论他的名气有多大，过去有多好的表现，也要坚决以自己的分析为主，理清思路，再作判断。

这种方式的坐庄意图很明确，就是通过外部环境的渲染，夸大投资价值，营造市场气氛，实现自己大撤退。

散户克庄的方法有：首先对个股题材、消息、股评进行认真分析研判，然后作出相应的操作策略。对题材的认识：①新鲜题材容易追捧，老题材吸引力不强。②重大题材容易引起股价大幅波动，一般题材不会引起大幅波动。③明朗的题材可以作为买卖依据，朦胧的题材可信度差，不能作为买卖依据，可以参考之。对股评的建议可以不予理会。

下图就是000532在2008年1~5月的走势实例。股价从6元多开始炒起，炒到了29元多，行情延续了两年，股价翻了几倍。可是，在高位仍有股评人士推荐介入该股，并举出题材来佐证自己的理由：政府工作报告提及要建立创业板。相信因此而介入的股民，永远也不会忘记股评家的"忠言"。

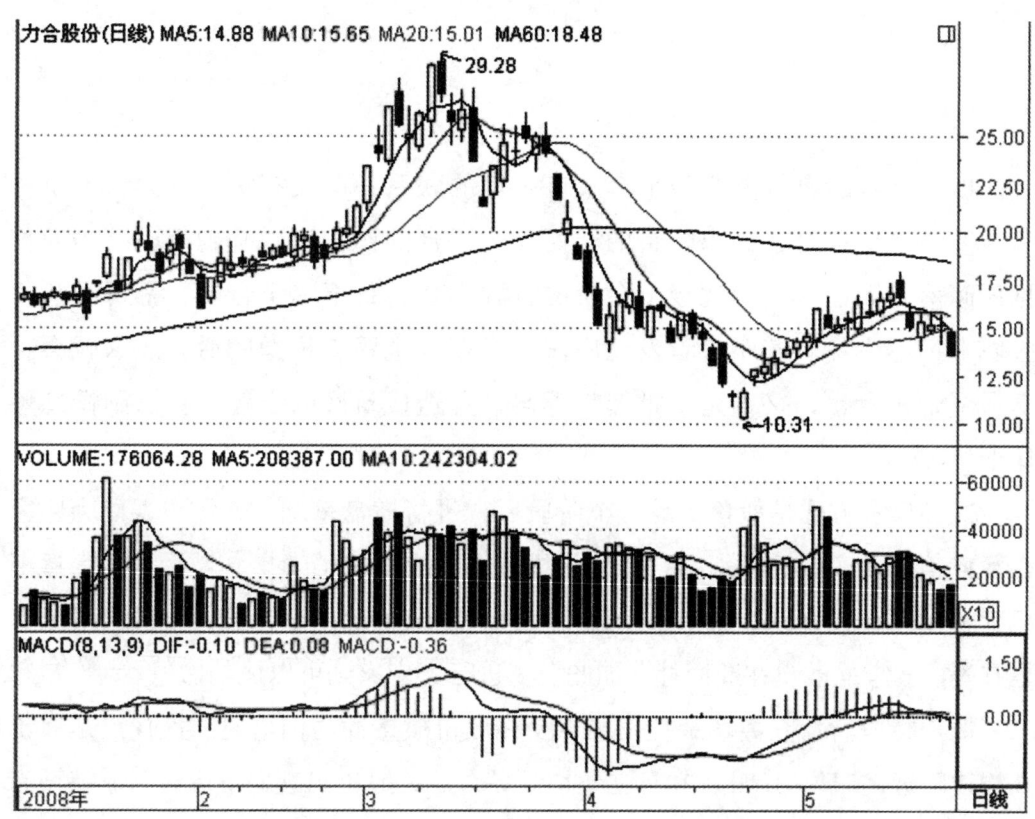

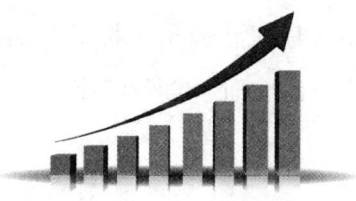

第100招　如何从价量观察步下台阶出货

　　步下台阶的出货方式与平台式有一定的联系，但又有很大不同，台阶式是通过做多个平台达到出货目的，而每个平台的操作手法基础相同。当股价见顶回落后，庄家利用逐级下台阶的方式出货，每下一个台阶，都可在盘整区域出掉不少货。若跟进者发现庄家的意图，也跟着抢抛的话，庄家就会再下一个台阶盘整，又锁定一批套牢筹码，并造成筑底的态势，自己则慢悠悠地出货。

　　这种出货方式是股价下跌一个阶段后，进行横盘整理，使散户误以为庄家在蓄势整理，底部已经来临，因此纷纷买入，庄家悄悄卖出。当后来买盘逐渐减少时，庄家又将股价放下一个台阶再进行横盘整理，这时又一批散户进场，也有先前套牢的散户在此回补。如此反复进行，庄家则可以成功撤退。

　　散户持股者清仓离场最佳卖出点是在股价放量冲高回落时。次佳点是股价在均线附近，5日、10日、30日三条均线黏合后，股价出现向下突破时。持币者观望，待明显的底部形态出现时，分批介入做多。

　　下图就是000534在2008年1~7月的走势实例。该股庄家就采用下梯台阶法出货。庄家将股价大幅炒高后，在出现接盘减少时，股价开始逐级下跌，形成多个下跌台阶。直到庄家基本完成出货后，才再获得初步企稳。

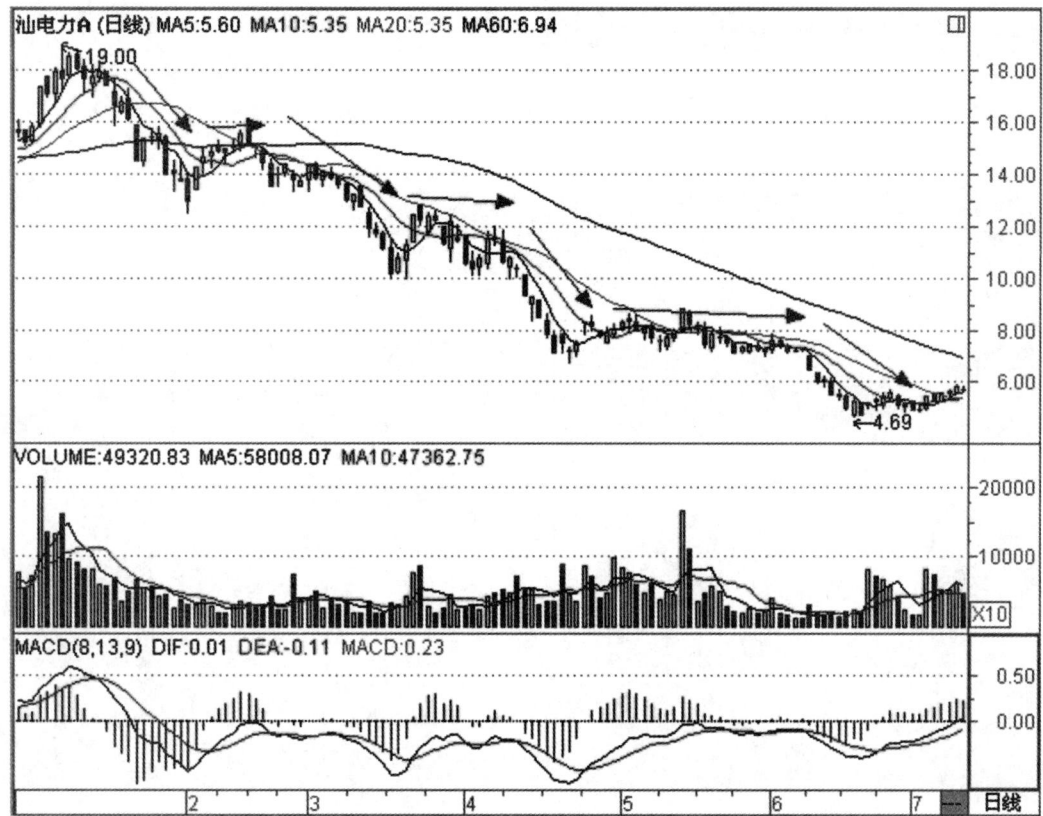

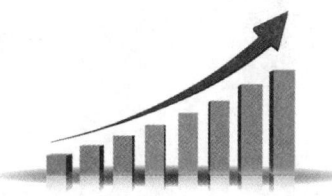

量价分析实战口诀

在技术分析中，量与价的关系是投资者要研究的重中之重。量是价的先行指标，大而言之，可以通过量价关系以推断多空战争的规模大小和指数股价涨跌之幅度；小而言之，可以根据量价变化发现主力资金的动向，寻找赚钱机会。因此，每一位投资者都应该努力掌握一些量价实战技巧。

口诀1　放量下跌要减仓，缩量新低是底象

口诀要点：

一般来说，底部是一个调整周期的结束部分，由于主力的操作风格不同而形成形态各式各样的底部。有的底部会向下打破关键位，用空间作底形成空头陷阱；有的调至缩量用时间作底。总之，对底部的正确判断是股市成功投资的第一步，这是股民抄底的前提。

口诀详解：

这首口诀后面还有两句：增量回升是关键，回头确认要进场。是指一种常见的抄底方式，有较强的实战应用性。多用于超跌反弹，放量下跌是市场的恐慌所造成的，多是有利空配合。这种恐慌如果是由主力引发的，那么增量回升就是在加仓，如果说回升而无增量，将是超跌反弹，产生一轮反转的可能性不大。

股民朋友们应注意两个要点：

一是无量新低，二是增量回升。无量新低是杀跌盘已无主力没有必要再杀跌；增量回升是让看空的股民以为是反弹而继续出货。而回头确认的两个要点是：一、再次缩量，二、不创新低。

实战中，成交量配合股价走势进行共同研判，可以非常准确地判断主力意图以及可能的上涨力度，是及时判断阶段性买点和阶段性卖点的非常重要的工具。

缩量往往是底部出现的前兆。当成交量的底部出现时，往往就是股价的底部出现了。成交量的底部的研判是依据过去的底部来做标准的。

当股价从高位往下滑落后，成交量亦随之萎缩。这时投资者应该减仓或离场，以免因股价下跌受损；当成交量逐步逆减至过去的底部均量后，股价触底盘稳不再往下跌，此后股价呈横档，成交量也萎缩到极限，出现价稳量缩之

走势。这种现象就是盘底。底部的重要形态就是股价的波动幅度越来越少，此后，如果成交量一直萎缩，则股价将继续盘下去直至成交量逐步递增且股价坚挺，价量配合之后才有往上攻击的能力。

成交量由萎缩而递增，表示供求状态已经发生改变，虽然股价仍属横盘，但买盘已有介入，人气开始活跃，量价表现为价稳量增型态。这是一个转阳信号。投资者此时应当重点关注该股，一旦股价回头确认就要及时进场，抓住上涨时机。

最具代表性的就是，股价经过充分下跌，有效释放前期获利盘后，成交量日益萎缩直至连续呈现地量或平地量。此时下跌动能耗尽，股票呈现下跌抵抗，等待主力资金运作后，出现量能异动时，股票有很大机会摆脱底部，展开反攻。和顶部一样，底部的形成、确认有时时间比较长，甚至更长，而且容易形成例如圆底、双底、头肩底等阶段k线图形。

例：上海工大高新(600701)（现名ST工新）（见下图）从该股1997年7月至1997年9月的日K线图和成交量走势图可以看到量价配合。

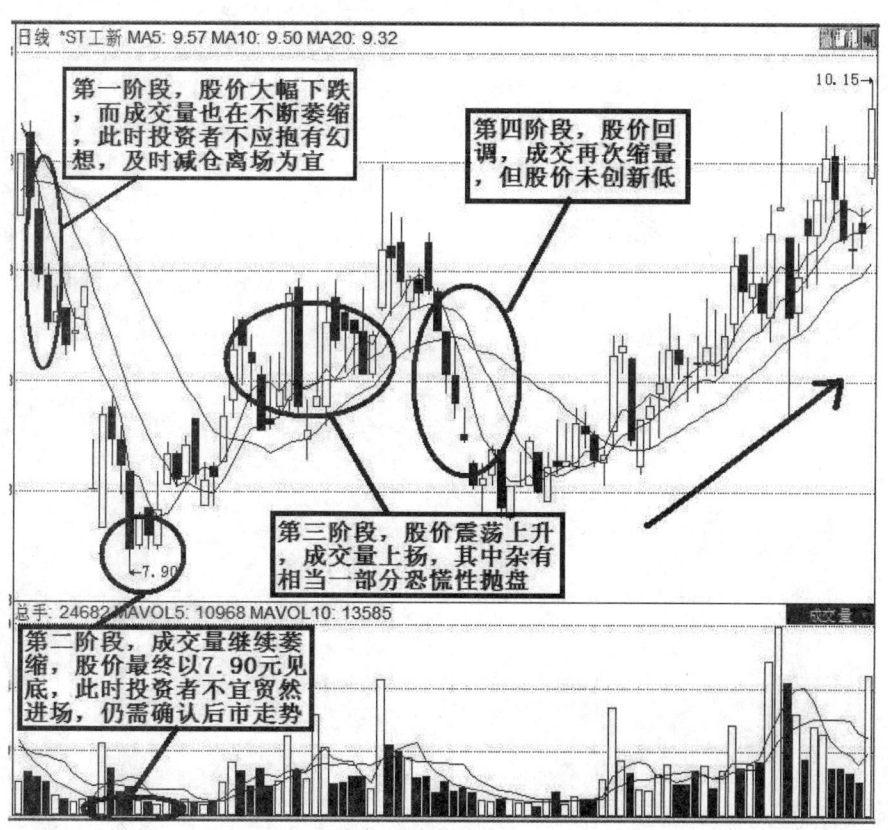

从上面K线图中可以看到：

第一阶段，股价大幅下跌，成交量却不断萎缩，这是因为大部分投资者惜售，也是由投资者绝望情绪所致的。

第二阶段，前期可以看到成交量有放量情况，应视为恐慌性抛盘所致。随后股价以7.9元创新低，而成交量也萎缩见地量。

第三阶段，股价上扬，成交量也不断放大，说明散户的心态更加不稳定，害怕股价再一次下跌，纷纷在第二次投机拉升时割肉出场。

第四阶段。此时散户手中持有大量在高位买进的筹码。在底部卖出筹码的散户投资者，均赔本出局，实际上，股价回调后再次上涨才是最佳买入时机，从K线图上我们可以看到，在这次回调确认后，股价一路走高。

口诀点金

抄底是困难的，底部信号的可信度往往是次于顶部信号的。成熟的投资者会秉承安全至上，资金为王的原则，设置好止损位，以缩量见底后量能配合换手率的有效放大为建仓的先决条件，而不会过于迷恋抄底。

口诀2　缩量势态有阴极，极点就在创新低

口诀要点

缩量后的创新低，就是人们常说的"地量之后有地价"。上升过程中的调整是先见新低后调整，下跌过程中的调整是整理完后再见新低。人气低迷必然形成缩量的态势，再创新低多为主力打压，是短线抄底的买点。

口诀详解

这首口诀告诉投资者缩量是股票到达底部后的一个重要标志。庄家吸货不会放量，而是不断地缩量，慢慢吸货，散户在这个过程中会非常痛苦。在不断的缩量过程中，事实上是散户以及短线跟风盘不断的丧失信心的过程，直到已经没有多少抛盘出来，最终成交量就呈现非常低的状态，就是所谓的地量地价的状态了。这个时候要密切注意，一旦出现明显的K线底部组合形成地价，只要没有特别的系统性风险就会展开行情，可以及时追进。

例：飞马国际（002210）（见下图）作为低价成长的袖珍股，2008年10月该股静态市盈率仅13倍;动态市盈率仅12倍;市净率=总市值/总资产=1.83倍;市销率=总市值/总收入=0.40;该股已跌至价值低估区域。不仅如此，飞马国际还在10月23日创下跌10个月以来的地量，投资者应重点关注该股。果然，三个交易日后，该股以5.80元创新低，可以视为地价。后市股价在震荡中一路上涨，到了2009年2月25日该股已涨至13.10元。

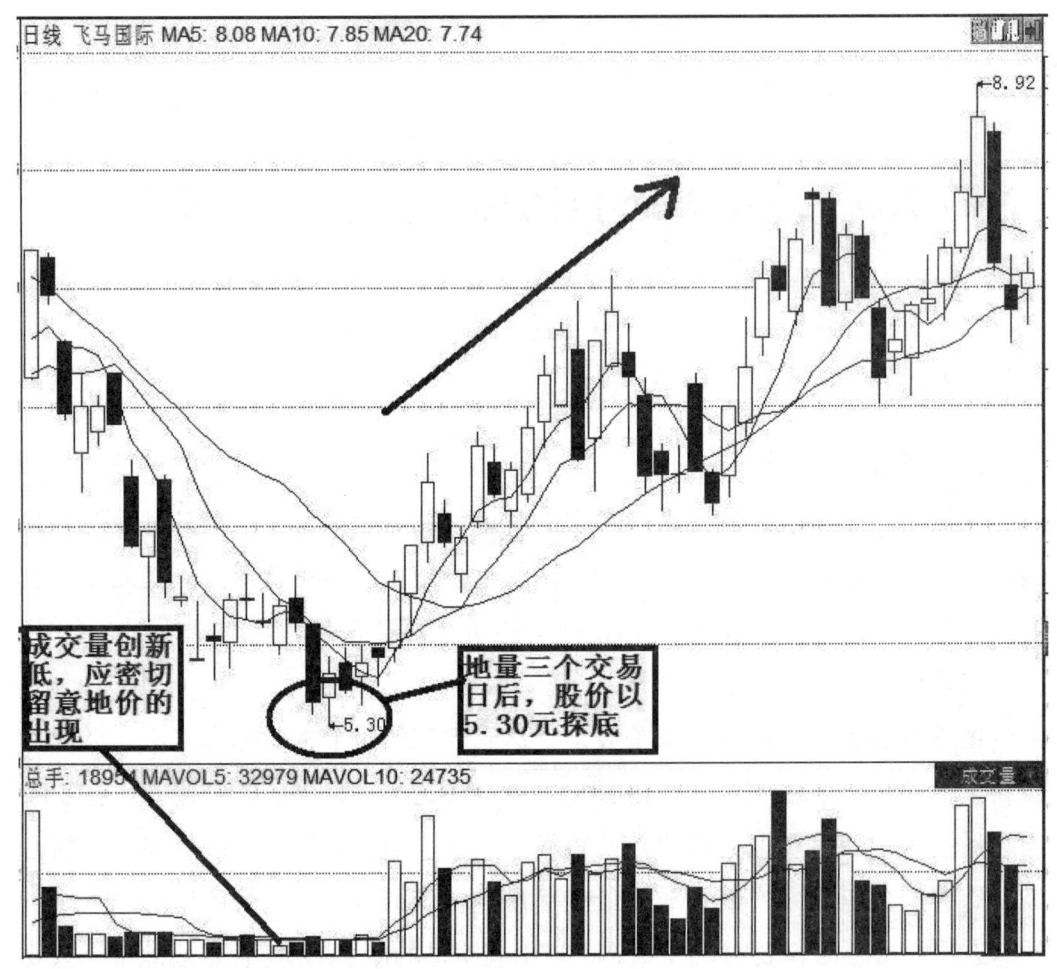

日线 飞马国际 MA5: 8.08 MA10: 7.85 MA20: 7.74

8.92

成交量创新低，应密切留意地价的出现

地量三个交易日后，股价以5.30元探底

5.30

总手: 18954 MAVOL5: 32979 MAVOL10: 24735　成交量

　　但投资者应用地量地价抄底时一定要注意两点。

　　首先，经过一段下跌之后，空方的抛售力量开始减弱，但同时买方的意愿也相对薄弱，进而造成的暂时性的多空平衡——但这又能证明什么呢？只能说明双方都在休息、观望，以便对下一步行动进行决策——即使在空方松懈的时候，多方得以喘息的反弹，也并不能证明这就是最终的地价（底）。地量之后，我们只能考虑在前期趋势中占弱势地位的一方具有反扑的机会和概率，但决不可轻易地臆断这就是地价。一句话，地量不是股市见底的充分条件，也就是说，地量并不意味着必然导致地价的产生，它只是变盘的信号（见下图）。

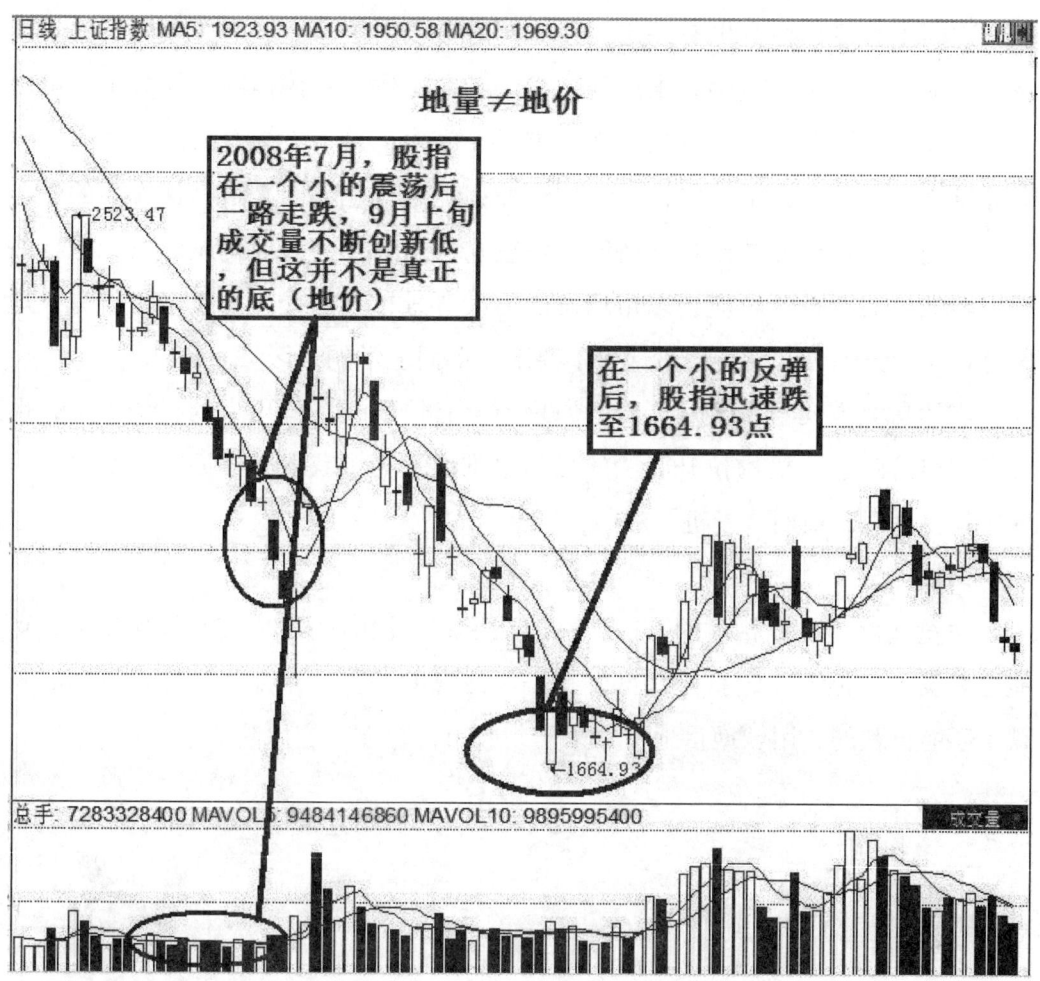

因此，投资者在实际操作中要把握两个要点：

第一，眼见为实，方向明确再行动。地量既然是变盘信号，那就可能向上也可能向下，它要求我们警觉起来，根据突破的方向选择自己的应对策略。人们常规理解的补量过程就发生在这之后。

第二，主动判断突破的方向。判断方向的方法很多，比如量价关系、两市互证、特殊形态综合研判等。当然，最常用的是波浪理论，比如在2007年11月底和2008年4月中旬时，我们都可以非常清晰地看到下跌的5个子浪，时间、空间、浪型可以帮助我们比较好地判断这两个底部，从而把握反弹的机会。

其次，"地量地价"在市场中的表现有一定的滞后性。举例来说，5·19行情后，9月底市场出现了地量，但这并不意味着地价出现，此时介入仍有被套可能。这同主力机构控盘也有一定关系。同时市场中热门股经一轮大的下跌不放量，也证明主力仍在其中并未出局。投资者在操作中具体情况具体分析，可以正确处理好新形势下量与价的关系。市场在变化，目前许多个股的流通筹码被证券投资基金锁定，市场中亿安科技、湘火炬走势也证明来自其他方面的资金也在锁仓，一批机构敢于长期持股、持重仓，这种行为会对传统的量价分析法提出新的挑战。投资者应当以市场发展为大背景，大前提，将技术操作有机地融合到大趋势中去，对于地量地价不要走入形而上学的误区。

当然从大方向看，天量天价的原理不会有错误，毕竟再大的机构资金，也要考虑风险问题，机构拉升股票的目的也难说是为了获取分红回报，其最终目的还是要兑现，长期"投机"。

口诀点金

地量地价，也是相对而言的，一般在下跌一段时间后成交量快速变小，可能会有反弹，但不一定就是底部。特别要注意的一点：量缩了还能再缩的，价跌了还能再跌的，用"地量地价"来研判股市，存在一定风险。

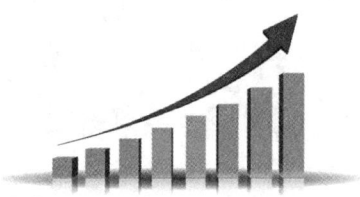

口诀3　新量新价有新高，缩量回调不必逃

口诀要点

当成交量不断放大，股价步步创新高，股票正处在一个较好的上涨势头上。此时缩量回调也不必太过担心。缩量回调，就是要有明显的缩量特点，一般为放量的二分之一。

口诀详解

这首口诀是教投资者如何看盘逃顶的，但说到这里并不完全，后面还可以再加上一句：一根巨量要警惕，有价无量必须跑。这是说有价无量要离场，一根巨量要减仓，单日放巨量后多以主力要洗盘。因为巨量的形成是多是单边行情所造成的，一般情况下有两周左右的调整期。

"新量新价有新高"（见图4）其实就是我们通常所说的量增价升，这是一个买入信号：成交量持续增加，股价趋势也转为上升，这是短中线最佳的买入信号。"量增价升"是最常见的多头主动进攻模式，应积极进场买入与庄共舞。

从下图我们可以看到，股价售出一根小阳线时，量能开始逐步放大，很明显是主力入场的信号，当然还不明确，因为量能并没有明显放大。但是两个交易日后，量能开始快速放大，当天股价收出一根中阳线，属于加速信号，表明主力建仓完毕，之后将会开始拉升股价。此根中阳及量能的快速放大就是一个买点信号。因此，倘若根据量能快速放大，投资者可以捕捉到该股后面的主升行情。

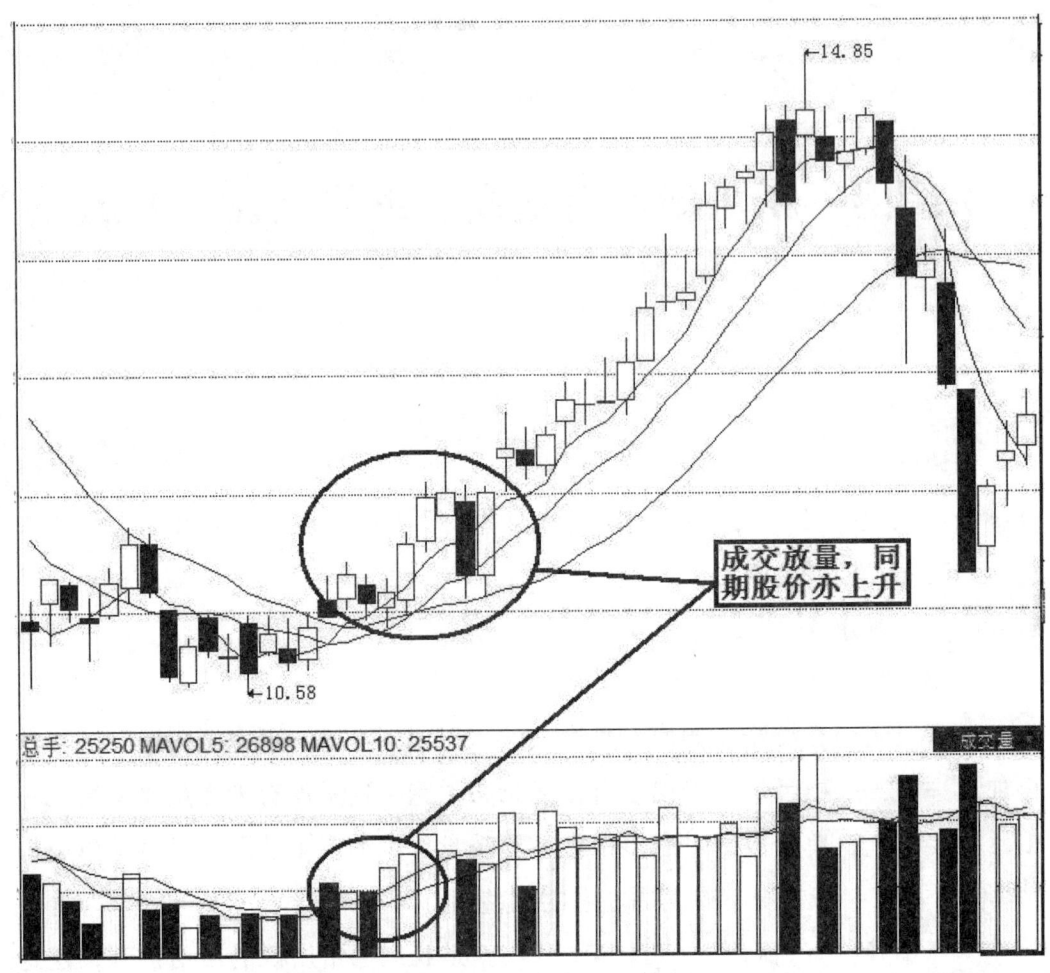

成交放量，同期股价亦上升

在量增价升的情况下，股票有时会有小幅的缩量回调，这是很普通的震荡盘整，投资者可以不必惊慌。视其情况可减仓或回档。

"一根巨量要警惕，有价无量必须跑"。俗话说，会买的只是徒弟，会卖的才是师傅，对于投资者来说不卖出股票，利润或者亏损都是纸上的，尤其是利润，纸上的利润一点意义都没有。所以要学会卖股票，尤其是在个股或者大盘即将或已经见顶的时候。

一些投资者总想买在最低点卖在最高点，以求赢利最大化，这是很令人遗憾的！岂不知买最低卖最高是永远办不到的理想主义的空想，最高点往往稍纵即逝，其机遇率可以说是无穷小。所谓逃顶之"顶"并非指顶部的最高点，而是一个区域，至于如何界定顶部区域，没有一个标准，只能大致根据顶部特征来确认。

口诀里说得很清楚，当股票在上升途中出现一根巨量时，投资者应提高警惕，这往往是股价下跌的前兆，投资者应减仓或离场。

一般来说，在上涨途中出现一根巨量时，可能有三种原因：一、主力有预谋洗盘；二、主力出逃；三、部分资金流出，中小散户出逃。不管是哪种情况，投资者都应提高警惕，减仓或离场。

例：中兴通讯（000063）（见下图）该股2007年10月17日成交量拉出了一根巨量，尽管当日股价以长阳线收盘，但投资者仍需提高警惕，这可能是一次技术破位。但是技术破位需要确认两个"3"：时间上为连续放量下跌3天，空间上为下跌幅度超过3%。巨量后3天股价连续下跌，随后该股股价一路下行。

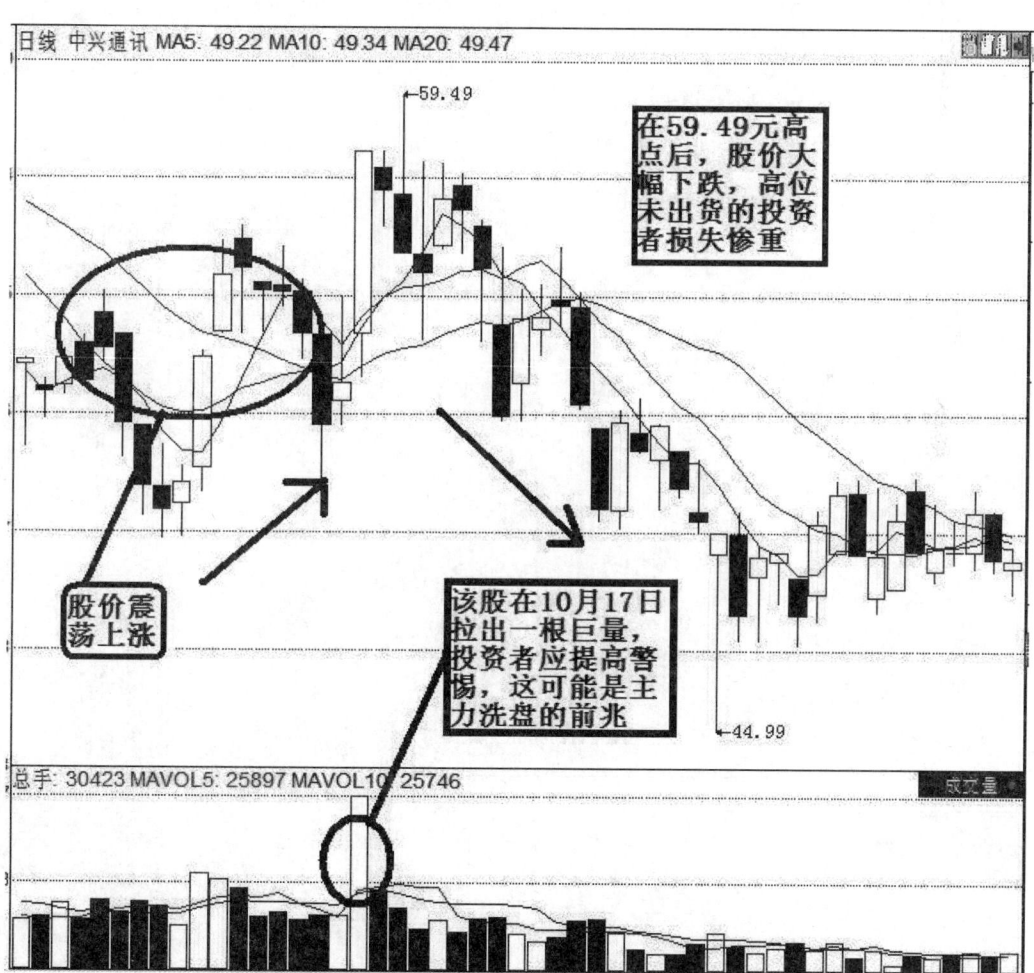

口诀点金

股票在高位突然出现成交巨量，投资者应提高警惕。因为这往往是由庄家出货，散户吸纳造成的；另外也可能是换庄，新庄家进场都要洗盘吸筹，一般来说股价都将下跌。

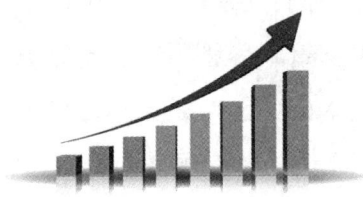

口诀4　量价相随兄与弟，高位离背势头凶

口诀要点

在高位股价与成交量不成正比关系变化，这是一种很危险的状况。量价背离进一步表明当前的量价关系与之前的量价关系发生了改变，一般量价背离会产生一种新的趋势，也可能只是上升中的调整或下跌中的反弹。

口诀详解

价量背离通常是指当股票或指数在上升时成交量减少，或下跌时，成交量增大，被称为价量背离。价升量减，谓之量价背离，被认为是跌之前兆；价跌量减，谓之量价背离，但不是升之前兆。原因是，上升要量，下跌未必要量。

股价运行到了头部区间往往会出现很多背离现象与量价配合混乱现象。从实战角度讲，真正具有上涨性质的阳线，其盘中量价配合极少背离；而上涨不佳的阳线其量价多出现背离。一般来说，股价的上涨幅度越高其成交量越大，且量价背离现象较多。而股价初涨时成交量相对较小但量价配合完美。

股票在高位量增价跌、量价背离，一般是较为清晰的离场信号（见下图）。量价背离一般会产生一种新的趋势，高位量价背离，往往是下跌前兆，因为上升要量，下跌却未必要量。

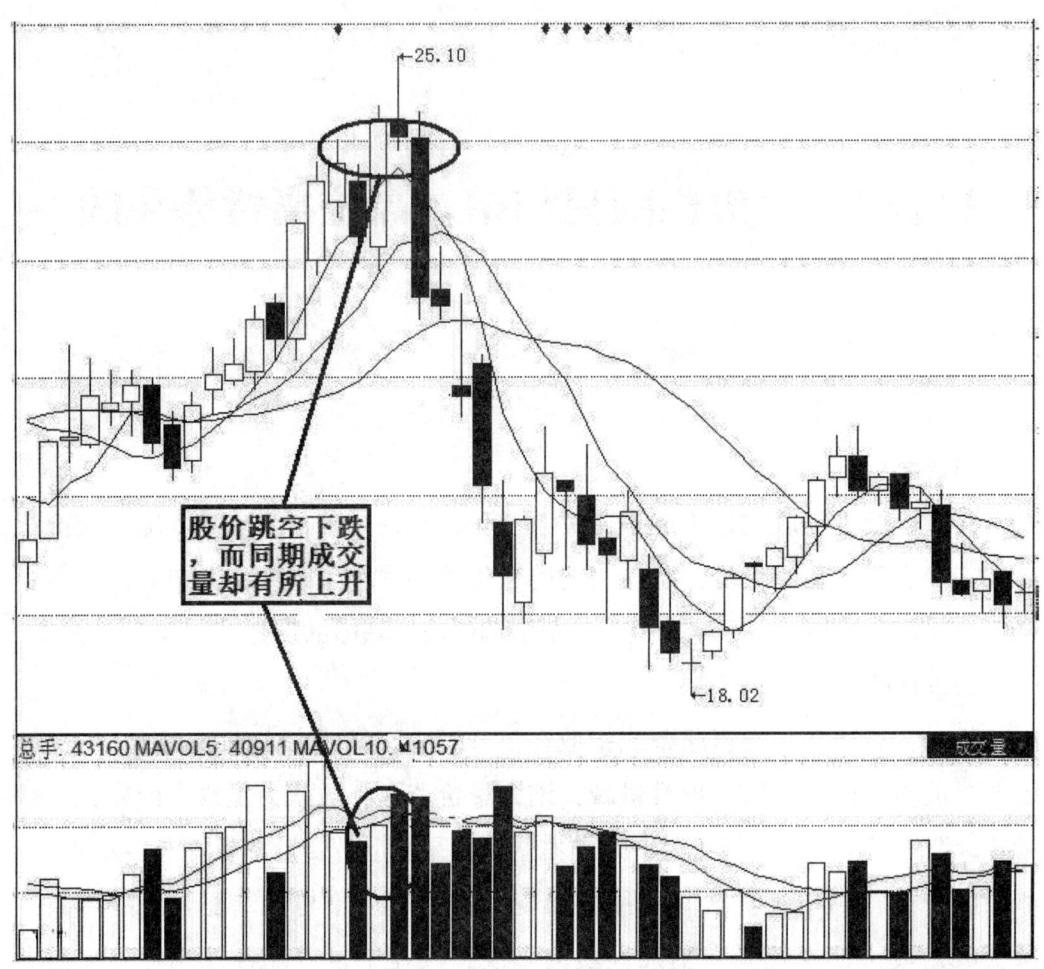

从图中可以看到，此股从标记的那一日开始，量能逐步增大，但股价却下跌。这种高位量价背离的股票属于主力出货行为。持有此股的投资者应及早出货，而观望的投资者应继续观望，等待下一个买点。

那么在高位量价背离的情况下，如何确定卖点呢？

一般来说量价背离卖点的技术特征为：股价在盘中上冲回落后，又出现了上涨，但成交量出现了明显萎缩，股价却创出了盘中新高。

这是一种主力出货的经典走势，量价背离走势可以判定前期的走势是主力在出货，为了在这个区间出货，主力以较小的成交量拉高股价，一方面为主力出货打开了空间，另一方面也为主力出货进一步赢得了时间。空间和时间都有了主力的出货的量会很大。

　　而对于散户来说，具体的卖出方法就是，盘中最高点是量价背离的卖点，盘中最高点向下勾头时的走势是最好的卖点。这样有助于把股票卖在最高位；量价背离形成的上涨动力不足是不可能给投资者带来收益的；在此时卖出才是我们正确的操作；有时量价背离卖点出现之后没有及时卖出股票的投资者在盘中还出现了精确卖点，此时应抓住时机不要抱有任何幻想果断卖出股票，保住收益。

　　大龙地产（600159）（见下图）该股2010年1月18日拉出长阳线上涨，看起来股价上涨势头良好，但是成交不断缩量却向投资者发出了下跌预警。投资者应及早把握卖点离场。

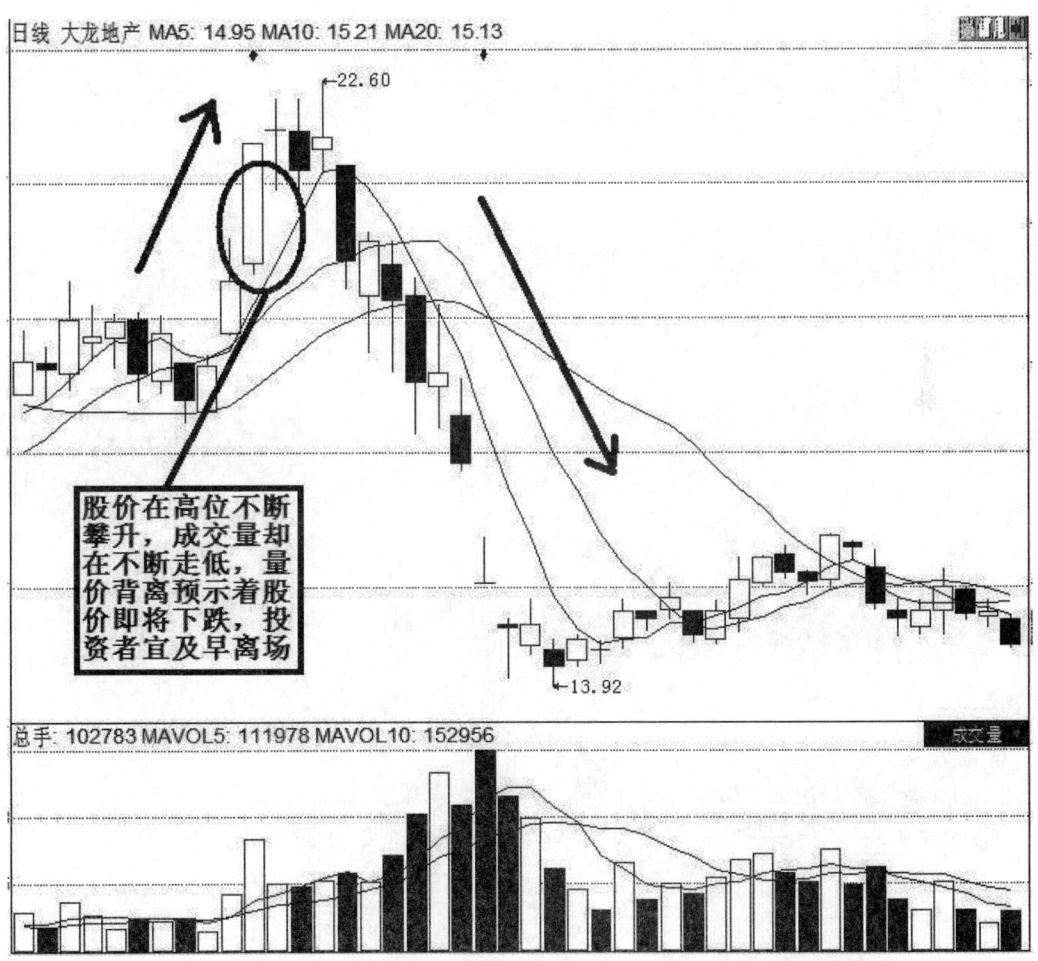

日线 大龙地产 MA5: 14.95 MA10: 15 21 MA20: 15.13

22.60

股价在高位不断攀升，成交量却在不断走低，量价背离预示着股价即将下跌，投资者宜及早离场。

13.92

总手: 102783 MAVOL5: 111978 MAVOL10: 152956　　　成交量

口诀点金

高位量价背离出现是向投资者发出的卖出信号，卖点信号发出以后，股价都产生了下跌，每个卖点的准确把握都能减少投资者的损失；因此，投资者应该第一时间卖出手中股票以保证你的收益或减少你的损失。

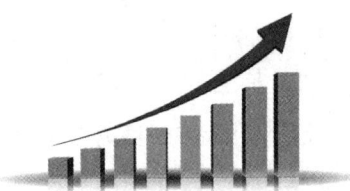

口诀5　底部量缩到极点，中阳增量握长牛

口诀要点

一段较长时间低位盘整后，股票缩量到低点（地量），此时投资者应加强关注，这很可能是长牛股出现的前兆。在地量后几日，该股成交量开始明显放大，同时股价收出中阳，此时投资者应考虑进场。

口诀详解

成交量可以说是股价的动量。一只股票在狂涨之前经常是长期下跌或盘整之后，这样在成交量大幅萎缩，再出现连续的放大或温和递增，而股价上扬。一只底部成交量放大的股票，就像在火箭在升空前必须要有充足的燃料一样，必须具有充分的底部动力，才能将股价推升到极高的地步。因此，一只狂涨的股票必须在底部出现大的成交量，在上涨的初期成交量必须持续递增，量价配合，主升段之后往往出现价涨量缩的所谓无量狂升的强劲走势。

一只会大涨的股票必须具备充足的底部动力才能得以将股价推高，这里所说的充足的巨量是相对过去的微量而言，也就是说，当一只股票成交量极度萎缩后，再出现连续的大量才能将股价推高。成交量是衡量买气和卖气的工具，它能对股价的走向有所确认。因此，精明的投资人对于底部出现巨大成交量的股票必须跟踪，因为当一只股票的供求关系发生极大变化时，将决定股价的走向，投资者绝对不可以忽略这种变化发生时股价与量的关系，一旦价量配合，介入之后股价将必然如自己预期的那样急速上扬。

成交量的形态改变将是趋势反转的前兆。个股上涨初期，其成交量与股价的关系是价少量增，而成交量在不断持续放大，股价也随着成交量的放大而扬升。一旦进入强势的主升段时，则可能出现无量狂升的情况。最后末升段的时

候，出现量增价跌，量缩价升的背离走势，一旦股价跌破十日均线，则显示强势已经改变，将进入中期整理的阶段。

因此，当你握有一只强势股的时候，最好是紧紧盯住股价日K线图，在日K线一直保持在十日均线之上，可以一路持有，一旦股价以长阴线或盘势跌破十日均线，应立即出货，考虑换股操作。

盘整完成的股票要特别注意，理由是其机会大于风险。盘整的末期成交量萎缩代表抛盘力量的消竭。基本上，量缩是一种反转信号，量缩才有止跌的可能，下跌走势中，成交量必须逐渐缩小才有反弹的机会。但是，量缩之后还可能再缩，到底何时才是底部呢?只有等到量缩之后又是到量增的那一天才能确认底部。如果此时股价已经站在十日均线之上，就更能确认其涨势已经开始了。

所以，基本上我们应重视的角度是量缩之后的量增，只有量增才能反映出供求关系的改变，只有成交量增大才能使该股具有上升的底部动量。

例：深振业（000006）（见下图）该股在2008年7月以后经过了一段时间的低位震荡，成交缩量。10月28日股价跳空高开，拉出一根中阳线，成交亦明显放量，可以判断底部启动。从这里开始后的四个交易日是最好的买入时机，股价站到了10日均线上方且不断上涨。

口诀点金

总结可知，在盘局的尾段，股价走势具有以下特征：波动幅度逐渐缩小；量缩到极点；量缩之后是量增，突然有一天量大增，且盘出中阳线，突破股票盘局，股价站在10日均线之上；成交量持续放大，且收中阳线，加上离开底价三天为原则；突破之后，均线开始转为多头排列，而盘整期间均线是叠合在一起的。

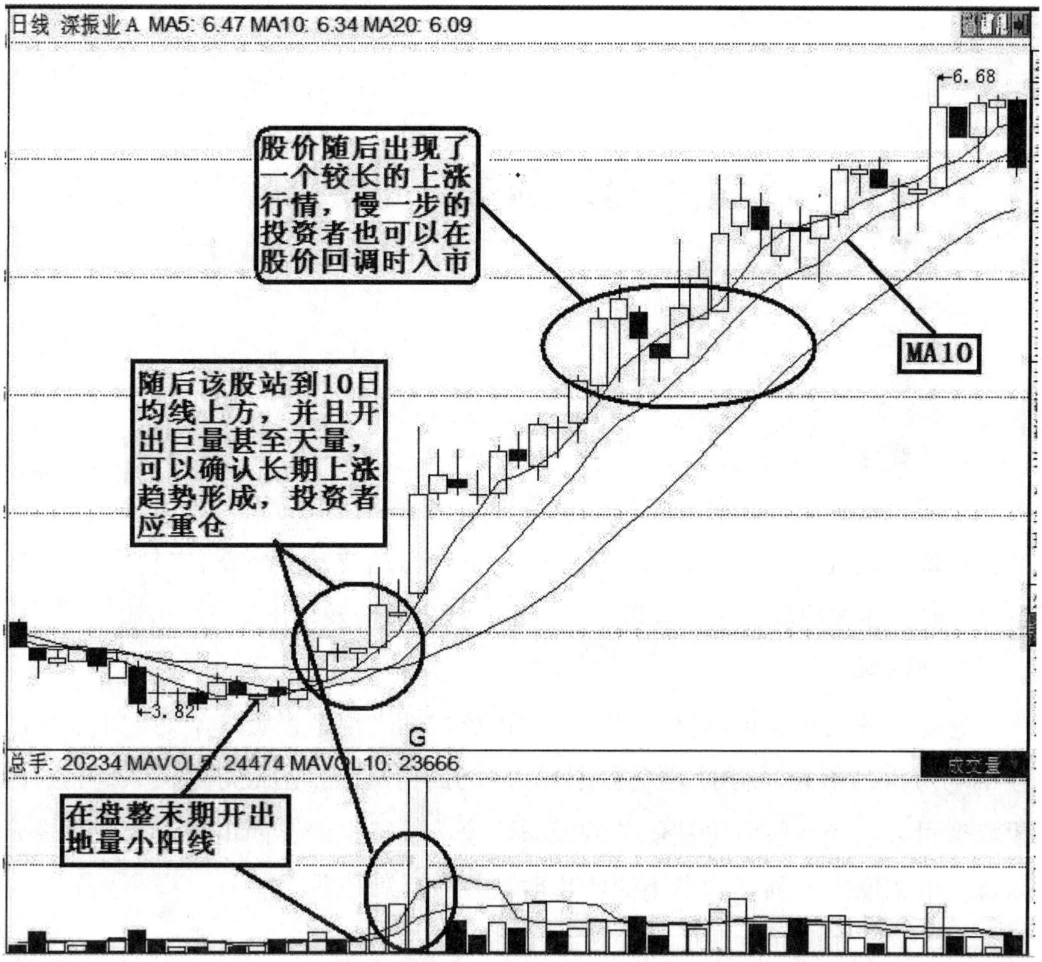

日线 深振业A MA5: 6.47 MA10: 6.34 MA20: 6.09

股价随后出现了一个较长的上涨行情，慢一步的投资者也可以在股价回调时入市

随后该股站到10日均线上方，并且开出巨量甚至天量，可以确认长期上涨趋势形成，投资者应重仓

MA10

6.68

3.82

G

总手: 20234 MAVOL5: 24474 MAVOL10: 23666   成交量

在盘整末期开出地量小阳线

口诀6　冷洗热卖是前提，放量滞涨行情毕

口诀要点

对于投资者而言，最安全的股票操作手法就是在市场人气低迷时默默地吸纳，在市场人气向好，利好众所周知时出货。而从技术层面看，当股票出现放量滞涨时，往往预示着一波涨情已经完结，投资者应及早出货。

口诀详解

这是一首关于逃顶出货的口诀，从市场层面来说，投资者不妨逆市操作，在市场上人气低迷时分批建仓，市场人气低时往往也是股价在低位时，这时投资者可以选择那些股价被低估的股票建仓，等待上涨；而市场上人气火爆，股价上涨幅度大、利好消息不断传出时，投资者就应提高警惕，逢高出局以免被套。

一些投资者可能会感到疑惑，不是说股票投资一定要顺势而为吗？实际上，在股票操作中顺势而为也不一定会获利，如果在趋势的末期或趋势的转折期顺势而为，也常会受到重创。

我们这里所说的逆市而为正常情况下不可取，但也不是不能获利。在趋势即将转折及转折期逆市开仓，如精于此道，获利也不是不可能。当然趋势的初中期就开始逆市，后果就不堪设想了。

逆市操作法的主要交易思路就是在趋势的末期及转折期开仓，关键是发现原趋势发展的动力消失或反方向动力大增，超过原动力。一般来说，常见的逆市操作法主要有做背离；做回档，反弹；做头部，底部；做超超买，超超卖等。做得好获利也不会少。不过这对操作技术和心态要求极高。

逆市做反弹与回档时，如估计反弹与回档的幅度不大，不应该做，只有估

计反弹或回档的幅度极大才有操作价值，否则风险就太大了。

做头部，底部也一样，不要被市场人气所迷惑，要分清是否有主力介入形成头底，只有主力在这个头部底部大量开仓才有操作的价值，而一般暴跌暴涨形成的头部底部，如没主力大力参与，一般只是下跌中继形态，不宜介入。

总的说来，逆市操作法风险较大，技术含量高，心态要求高，还是应以顺市操作法为主。

而放量滞涨是指股价上涨幅度与成交量放大的幅度不匹配。股价上涨幅度不大，成交量却呈巨量。这种情况一般是由于主力出货造成的。庄家无心做多，股价上涨幅度不大，成交量却呈巨量、出货的表现。当然也有另一种情况，当股价突破重要压力位时，也会放出巨量，这需要具体问题具体分析。

高位放量滞涨就是股价经过长期炒作后已经处于相当的高度（或许已经翻了三倍），然后在一段较短时期内出现成交量不断放大而价格却停滞不前的情况（当然也可能创出了历史新高，但总之涨幅较小），此时庄家出货概率较大，大家应当重视。这种情况较多地出现在大幅除权后，因为股价突然变得较低，许多不明真相的投资者一看如此好股才这么点钱，就忍不住想买点，这就是因为高位变得模糊不清而容易蒙蔽人的地方。

例：中粮地产（000031）（见下图）该股2009年9月开始了一轮上涨行情，股价从9.45元一路涨至14.72元。到了11月3日，成交量出现巨量，股价却未明显上涨，此时投资者应提高警惕。果然，股价在高位震荡了一段时间后，一路走跌，到了2010年2月3日股价已跌至9.20元。

口诀点金

股票放量滞涨可能出现在高位，但很多时候也会出现在低位。股价低位放量滞涨的走势，可能预示着有新的主力资金在打压建仓，而一旦接下来股价在成交量的有效配合下掉头向上，则表明股价的底部已经形成。

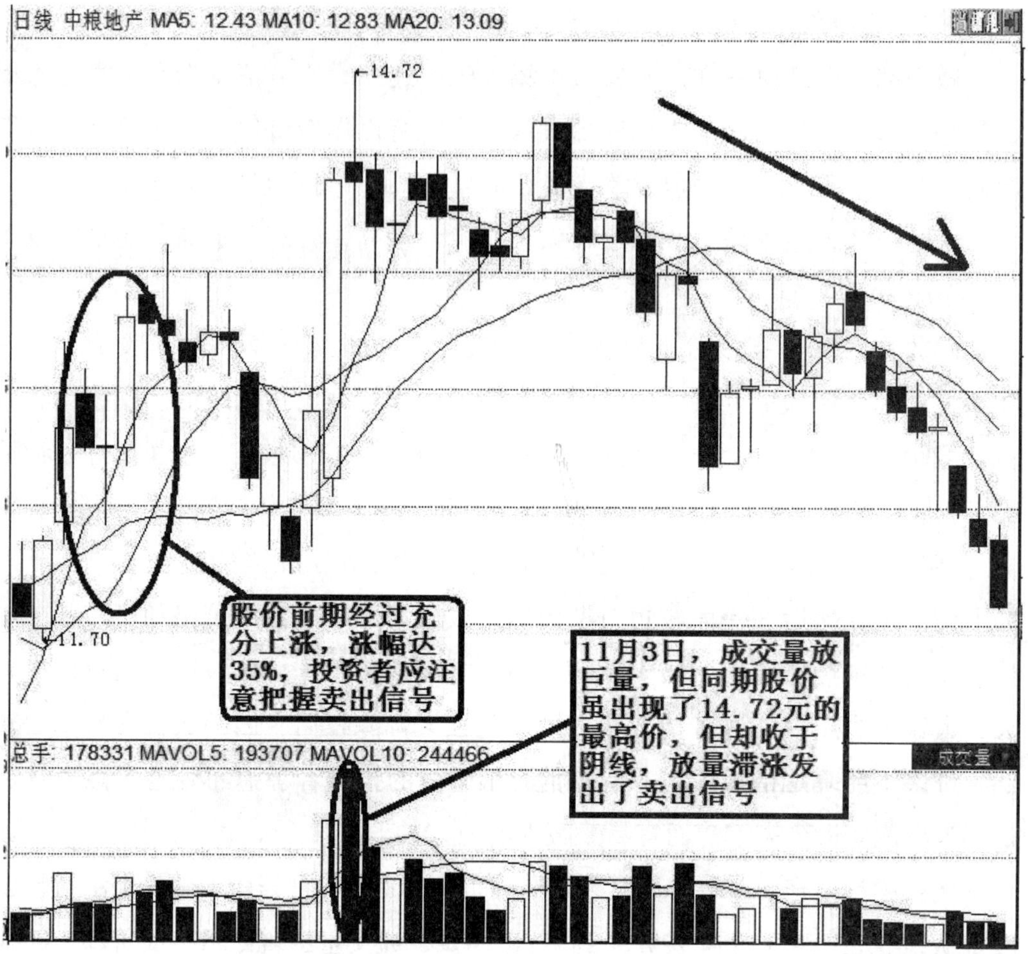

日线 中粮地产 MA5: 12.43 MA10: 12.83 MA20: 13.09

14.72

11.70

总手: 178331 MAVOL5: 193707 MAVOL10: 244466

成交量

股价前期经过充分上涨，涨幅达35%，投资者应注意把握卖出信号

11月3日，成交量放巨量，但同期股价虽出现了14.72元的最高价，但却收于阴线，放量滞涨发出了卖出信号

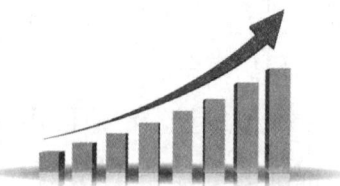

口诀7　缩量震仓洗浮筹，急拉急洗看量比

口诀要点

浮筹是指短线客手中的筹码和持股信心不坚定的投资者，每拉升到一个关键的技术位，筹码容易产生松动，如果主力不出货，浮筹清理的关键在于缩量，特别是在急拉急洗时量比的变化过大也能看出主力的洗盘目的。

口诀详解

这是一首看洗盘的口诀，在这里我们可以逐句解析。

口诀中浮筹是指短线客和持股信心不坚定的投资者手中的筹码。每当股价拉升到一个关键的技术位时，这些筹码容易产生松动，这部分筹码随时有兑现的需求。

如果主力不出货，浮筹清理的关键在于缩量，特别是在急拉急洗时量比的变化过大也能看出主力的洗盘目的。消化浮筹的工作是主力机构的行为，消化的主要对象是散户。这就告诉我们："浮筹"可以消化，"浮筹"必须消化。否则，市场的"平衡"就被打破。"消化"了"浮筹"，主力才可以继续轻松做多。

而实际操作中所谓的主力被动大量收集筹码，是指主力本身筹码比较多，而这时因为别的原因，市场上对该股的抛售数量比较多，主力不想扩大自己的损失，只能接过这部分抛售的筹码，这是不愿意让自己损失扩大而采取的一种保护性措施。

而"急拉急洗看量比"是指通过观察量比来判断主力意图。一般来说，量比反映出的主力行为：量比的数值越大，表明了当日该股当日流入的资金越多，市场活跃度越高；反之，量比值越小，说明了资金的流入越少，高市场活

跃度越低。从量比曲线与数值与曲线上，可以看出主流资金的市场行为，如主力的突发性建仓，建仓完后的洗盘，洗盘结束后的拉升！

比如股票量比非常巨大，有时甚至达到几十倍。如果这样的股票当日首次放巨量，或承接前一日放量，高开高走，可追涨买入！

例：景谷林业（600265）（见下图）该股2007年8月21日股票以涨停收盘，8月22日因为碰到牛市中的加息日，高开1.43%。开盘时的量比为55倍，高开高走，随后回落，在形成了较标准的头肩底后，再度封停，盘中有多次打开，说明上方抛压较重，第二日可择机卖出。23日开盘11.20元，高开3%以上，此日应逢高出局！

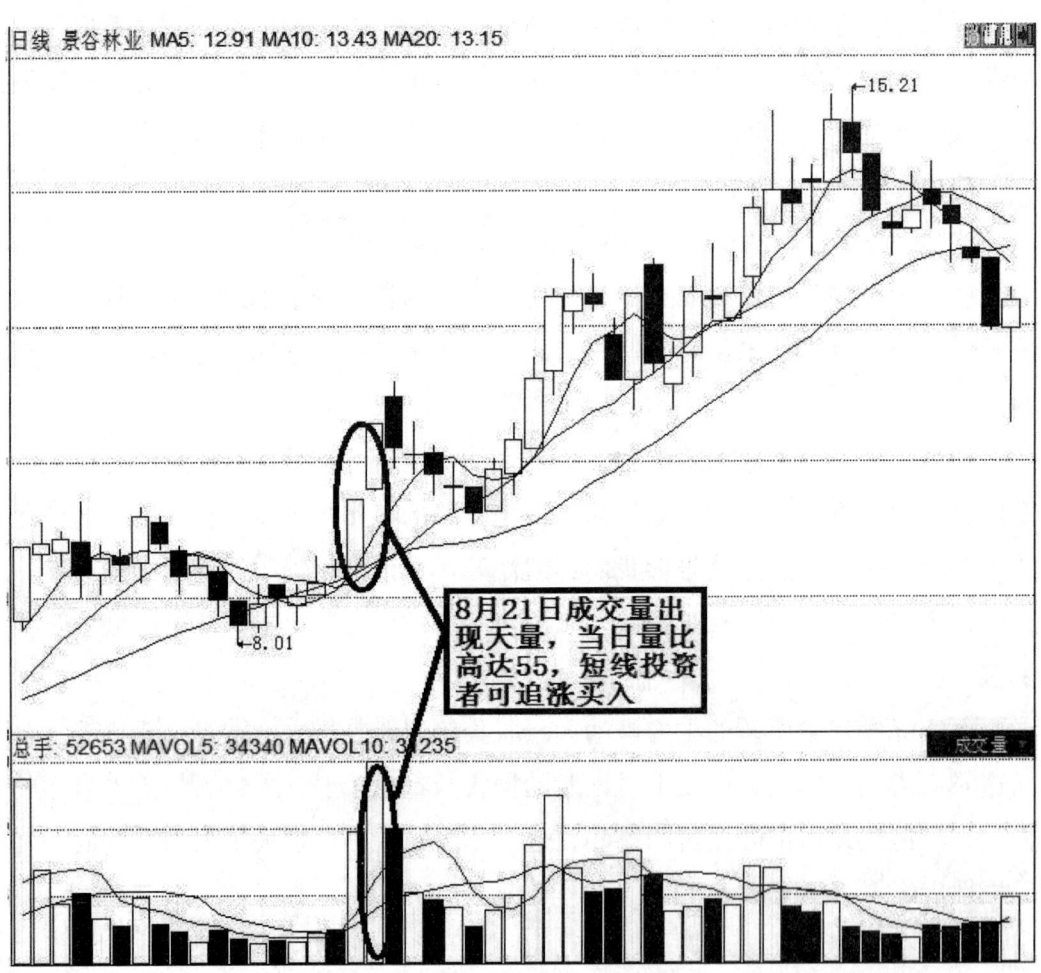

日线 景谷林业 MA5: 12.91 MA10: 13.43 MA20: 13.15

8月21日成交量出现天量，当日量比高达55，短线投资者可追涨买入

总手: 52653 MAVOL5: 34340 MAVOL10: 3,235

一般来说：

量比在0.5倍以下的缩量虽然显示了交易不活跃的表象，但同时也暗藏着一定的市场机会。缩量创新高的股票多数是长庄股，缩量能创出新高，说明庄家控盘程度相当高，缩量调整的股票，特别是放量突破某个重要阻力位之后缩量回调的个股，常常是不可多得的买入对象。

量比为0.8~1.5倍，则说明成交量处于正常水平；

量比在1.5~2.5倍，则为温和放量，如果股价也处于温和缓升状态，则升势相对健康，可继续持股，若股价下跌，则可认定跌势难以在短期内结束，从量的方面判断应可考虑停损退出；

量比在2.5~5倍，则为明显放量，若股价相应地突破重要支撑或阻力位置，则突破有效的几率颇高，可以相应地采取行动；

量比达5~10倍，则为剧烈放量，如果是在个股处于长期低位出现剧烈放量突破，涨势的后续空间巨大，但如果在个股已有巨大涨幅的情况下出现如此剧烈的放量，则值得高度警惕。

量比达到10倍以上的股票，一般可以考虑反向操作。在涨势中出现这种情形，说明见顶的可能性压倒一切，即使不是彻底反转，至少涨势会休整相当长一段时间。在股票处于绵绵阴跌的后期，突然出现的巨大量比，说明该股在目前位置彻底释放了下跌动能。

量比达到20倍以上的情形是极端放量的一种表现，这种情况的反转意义特别强烈，如果在连续的上涨之后，成交量极端放大，但股价出现"滞涨"现象，则是涨势行将死亡的强烈信号。当某只股票在跌势中出现极端放量，则是建仓的大好时机。

口诀点金

庄家的震仓，成交量萎缩较快，多数个股的成交量比前几日量萎缩到1/4~1/10；庄家的出货，成交量不萎缩，甚至还适当放量或突然放量到20%左右。个股缩量并不可怕，反而更应该注意个股是否被高估，如果是，那么庄家肯定在出货而不是在震仓。